Michael Phillips

Tunnel zur Freiheit

CHRONIK DER FAMILIE VON DORTMANN

Michael Phillips

Tunnel zur Freiheit

Schulte & Gerth

Die amerikanische Originalausgabe erschien im Verlag
Tyndale House Publishers, Wheaton, Illinois,
unter dem Titel „Escape to Freedom“.

Aus dem Amerikanischen übersetzt von Eva Weyandt

Best.-Nr. 815 404
ISBN 3-89437-404-7
1. Auflage 1996
Umschlaggestaltung: Tyndale House/Olaf Johannson
Satz: Typostudio Rücker & Schmidt
Druck und Verarbeitung: Ebner Ulm
Printed in Germany

Teil I

Die Wurzeln des Bösen

Mai 1961 – März 1962

I

Ein Sohn Jakobs

Mai 1961

Dichter Nebel lag über Moskau. Der Abend war still, und die wenigen Geräusche der schlafenden russischen Hauptstadt wurden vom Nebel verschluckt.

Eine einsame Gestalt, in einen langen schwarzen Mantel gehüllt, blickte sich vorsichtig um, beschleunigte ihren Schritt, überquerte eine große Kreuzung und betrat die Kamenni-Brücke, die über die Moskwa führte.

Noch zwei- oder dreimal blickte der Mann sich nervös um. Schließlich blieb er stehen. Wenn man ihn zu dieser späten Stunde entdeckte, würde man ihn sicherlich durchsuchen. Darum hatten er und sein Kontaktmann sich für die Brücke entschieden. Hier konnten sie das belastende Material schnell loswerden, falls der KGB oder die Polizei auftauchen sollte.

Der Sohn Jakobs, ein Fremder in einem Land mit einer den Nachkommen Israels gegenüber feindlichen Einstellung, war dankbar, daß er sein Geschäft so gut gelernt hatte. Nach dem Krieg war er von dem alten Juden angeworben worden. Unglaublich, was dem alten Mann da in die Hände gefallen war. Ein Glück, daß er es für eine Gelegenheit wie diese hatte aufheben können. Diese neue Macht hier im Norden bedrohte diejenigen, die unter ihrer bösen Herrschaft hatten bleiben müssen, genauso wie die alten Weltreiche der Antike die Länder, die von ihnen erobert worden waren. Zu viele waren bereits ermordet worden. Das, was er in seinem Mantel verborgen hielt, würde es der Welt beweisen.

Ein leiser Pfiff ertönte. Das war das Signal seines Kontaktmannes. Die Luft auf seiner Seite der Brücke war ebenfalls rein. Er wartete genau zehn Sekunden, dann erwiderte er das Signal. Sie wußten nun, daß sie allein auf der Brücke waren und die Übergabe gefahrlos stattfinden konnte.

Langsam setzte er sich wieder in Bewegung. Seine Freunde nannten ihn einen Narren, daß er diese gefährliche Arbeit noch tat. Er hätte bereits zu viele Jahre im Gefängnis verbracht, meinten sie. Andere könnten seine Arbeit fortsetzen. Es sei an der Zeit, Rußland zu verlassen. In Israel könne er sicher die Familie seiner Verlobten ausfindig machen – *falls sie sich nach all den Jahren überhaupt noch an mich erinnerte,* dachte er bei sich.

Es stimmte. Die Zeiten hatten sich geändert, und sogar seine Begeisterung für seine Arbeit hatte nachgelassen. Doch er hatte sich während des Krieges nicht in der Untergrundarbeit engagiert, um seine Freunde im Stich zu lassen, ausgerechnet jetzt, wo sich eine solche Gelegenheit ergab. *Vielleicht hätte ich damals mit meiner Verlobten in die Schweiz gehen sollen,* überlegte er und stellte zum tausendsten Mal seine Entscheidung, beim polnischen Untergrund zu bleiben, in Frage. Diese Entscheidung hatte ihn nach dem Krieg nach Rußland geführt, wo er tagsüber bei einem Fotografen arbeitete, sich nachts jedoch für die Zionisten engagierte. 1951 war er verhaftet und zu acht Jahren Gefängnis verurteilt worden.

Doch jetzt, mit sechsunddreißig, war er wieder frei – so frei, wie ein Mann seiner Abstammung in dem kommunistischen Gefängnis, das sich Sowjetunion nannte, überhaupt sein konnte. Er war frei, doch eine Lustlosigkeit beschlich ihn, derer er nicht Herr werden konnte.

War er dazu verurteilt, für immer in Rußland zu bleiben? Sollte er so werden wie alle anderen hier – gleichgültig und gefühllos?

Er hatte von einer anderen Untergrundarbeit gehört, einer Organisation, die sich das „Netzwerk der Rose" nannte. Obwohl nicht rein zionistisch orientiert, hatte sie Verbindungen nach Westdeutschland und war sehr erfolgreich darin, brisante Informationen aus den kommunistischen Ländern in den Westen zu schleusen. Darum übergab er dieses bestimmte

Päckchen auch an einen Kontaktmann, der Verbindungen zu diesen Leuten hatte, wer immer sie sein mochten. Es war äußerst wichtig, daß diese Fotos die westlichen Regierungen erreichten.

Ob die von *der Rose* auch Menschen hinausschleusen konnten? Darüber würde er später nachdenken. Die Informationen, die er bei sich trug, konnten nicht warten.

Völlig in seine Überlegungen vertieft erreichte er die Mitte der Brücke.

„Höre, oh Israel ...“, sagte er leise in modernem Hebräisch, als sich ihm eine Gestalt näherte. Einige Zeit zuvor war diese Sprache für ungesetzlich erklärt worden. Allein schon die Sprache war besser als jedes Kennwort. Niemand außer einem Freund würde in derselben Sprache antworten.

„Der Herr, unser Gott ...“, hörte er leise durch den Nebel hindurch.

„... ist einer“, beendete er.

„Hast du das Päckchen?“ fragte die andere Stimme jetzt auf Russisch.

„Ja.“

Er zog es aus seinem Mantel hervor und reichte es seinem Kontaktmann.

„Es muß sofort aus Rußland herausgebracht werden.“

„Einer unserer Männer wird es über die Grenze schaffen.“

„Alle, die damit in Berührung kommen, werden in Gefahr sein.“

„Warum? Wurdest du verfolgt?“

„Nein.“

„Warum dann?“

„Sie werden es bald entdecken. Ich weiß zwar nicht wie, aber das ist immer so. Sie werden die Spur aufnehmen. Du hast nur wenige Tage Zeit. Der KGB ist niemals weit entfernt.“

„Der Mann, dem dieses Päckchen übergeben wird, wird Rußland auch bald verlassen, so sagt man. Dort, wo er hingeht, wird nicht einmal der KGB ihn erreichen können.“

„In unser Heimatland?“

„Vielleicht", antwortete der andere vage.

„Glaube nicht, daß er dort in Sicherheit ist, mein Freund. Der Arm des Feindes ist lang."

„Er lebt in der Nähe Gottes, sagt man. Er wird beschützt werden."

„Wie heißt er? Ich suche jemanden, der –"

„Du weißt, daß ich dir das nicht sagen kann", unterbrach ihn der andere, „selbst wenn ich seinen wirklichen Namen kennen würde, was nicht der Fall ist. Ich kenne ihn nicht einmal persönlich. Das Päckchen, das du mir übergibst, wird durch viele Hände gehen, ehe es ihn erreicht. Das ist die einzige Möglichkeit, um ein Mindestmaß an Sicherheit zu garantieren."

Er verstaute das Päckchen in seiner Manteltasche und hoffte, er würde es auf dem Weg zu seinem nächsten Kontaktmann nicht in den Fluß fallen lassen müssen.

„Schalom."

„Schalom", erwiderte der Überbringer des Päckchens. Er war enttäuscht, daß er den Schleier der Undurchdringlichkeit des Netzwerks, auf das er so große Hoffnungen gesetzt hatte, nicht durchdringen konnte.

Die beiden Männer gingen in der Richtung davon, aus der sie gekommen waren.

Wenn ich sie nur finden könnte! dachte er, als er über die Brücke zurückging. Vielleicht war der Rabbi jetzt in Israel, doch ganz sicher hatte er sich in den vergangenen Jahren in Rußland aufgehalten. Er hatte Berichte erhalten, die eindeutige Hinweise auf seine Identität enthielten. Seit seiner Entlassung aus diesem schrecklichen Gefängnis in Leningrad zwei Jahre zuvor hatte er sich nach Kräften bemüht, den Spuren zu folgen.

Doch der Mann auf der Brücke hatte recht. Geheimhaltung war das A und O der Untergrundarbeit, und niemand nannte sich bei seinem richtigen Namen.

Ob sie wohl auf mich gewartet hat? Würde sie mich immer noch wollen, nach dieser langen Zeit?

Seine Liebe zu ihr war auch nach all den Jahren nicht erloschen, eine Tatsache, die ihn selbst manchmal erstaunte. Doch Joseph ben Eleazar war ein Mann, der seinen Versprechen treu blieb. Und sein Herz hatte er Rabbi Wissens ältester Tochter geschenkt.

2

Eine Tochter Israels

Oktober 1961

Eine Tochter aus einem alten hebräischen Geschlecht ging langsam die Friedhofstraße entlang. Dann und wann warf sie einen Blick auf die häßliche Betonmauer mit dem Stacheldraht auf der anderen Seite der Straße, die die Hauptstadt Deutschlands teilte. Sie lebte nun schon seit so vielen Jahren in Berlin, daß sie sich hier nicht mehr wie eine Fremde fühlte, obwohl sie sich fragte, ob Menschen jüdischer Abstammung sich in Deutschland jemals wieder heimisch fühlen würden. Sie kannte viele, die nach Israel ausgewandert waren. Sie selbst hatte Hunderten geholfen, dorthin zu kommen, auch ihrer eigenen Familie. Ihre Mutter, ihr Vater und ihre Schwester waren nun dort. Erst gestern hatte sie einen Brief von Gisela bekommen.

Doch nicht einmal Israel war ihnen eine „Heimat“. Sie waren Polen – sie hier, ihre Familie dort; und Joseph, ihr Verlobter, wo immer er sich zur Zeit aufhielt.

Rahel in der Bibel hatte sieben Jahre darauf warten müssen, mit ihrem Verlobten vereint zu sein.

Sie lächelte traurig. Sie hatte schon siebzehn Jahre gewartet. Sollte sie sich noch als verlobt betrachten? Die meisten jüdischen Frauen in ihrer Situation würden sich nach all den Jahren eher als verwitwet ansehen.

Seit Generationen hatte ihre Familie in Polen gelebt. Wie

lange würde es dauern, bis sie sich als Israelis fühlen würden … und *nur* als Israelis?

Ihre Mutter und Schwester hatten sie gebeten, sie doch zu begleiten. Nur ihr Vater schien sie zu verstehen. Auch er war ein Mann, der sich einer Mission verschrieben hatte. Er verstand ihre Verpflichtung der Sache gegenüber, der Frau gegenüber, deren Vater sie während des Krieges versteckt hatte … dem Netzwerk der Rose gegenüber.

Sie würde ihnen folgen, wenn die Zeit gekommen war, hatte Ursula ihnen versichert, doch keinesfalls, bevor sie nicht wüßte, daß Sabrina und ihr Vater in Sicherheit waren und ohne sie weitermachen konnten.

Vielleicht brauchen sie immer noch Hilfe, fügte sie hinzu. Die Mauer hatte alles verändert. Sie würde Westberlin nicht verlassen, bis sie nicht alles für sie getan hätte, was in ihren Kräften stand.

Ihre Freundin war im kommunistischen Käfig gefangen, und eine Flucht wurde von Tag zu Tag gefährlicher und schwieriger.

3

Sorgenvolle Gedanken

November 1961

Andrassi Galanow, einundzwanzigjähriger KGB-Agent, schritt selbstbewußt durch die verlassenen Korridore des Kreml.

Die Folgen seiner Verletzungen von vor drei Monaten waren kaum noch wahrzunehmen. Sobald er soweit hergestellt war, daß er reisen konnte, war er nach Hause gerufen worden, hatte jedoch dann zwei Wochen warten müssen, bis ein entscheidendes Gespräch stattfinden konnte. In dieser Gnadenfrist hatte sein Körper Gelegenheit gehabt, weiter zu genesen, und dafür war er sehr dankbar.

Das selbstbewußte Auftreten, das er zur Schau stellte, sollte jedoch nur die Tatsache verbergen, daß er tief in seinem Innern mehr als nur ein wenig beunruhigt war in bezug auf das Gespräch, das ihm bevorstand.

Natürlich würde er das nicht zeigen.

Russische Männer mußten schon sehr früh lernen, ihre Ängste nicht zu zeigen, wenn sie aus der Masse hervortreten und sich im kommunistischen Regime eine Position sichern wollten. Dies war um so wichtiger, wenn man beim KGB arbeitete. Nur wer seine Gefühle vollkommen im Griff hatte, konnte vorankommen. Diese Eigenschaft hatte Andrassis Onkel ausgezeichnet, und auch er würde sich hierin von allen seinen Mitgenossen abheben, dazu war er fest entschlossen.

Schon immer war es sein größter Wunsch gewesen, KGB-Agent zu werden.

Seine Eltern hatten während des Krieges in Deutschland gelebt. Dort war auch er geboren, doch an diese Zeit konnte er sich praktisch nicht mehr erinnern. Nur die Angst war ihm in Erinnerung geblieben – Angst zuerst vor seinen russischen Landsleuten, dann davor, daß er und seine Familie es vielleicht nicht schaffen würden, Deutschland zu verlassen, und dann, später in Rußland, wenn er seine Eltern von der amerikanischen Bedrohung und der Notwendigkeit sprechen hörte, das Vaterland vor einer Invasion und einem Angriff zu verteidigen.

Im Teenageralter drehten sich die Gespräche in der Schule und zu Hause nur um die imperialistische Aggression der Vereinigten Staaten und ihre Versuche, durch die an die Sowjetunion angrenzenden Länder die militärische Herrschaft über Andrassis Heimatland zu bekommen. Eine Krise nach der anderen hatte es notwendig gemacht, tapfere russische Soldaten in solche Länder zu schicken, um ihre Sicherheit zu gewährleisten und sogar Truppen zu entsenden, um die unschuldigen Nationen vor der amerikanischen Bedrohung zu beschützen.

Er erinnerte sich daran, daß von amerikanischen und britischen Versuchen gesprochen wurde, Osteuropa zu besetzen, und wie Stalin diese Länder gerettet hatte. Noch ganz genau war ihm die Krise in Ägypten und Ungarn im Jahre 1956 im Gedächtnis geblieben, ebenso wie die wachsende Unruhe in Asien und Lateinamerika. Anscheinend gab es kein Land, in dem die Amerikaner nicht nach der Macht strebten.

Viele junge Russen waren wie Andrassi Galanow bestrebt, gegen die Imperialisten in den Krieg zu ziehen. Doch schon von klein auf hatte er die Welt der Intrige und der Geheimnisse geliebt. Darum richtete er seinen Blick auch schon früh auf den KGB, dem sein Onkel angehörte. Mittlerweile hatte er genug Erfahrungen gesammelt, daß er nicht mehr seinem Land, sondern nur noch sich selbst dienen wollte.

Sein Aufenthalt in Deutschland war nur von kurzer Dauer gewesen – etwas über ein Jahr –, doch während dieser Zeit hatte er sehr viel dazugelernt. Er hatte gesehen, welche Macht die Sowjetunion auf ihre Satellitenstaaten ausübte – in diesem Fall auf die DDR. Er hatte Gelegenheit gehabt, eng mit der Geheimpolizei des Landes zusammenzuarbeiten, und seine Arbeit mit Stasi-Bezirksleiter Schmundt hatte ihm auch einige seltene Einblicke in die deutsche Psyche verschafft. Ob Schmundt allerdings typisch für alle Deutschen war, wußte er nicht zu sagen.

Galanow mußte lächeln.

Schmundt war ein Narr, wenn auch ein Narr mit sehr viel Einfluß.

Er war ein so einflußreicher Idiot, daß er sie beide fast getötet hätte! Das nächste Mal würde er vorsichtiger sein müssen ... falls es ein nächstes Mal gab.

Das hing natürlich von seinem Onkel ab. Er hielt seine Zukunft in der Hand.

Andrassi Galanow hatte nicht gerade Angst vor Korskajew.

Galanow besaß Nerven wie Drahtseile – eine Eigenschaft, die bei seiner Arbeit unentbehrlich war.

Vor seinem Onkel war er jedoch auf der Hut.

Er wußte nur zu gut, welche Macht dieser Mann besaß, und ganz bestimmt gehörte er nicht zu jenen, die einen solchen Mann unterschätzten. Er würde respektvoll sein, ihm ein wenig schmeicheln, falls nötig. Vor allem aber würde er versuchen, zufriedenstellende Ergebnisse zu präsentieren. Sein Onkel war nicht mehr jung. Der Tag würde kommen, wo ein anderer seine Stelle einnehmen würde. Warum sollte das nicht er, Andrassi Galanow, sein? Darum war er sehr bemüht, Erfolge zu erzielen.

Es war 7.15 Uhr morgens. In Bonn und Berlin würde in den Büros bereits reges Treiben herrschen. Doch die Büros des Kreml lagen noch verlassen da ... außer dem seines Onkels.

Galanow fragte sich, ob sein Onkel wohl jemals schlief.

Unter günstigeren Umständen hätte er sich über diese Rückkehr nach Moskau gefreut. Mehr als ein Jahr war er nun von zu Hause fort gewesen, und wenn es nicht gerade schneite, konnte der Spätherbst eine recht angenehme Jahreszeit in der russischen Hauptstadt sein.

Unglücklicherweise wollte sein Onkel jedoch einen detaillierten Bericht über diesen Gefängnisausbruch haben.

Seinem Onkel durfte man nichts abschlagen. Ihm bedeutete Blutsverwandtschaft wenig. Was zählte, war Gehorsam.

Als er den Auftrag erhalten hatte, nach Berlin zu gehen, hatte er gedacht, sein Onkel wollte ihn aufs Abstellgleis schieben. Doch das Schicksal hatte es gut mit ihm gemeint. Kaum in Berlin angekommen, hatte sich diese Stadt zum Krisenzentrum der Welt entwickelt – der ideale Ort für einen aufstrebenden KGB-Agenten, selbst wenn er nur im Fahrwasser eines deutschen Stasi-Bezirksleiters schwamm.

Durch seine Rückkehr nach Moskau fühlte sich Galanow vom Schauplatz des Geschehens fortgenommen. Sein Onkel hatte ihm versichert, er wolle nur die neusten Entwicklungen mit ihm durchsprechen, doch Galanow wußte, daß er Berlin vielleicht nie wiedersehen würde, wenn er Korskajews Mißfallen erregte. Seine Karriere beim KGB könnte dann sehr schnell beendet sein.

Ihm war klar, daß er keine großen Ergebnisse vorlegen konnte. Alle Spuren Schmundts waren im Sande verlaufen, und er war nicht in der Lage gewesen, in bezug auf die Sache etwas herauszufinden, wegen der sein Onkel ihn nach Berlin geschickt hatte. Gerade, als sie kurz vor dem Durchbruch gestanden hatten, hatte dieser Schwachkopf angefangen, Granaten zu werfen, und alles war vor ihren Augen in die Luft geflogen.

Auch wurde die Verärgerung seines Onkels dadurch genährt, daß er den alten Juden, den er schon so lange suchte, beinahe gehabt hätte, doch dann war er wieder untergetaucht. Er hatte einige Leute in den Mittelmeerraum geschickt, um eine Spur aufzunehmen, die sehr vielversprechend zu sein schien.

Galanow wußte, daß sein Onkel wütend und enttäuscht war. Er wollte nicht einmal darüber nachdenken, wozu das führen konnte.

4

Enttäuschte Gier

In dem Büro, zu dem der junge Galanow unterwegs war, stand der Mann, um den sich seine Gedanken gedreht hatten, nachdenklich am Fenster. Ihn beschäftigte die Unterredung mit dem Sohn seiner jüngeren Schwester.

Abwesend starrte er nach draußen.

Sechzehn Jahre waren vergangen, seit er aus dem Land geflohen war, aus dem er seinen Neffen herzitiert hatte.

Es waren gute Jahre gewesen. In dieser Zeit hatten sich die Machtverhältnisse in der Welt vollkommen verändert, eine Veränderung, die ihn ganz nach oben gebracht hatte. Er hatte Einfluß und eine gute Position in einem Regime, in dem nichts für selbstverständlich hingenommen werden konnte, und Geld genug, um besser leben zu können als die allermeisten seiner kommunistischen Genossen. Und er wurde gefürchtet, eine Tatsache, die einen Mann seines Charakters vielleicht am meisten befriedigte.

Und doch nagte die Erinnerung an eine Episode seines Lebens an ihm.

Er nahm noch einen tiefen Zug von seiner Zigarette, dann drehte er sich um, ging zu seinem Schreibtisch und drückte seinen Zigarettenstummel so fest aus, als wollte er den Feind, der sich ungebeten in seine Erinnerung gedrängt hatte, zerquetschen.

Er blieb eine Weile stehen und betrachtete die Asche im Aschenbecher. Dann kehrte er zum Fenster zurück.

Er hatte sich selbst betrogen, hatte gelogen, und sich eine neue Identität verschafft. Doch den schmerzlichsten dunklen Punkt in seiner Vergangenheit konnte er nicht auslöschen.

Schon früh hatte er zu hassen begonnen. Er lernte die Deutschen hassen. Er lernte die Juden hassen, und die Christen um so mehr.

Es war zweifelhaft, ob er je die Empfindung, die man gemeinhin Liebe nennt, kennengelernt hatte. Alle Ansätze eines solchen Gefühls wurden sofort unterdrückt. Seine Erinnerungen an seine Eltern waren zu verzerrt, als daß er sie auch nur aufkommen lassen würde.

Die einzige Schwachstelle in seinem Panzer des Hasses waren die Gefühle für seine jüngere Schwester, die er nach dem Krieg aus Deutschland herausgeholt hatte. Er hatte seinen Schwager protegiert, und dieser erklomm nun ebenfalls die Leiter des Erfolgs in dem neuen Regime. Auch ihr Sohn strebte nach einer Zukunft im KGB – er selbst hatte seinen Neffen unter seine Fittiche genommen und ihn nach Deutschland geschickt, als seine persönliche Verbindung zum Büro des Bezirksleiters der deutschen Geheimpolizei, Gustav von Schmundt.

Der junge Mann brachte seine Gedanken zurück auf diese ärgerliche Angelegenheit, die Anlaß zu diesem Gespräch war.

Er war so nahe dran gewesen! Es hatte nicht viel gefehlt, und er hätte den jüdischen Ring in und um Moskau gesprengt. In Deutschland hatte es Anzeichen von verstärkten jüdischen und christlichen Aktivitäten gegeben, und der deutsche Kontaktmann und sein Neffe hatten die Hoffnung gehegt, die Angehörigen des Gefangenen einzukreisen.

Doch auf einmal schien wieder alles zunichte gemacht – und zwar durch niemand anderen, davon war er jetzt überzeugt, als durch diesen idiotischen Deutschen und den verfluchten Rabbi.

Er hätte niemals seine Zustimmung geben dürfen, den Baron am Leben zu lassen. Dieser Dummkopf Schmundt und seine kindische Vorliebe für die Tochter des Alten! Er hatte gedacht, daß einer von ihnen ihn schließlich zu dem Rabbi und seinem heiligen Kästchen führen würde. Doch nun waren alle verschwunden – man hatte den Rabbi aus Rußland fliehen und den Baron aus dem Gefängnis entkommen lassen, und das innerhalb von zwei Monaten.

Diese Narren hatten eine weitere Runde in dem langen und tödlichen Schachspiel gewonnen!

Er wendete sich vom Fenster ab und ging langsam durch sein bescheidenes Büro.

Es war keineswegs luxuriös eingerichtet. Nichts in Moskau, nicht einmal die Privatgemächer des Generalsekretärs, konnten nach westlichen Maßstäben als luxuriös bezeichnet werden. Doch gemessen an den harten Normen, nach denen die Revolution die Hierarchie ihrer loyalsten Diener festsetzte, konnte sich Waslaw Korskajew überaus glücklich schätzen. Allein die Tatsache, daß sein Büro ein Fenster hatte, sprach für seinen Status.

Niemand würde das Regime dieser Tage das Vierte Reich nennen. Die Terminologie der Nazis war zusammen mit ihren Führern in den Bunkern von Berlin gestorben, während er sich ins Vaterland abgesetzt hatte. Doch im Laufe der Jahre hatte Rußland seinen Herrschaftsbereich weit über die Grenzen des alten römischen Reiches hinaus ausdehnen können, und er saß hier, in einem Büro des mächtigen Kreml im Herzen Moskaus, der Stadt, auf die die ganze Welt blickte ... und vor der sie zitterte.

Und doch war er trotz der Macht dieses sowjetischen

Kolosses nicht in der Lage gewesen, das eine zu erreichen, nach dem er all die Jahre gestrebt hatte.

Abwesend zog er eine weitere Zigarette aus dem Päckchen, steckte sie sich zwischen die Lippen und starrte hinaus auf die erwachende Stadt.

Das Gesicht, auf das die Flamme des Feuerzeugs fiel, war durchaus nicht angenehm zu nennen. Seine tiefliegenden, eng beieinander stehenden Augen schienen eher zu einem kleineren Mann zu passen. Die Wangen waren eingefallen und ließen ihn krank aussehen, doch in seinem schwarzen Haar war noch kaum eine Spur von Grau zu entdecken. Sein dunkler Ledermantel hing ihm lose um die Schulter.

Die Zigarettenspitze glühte rot auf, als er einen tiefen Zug nahm. Seine Gedanken kreisten um das bevorstehende Gespräch, und er überlegte, wie er es am geschicktesten angehen sollte.

Es war nicht gut, eine Niederlage zuzugeben oder vor einem Untergebenen Schwäche zu zeigen. Im Kreml konnte selbst das kleinste Anzeichen von Schwäche die blutrünstigen Opportunisten aus ihrem Versteck hervorlocken. Und wenn sie erst einmal Blut gerochen hatten, dann war das Ende meist nicht mehr weit. Zu häufig hatte er das beobachten müssen, und er war entschlossen, daß ein solches Schicksal ihn nicht ereilen würde.

Er würde seine Worte sorgfältig überdenken.

Im selben Augenblick klopfte es an der Tür. Er drehte sich um und rief „Herein“.

5

KGB-Intrigen

Galanow öffnete die Tür zum Büro und trat ein.

„Nun, junger Andrassi", meinte der ältere der beiden, während sie sich formell die Hände schüttelten, „welche Fortschritte macht deine Genesung?"

Galanow zuckte innerlich zusammen bei der akzentuierten Verwendung des Wortes *jung*. Doch als aufstrebender Agent ließ er sich nichts anmerken.

„Gut, Onkel Korskajew", erwiderte er.

Nicht ein herzliches Wort wurde gewechselt, und abgesehen von der Anrede Galanows hätte kein Beobachter feststellen können, daß die beiden miteinander verwandt waren.

„Dein Hinken ist kaum zu bemerken."

Galanow nickte. Es ärgerte ihn, daß es überhaupt auffiel. Er hatte sich so bemüht, es zu verbergen.

„Ich werde bald wieder ganz gesund sein", meinte Galanow.

„Das freut mich", erwiderte Korskajew, „denn es gibt viel zu tun. Setz dich doch bitte!"

Galanow kam der Aufforderung nach. Korskajew stellte seinen Stuhl hinter den großen Schreibtisch.

„Und jetzt", fuhr er fort, „berichte mir über die Vorgänge im August und über den neusten Stand der Ermittlungen."

Galanow begann zu reden. Korskajew hörte aufmerksam zu und stellte zwischendurch viele Fragen. Nach etwa vierzig Minuten war Galanow fertig. Er wartete. Sein Onkel schien tief in Gedanken versunken zu sein.

„Es gab also keinen Hinweis darauf", sagte er nach einem langen Schweigen, „was nach der Flucht aus ihnen geworden ist – das heißt, falls der Deutsche und seine Tochter noch am Leben sind, wie du meinst?"

„*Ich* bin davon überzeugt, obwohl ich nicht sicher bin, daß von Schmundt davon eine Ahnung hat. Doch es wird ihm zu gegebener Zeit schon noch aufgehen, vielleicht ist es ja auch schon so weit."

„Was macht dich so sicher?"

„Schmundt hat eine Sekretärin – eine ziemlich unscheinbare Person, doch sie liebt ihn. Während Schmundt im Krankenhaus gelegen hat, ist sie sehr aktiv gewesen. Aktiver als ihr selbst klar war, davon bin ich überzeugt. Ja, sie leben noch – aber, um deine Frage zu beantworten, im Augenblick gibt es keinerlei Hinweis auf ihren Verbleib."

„Denkst du, daß sie ausfindig gemacht werden können?"

„Zu gegebener Zeit."

„Vorher konntest du die Frau doch auch nicht aufspüren."

Korskajews Tonfall war unmißverständlich. Doch wieder ließ sich Galanow nichts anmerken.

„Die Flucht hat Spuren hinterlassen, und ich bin sicher, daß man ihnen folgen kann. Andere Leute müssen beteiligt gewesen sein. Und nun, da der Baron aus dem Gefängnis entkommen ist, ist die Situation für sie schwieriger geworden. Irgendwie werden sie sich verraten."

„Gibt es einen Hinweis darauf, ob der alte Jude mit ihnen in Kontakt getreten ist?"

„Nicht den geringsten."

„Ist es nicht möglich, daß sein Verschwinden aus Rußland, das mit der Flucht zusammenfällt, kein Zufall ist?" wollte Korskajew wissen.

„Ich denke, alles ist möglich, doch wir haben keinerlei Hinweis auf den Rabbi. Wie ich es verstanden habe, warst *du* ihm doch dicht auf den Fersen?" fügte Galanow betont beiläufig hinzu.

Diese versteckten Andeutungen seines Neffen gefielen Korskajew ganz und gar nicht. Doch er hätte mittlerweile wissen müssen, daß er seinem Neffen ein guter Lehrmeister in diesem Spiel der verbalen Schlagfertigkeit gewesen war und daß er keine Dankbarkeit von ihm erwarten konnte.

„Vielleicht sollte ich dich zurückschicken", überlegte Korskajew nach einer Weile, „obwohl ich sagen muß, daß du im vergangenen Jahr nicht viel zustande gebracht hast."

„Ich war –", Galanow räusperte sich und verriet so zum ersten Mal seine Nervosität, „– äh, durch diesen Schmundt ziemlich in meiner Bewegungsfreiheit eingeschränkt. Ich habe lange gebraucht, um einfach nur ... äh, sein Vertrauen zu gewinnen."

„Ich verstehe", erwiderte Korskajew.

„Wenn ich freie Hand gehabt hätte –"

„Wenn du freie Hand gehabt hättest, was dann?" unterbrach ihn Korskajew mit einer unerwarteten Schärfe in der Stimme. „Was würdest du tun, ohne Büro, ohne Männer, ohne Akten, ohne Dossiers ... in einem fremden Land, wo niemand dir vertraut, wo du nicht zu Hause bist? Ja, mein junger Freund, was *würdest* du denn tun?"

„Ich meinte nur –"

„Ich weiß genau, was du meintest! Du hast versucht, deine eigene Inkompetenz Schmundt in die Schuhe zu schieben. Ich weiß nur zu genau, daß er ein Dummkopf ist. Doch selbst Dummköpfe können von Nutzen sein, und in der DDR ist er ein einflußreicher Mann. Lerne diese Lektion gut, junger Galanow – Erfolg kann nur selten allein erlangt werden. In diesem Geschäft mußt du wissen, wie du die Leute benutzen kannst. Du hast versagt, weil du dir zu sicher warst und gedacht hast, du würdest den Deutschen nicht brauchen. Nun, ich sage dir: Wenn wir in Berlin sind, brauchen wir die Deutschen; wenn wir in Warschau sind, brauchen wir die Polen. Hast du mich verstanden?"

„Ich habe dich verstanden, Onkel Korskajew", antwortete Galanow zerknirscht.

„Wenn ich mich also entschließe, dich zurückzuschicken, und dir diesen Fall nicht zu entziehen, obwohl du bisher so wenig geleistet hast, dann gebe ich dir den Rat zu lernen, wie du dir Schmundt *zunutze* machen kannst."

Galanow schwieg und wartete auf das, was als nächstes kommen würde. Er hatte den einen Fehler begangen, den er unbedingt vermeiden wollte – er hatte seinen Onkel verärgert.

„Doch zuvor", fuhr Korskajew fort, „müssen wir die Spur

des Rabbis hier wieder aufnehmen. Ich hatte einige Männer auf ihn angesetzt, mit gewissem Erfolg, wie ich hinzufügen kann. Zwei sind im Augenblick in Israel und ziehen das Netz um ihn zusammen, wie ich hoffe. Doch ich mache mir Gedanken um das, was er hier zurückgelassen hat. Wir haben die Spuren und Hinweise zusammengesetzt und denken, daß ein jüdisches Netzwerk hier arbeitet. Ich möchte es zerschlagen – und ich *werde* es zerschlagen!"

„Und die Fotos?" fragte Galanow.

Nun zuckte sein Onkel unmerklich zusammen.

„Sie sind mit ziemlich großer Wahrscheinlichkeit bei dem Rabbi in Israel. Wenn wir ihn in die Hände bekommen, werden sie in unseren Besitz zurückkehren. Doch nur für den Fall – was mich wieder auf einen anderen Aspekt der Aufgabe bringt, die ich für dich habe – habe ich mich etwas näher mit der Familie des Rabbis beschäftigt. Und ich habe Grund zu der Annahme, daß nicht alle Familienmitglieder bei ihm sind. Wenn das der Fall ist und wir einen von ihnen in die Hände bekämen, könnten wir uns zweifellos der Kooperation des Rabbis sicher sein und die Rückgabe der Fotos erwirken."

„Ich weiß immer noch nicht, wie du von dem Verschwinden der Fotos erfahren hast", sagte Galanow. „Letztes Jahr, als du mit mir in Kontakt getreten bist, dachte ich, sie seien gestohlen worden."

„Da hast du mich falsch verstanden. Als sie ins Gespräch kamen, wurde das angenommen."

„Wie sind sie denn überhaupt ins Gespräch gekommen?"

„Ein Informant – keiner von unseren – hat sich an einen Beamten mit Verbindungen zum Politbüro gewendet. Er hätte Wind von einer Sache bekommen, sagte er, an der sie vielleicht interessiert wären. Er wurde natürlich gut bezahlt und beschrieb die Fotos in allen Einzelheiten, obwohl er schwor, sie niemals zu Gesicht bekommen zu haben. Man überprüfte diese Angelegenheit, doch die Fotos befanden sich in der Akte, in die sie acht Jahre zuvor hineingelegt worden waren. Der Informant wußte keine weiteren Einzelheiten, weder woher sie gekommen waren, noch wo sie sich im

Augenblick befanden – er hatte nur vage Berichte gehört. Die Stümper bezahlten ihn und ließen ihn gehen. Mein Büro wurde erst sehr viel später eingeschaltet."

„Was hast du getan?"

„Natürlich habe ich sofort den KGB auf diesen Fall angesetzt. Der stellte fest, daß Duplikate angefertigt worden sein mußten. Doch mittlerweile war der Informant des Politbüros spurlos verschwunden, und alles, was wir herausfinden konnten, war, daß wir zu spät waren und die Bilder das Land bereits verlassen hatten. Wir hatten die Zionisten als Drahtzieher im Verdacht. Sie waren die einzigen, die an einer Veröffentlichung der Fotos interessiert sein konnten. Den Rest kennst du ja."

„Und was soll ich nun tun?"

„Ich möchte, daß du dich in dieses Netzwerk einschleust und so viel wie möglich über diesen Rabbi Wissen und seine Familie herausfindest. Natürlich wirst du Einsicht in alle meine Akten bekommen, und ich erwarte, daß du dich mit allen Aspekten dieses Falles vertraut machst. Der Vorteil ist, daß sie dich nicht kennen. Auch wenn die Fotos fort sind, müssen wir ihren Weg zurückverfolgen. Neben dem Rabbi sind andere in die Angelegenheit verwickelt, die sich immer noch in Rußland aufhalten. Dies wird für dich eine Gelegenheit sein, dein Können unter Beweis zu stellen."

„Ich verstehe."

„Es könnte sein, daß deine Untersuchungen eine Rückkehr nach Deutschland erforderlich machen, da aller Wahrscheinlichkeit nach immer noch eine Verbindung zwischen dem Rabbi und dem entflohenen Häftling Dortmann besteht, vielleicht sogar auch zwischen ihren Familien. Doch ich möchte mehr wissen, bevor ich eine solche Entscheidung treffe."

„Ich werde dich nicht enttäuschen, Onkel Korskajew."

„Das hoffe ich. Auf jeden Fall bin ich sicher, daß eine Spur uns schließlich zu dem Kästchen des Rabbis und den Fotos führen wird. Wenn du es schaffst, mir das eine oder das andere in die Hände zu spielen, werde ich dich zum Chef einer Abteilung deiner Wahl machen."

„Du bist mehr als großzügig, Onkel Korskajew."

„Wenn du mir beides bringst, Sohn meiner Schwester, werde ich dafür sorgen, daß dieses Büro mit all dem Einfluß, den es ausübt, eines Tages in deine Hände übergeht."

6

Schmerzliche Erinnerungen

Nachdem Galanow gegangen war, blieb Korskajew allein mit seinen Gedanken. Dieses Gespräch hatte unangenehme Erinnerungen in ihm geweckt.

Wieder einmal ging er zum Fenster, als ob das Hinausstarren auf die Straßen Moskaus seinen angeknacksten Stolz und seinen persönlichen Zorn besänftigen könnte.

Er wußte, was sein Neffe wollte. Im Laufe der Jahre war er ein gerissener KGB-Agent geworden, der sich seine eigenen Ziele gesteckt hatte.

Er gehörte zu den mächtigsten Werkzeugen, die ihm in seiner Position zur Verfügung standen. Gerade hatte er es wieder geschickt eingesetzt, und das würde er auch weiterhin tun, um das Eine zu erreichen, das immer noch offen war.

Während er am Fenster stand, wanderten seine Gedanken zurück zu diesem Morgen während des Krieges, als er die beiden Männer auf der verlassenen Landstraße zum letzten Mal gesehen hatte.

Er hatte ihren Fluchtversuch vereitelt und sie beinahe alle gefangengenommen. Doch in dem Augenblick, als er mit Baron von Dortmann sprach, hatte sich sein Blick auf einmal verschleiert. Der schwarzgekleidete Mann hinter dem Baron, der von ihm so verzweifelt gesuchte Rabbi, verschwand aus seinem Blickfeld. Genau wie alle anderen. Er rief ihnen zu, sie sollten stehen bleiben, doch seine Stimme schien in der Luft zu verhallen. Keiner der Fliehenden, nicht einmal seine eigenen Männer, beachteten sie. Noch nie in seinem Leben hatte er sich so machtlos gefühlt.

Als dieser seltsame Trancezustand einen Augenblick später vorbei war und er wieder zu sich kam, war nur noch der Baron da. Er stand immer noch an derselben Stelle und starrte Korskajew eindringlich an. Er war nicht in der Lage gewesen, dem Blick des Deutschen standzuhalten, und er wußte, daß sein Feind stärker war als er.

Dann hatte der Deutsche etwas Undenkbares getan.

Er hatte nicht nur keinen Versuch unternommen zu fliehen, nein, er war sogar auf ihn zugekommen, ungeachtet der auf ihn gerichteten Pistole.

Jetzt erinnerte er sich auch wieder an seine Worte! Sie hatten sich in sein Gedächtnis eingebrannt – befehlende Worte, als ob der Kerl annahm, er hätte Macht über die Gestapo: „Sie können sie nicht aufhalten", hatte er gesagt. „Ich habe ihnen Anweisung gegeben zu gehen."

Und dann – nach all den Jahren konnte Korskajew es immer noch kaum glauben – hatte der Dummkopf tatsächlich aufgegeben.

„Ich bin es doch, den Sie wollen", hatte er gesagt.

Er hatte Schmundt den Befehl gegeben, das Feuer zu eröffnen. Als er sich seinem Gefangenen zuwendete, traf ihn wieder dieser eindringliche Blick, den er weder meiden noch ihm widerstehen konnte.

„Im Namen Jesu Christi befehle ich Ihnen, nicht zu feuern und diese Menschen gehen zu lassen."

Wer glaubte dieser Dummkopf eigentlich, wer er war, daß er *ihm* Befehle gab!

Vor allem diese Worte hatte er vergessen wollen. „Ich befehle Ihnen ... Ich befehle Ihnen, den Mund zu halten ..."

Wieder stieg die Wut in ihm hoch bei dem Gedanken, daß ein anderer ihm mit solch ruhiger Autorität Befehle gab.

Nun, die anderen waren vielleicht entkommen, doch der Baron hatte für seine Dummheit mit sechzehn Jahren Gefängnis bezahlt. Dies konnte Korskajews Zorn jedoch nicht beschwichtigen. Er war entflohen, und seine Geheimnisse hatte er mitgenommen. Woher hatte der Dummkopf nur den Mut dazu genommen?

Aber er würde ihn finden!

Er würde sie beide finden – oder …!

Er hatte sich geschworen, daß sein deutscher Name niemals mehr über seine Lippen kommen sollte, seit er der vorrückenden russischen Armee entgegengegangen war und sich als einer von ihnen ausgegeben hatte. Doch er wollte seinen Eid nun brechen, um einen noch größeren Schwur zu tun.

Er würde sie finden … er würde sie beide finden und sie mit ihrem Leben dafür bezahlen lassen, daß sie ihn zum Narren gehalten hatten.

Er würde sie finden … oder er hieß nicht Emil Korsch!

7

Dreifache Suche

November 1961 – März 1962

Sein Aufenthalt in seinem Heimatland dehnte sich länger aus als gedacht.

Andrassi wendete sich in dieser Zeit mit aller Energie seiner neuen Aufgabe zu. Mit Hilfe seines Onkels gelang es dem Agenten, in das Netzwerk einzudringen.

Trotz seiner Bemühungen konnte er jedoch nur wenig mehr erfahren als das, was Korskajew bereits wußte – die Fotos waren in die Hände der Juden gelangt und tatsächlich aus dem Land geschmuggelt worden. Unmittelbar darauf hatte Rabbi Wissen das Land verlassen.

Wenn auch die Ergebnisse der Bemühungen Galanows

nicht ausreichten, eine Verbindung zu den Fotos oder den legendären Steinen herzustellen, so war es ihm doch wenigstens gelungen, einen Mann einzuschleusen, der Informationen an den KGB weitergab.

Anfang des Jahres schickte Korskajew seinen Neffen wieder nach Deutschland zurück, mit der Anweisung, eine bestimmte Zeit inkognito zu bleiben und die Unternehmungen seines deutschen Vorgesetzten zu beobachten, bevor er seinen Platz bei der Stasi wieder einnahm. Er sei sicher, sagte Korskajew, daß es einen Kontakt zwischen dem Rabbi und dem deutschen Baron gegeben habe, der auch für Schmundt von großem Interesse war. Sollte er recht haben, würde er diese Information nutzen, dann aber lieber ohne Schmundt weiter ermitteln.

Sie würden ihn sich zunutze machen, doch sie wollten nicht von ihm abhängig sein.

Es lag nicht in Korskajews Art, sich auf andere zu verlassen, obwohl er gern andere zu seinen Zwecken ausnutzte.

Der Rabbi hatte sich schon früher an den Baron um Hilfe gewandt. *Warum nicht auch jetzt?* überlegte Korskajew. Es war durchaus möglich, daß er durch das jüdische Netzwerk von der Flucht des Barons erfahren hatte und selbst geflohen war, um mit dem Baron in Kontakt zu treten. Die Leben der beiden Männer waren zweifellos miteinander verwoben. Warum nicht auch diese beiden Ereignisse?

Es lag auch durchaus im Bereich des Möglichen, daß sich die Fotos in den Händen des Deutschen oder seiner Tochter befanden.

„Aus welchen Gründen auch immer Schmundt an der Frau interessiert sein mag, Galanow", hatte Korskajew gesagt, „mir sind nur das Kästchen und die Fotos wichtig. Der Kreml ist äußerst beunruhigt, seit entdeckt worden ist, daß weitere Abzüge existieren – und mit dem Kreml meine ich die höchsten Ebenen, Andrassi. Sie zurückzubringen, würde für uns beide eine Beförderung bedeuten. Finde den Rabbi, den geflüchteten Baron oder die Tochter, ganz egal wen. Einer von ihnen wird uns zu den Fotos führen."

Galanow fand heraus, daß Schmundt wieder einmal auf der Suche nach der Frau seiner Träume war, und er heftete sich an seine Fersen.

Noch vor Ende Januar war er sicher, daß Schmundt den beiden Deutschen auf der Spur war, obwohl alle, die er befragt hatte, darauf bestanden, der Stasi-Bezirksleiter habe nur nach einem Amerikaner gesucht.

Wie auch immer, dachte Galanow. Wenn es derselbe Amerikaner war, nach dem Schmundt sich schon früher erkundigt hatte, konnte auch diese Spur ihn zum Ziel führen. Er war nicht sicher, welche Rolle der Amerikaner in diesem Spiel übernommen hatte. Doch wenn Schmundt hinter ihm her war, dann hatte es etwas mit der Frau zu tun und würde ihm somit helfen, entweder den Juden oder den Baron zu finden.

8

Verschiedene Spuren

Galanow folgte seinem ehemaligen deutschen Vorgesetzten in viele Städte Ostdeutschlands und Polens, wo er ihn eine Zeitlang aus den Augen verlor, dann aber in Warschau wiederfand und ihm nach Süden in die Tschechoslowakei und dann wieder nach Norden durch Prag hindurch folgte.

Etwa Mitte März führte ihn sein Weg nach Leipzig, wo er, sehr zu seiner Verärgerung, zu dicht in die Nähe des Amerikaners gekommen war.

Der Mann hatte ihn gesehen. Zwar hatte er sich umgedreht und war schnell weggegangen, doch wenn sein Onkel diesen Zwischenfall beobachtet hätte, hätte er ihm den Fall weggenommen, ihn nach Moskau zurückzitiert und für den Rest seines Lebens an irgendeine unbedeutende Schreibtischarbeit gesetzt.

Glücklicherweise hatte sein Onkel ihn nicht gesehen, und auch Schmundt nicht. Den Deutschen hatte er nun schon drei Tage lang nicht mehr zu Gesicht bekommen.

Keiner von ihnen würde es erfahren. *Niemand* außer dem Amerikaner würde wissen, daß er die Überwachung verpfuscht hatte, und wenn er sich in Zukunft vorsah, würde das auch nie mehr vorkommen.

Er hatte sich sofort zurückgezogen und dem Amerikaner mehr Freiraum gegeben. Doch es geschah, was er unter allen Umständen hatte vermeiden wollen: Innerhalb von achtundvierzig Stunden hatte er ihn vollkommen aus den Augen verloren. Auch Schmundts Spur konnte er nicht wieder aufnehmen.

Vielleicht, so überlegte er bekümmert, als er in seinem Hotelzimmer saß, *bin ich doch noch nicht so gewieft, wie ich gedacht habe.* Doch auch wenn er dies sich selbst gegenüber eingestand – vor seinem Onkel würde er das nie zugeben. Er würde dafür sorgen, daß ihm so etwas nicht noch einmal passierte. Er würde den Fall lösen!

Dieser Zwischenfall in Leipzig war ein dunkler Punkt in seiner Erinnerung, den zu vergessen er entschlossen war.

Den folgenden Tag brachte er damit zu, alle Puzzleteile zusammenzusetzen, um herauszufinden, welche Schritte Schmundt und der Amerikaner als nächstes unternehmen würden.

Sie waren weiter nach Norden gefahren.

Dort gab es nur kleine Dörfer. Wo konnten sie sich da schon verstecken? In Dessau oder Wittenberg vielleicht ... eventuell in Magdeburg weiter im Westen – nein, das bezweifelte er, obwohl es in Richtung der Grenze lag.

Nein, dachte er – *es kann nur ein mögliches Ziel geben.*

Er würde nach Berlin zurückkehren.

Sicherlich wollten sie dorthin. Wenn er zuerst dort ankam, könnte er bereit sein und auf sie warten.

Außerdem gab es in Berlin eine Frau, die ihm in letzter Zeit sehr zugetan war. Sie würde sicher wissen, wo ihr Chef sich aufhielt.

Es war Zeit, seine Bekanntschaft mit Lola Reinhardt zu erneuern.

9

Finsteres Brüten

Für Gustav von Schmundt, den Bezirksleiter des Staatssicherheitsdienstes, waren die letzten beiden Tage durchaus nicht angenehm verlaufen.

Er warf die Akte, die er in der Hand hielt, auf die Kommode, nahm seine Pistole und den Schalldämpfer aus der Manteltasche und ließ sich auf die quietschende Matratze sinken, ohne seine düstere Umgebung auch nur wahrzunehmen.

Eigentlich hatte er erst wieder ins Hotel kommen wollen, wenn er die Liste durchgegangen war. Er hatte eine wichtige Angelegenheit zu Ende zu bringen. Doch irgendwie brauchte er eine Pause. Ein unerklärliches Erschöpfungsgefühl hatte sich seiner bemächtigt. Er mußte sich erst einmal ausruhen und seine Gedanken ordnen. Er würde sich einige Minuten hinlegen. Dann würde er wieder losziehen und den Spuren nachgehen.

Nach einer Weile nahm er die Pistole, schraubte den Schalldämpfer ab und hielt sich den Lauf an die Nase. Er roch noch schwach nach Pulver.

Ja, es war leichter gewesen, diesen Mann zu töten als damals den Schlaukopf, der versucht hatte, ihn zu betrügen. Doch es machte ihm immer noch keinen Spaß. Und nun stellte er fest, daß es ihn auf höchst unangenehme Weise verfolgte. Das Töten fiel ihm vielleicht mit jedem Mal leichter … doch es war mit gewissen Komplikationen verbunden.

Die Reue, die nun aus den Überresten dessen, was einst sein Gewissen gewesen war, zu ihm sprach, war kaum wahrnehmbar. Doch er mußte zugeben, daß er das Gesicht des Mannes nicht aus seiner Erinnerung verbannen konnte – das Gesicht eines Mannes, der noch zwei Tage zuvor am Leben gewesen war.

Seine Gedanken kreisten wieder um Sabrina.

„Sabrina ... Sabrina – wo bist du?" rief die Stimme eines Jungen.

Der Siebenjährige rannte durch den riesengroßen Garten des Barons von Dortmann. Seine fünfjährige Spielgefährtin war fortgelaufen und hatte sich versteckt.

„Sabrina", hatte er gefleht. Furcht lag in seiner Stimme. Es wurde bereits dunkel, und er wußte nicht, welchen der vielen Wege er nehmen sollte.

Auf einmal war sie aus ihrem Versteck hervorgesprungen und stand lachend kaum einen Meter von ihm entfernt.

„Warum mußt du mich immer necken?" fragte er mit der ersten Andeutung seiner Enttäuschung, die im Laufe der Jahre ihre Beziehung charakterisieren sollte.

„Ich habe dich nicht geneckt, Gustav. Ich habe nur Verstekken gespielt. Ich wollte, daß du mich suchst."

Er hatte ihr lachendes, glückliches, unschuldiges Gesicht vor Augen. Nein, sie hatte es nicht böse gemeint. Sie war einfach nur ein fröhliches kleines Mädchen, das gern einmal einen Spaß machte.

Das war sie immer gewesen – auch als sie älter wurden. Sie hatte nie verstanden, wie ernst er die Dinge nahm, daß er mehr von ihr wollte als Freundschaft.

Sie verstand es *immer noch nicht*.

Sie versteckte sich immer noch vor ihm. Wieder verfolgte er sie. Nichts hatte sich geändert in all den Jahren.

Und doch hatte sich *alles* geändert. Er war grausam geworden, und dies war kein Versteckspiel mehr, sondern es ging um Leben und Tod.

Diese melancholischen Erinnerungen warfen eine Frage auf, die er sich noch nie zuvor gestellt hatte.

Was würde Sabrina von mir denken, wenn sie mich jetzt sähe?

Jahrelang hatte er sich immer wieder das Wiedersehen mit ihr vorgestellt. Er würde sie heiraten und den Rest seines Lebens mit ihr verbringen. Er hatte sich vorgemacht, daß er sie glücklich machen würde.

Auf einmal kam ihm etwas Unvorstellbares in den Sinn: daß sie sich vielleicht angeekelt von ihm abwenden könnte. Dieser Gedanke, zusammen mit dem Anblick des toten Fritsch, der blutend auf dem Boden lag, verursachte ihm Übelkeit.

Natürlich war ihm schon vor langer Zeit aufgegangen, daß sie ihn nicht liebte, ihn nie geliebt hatte und sich nach Kräften bemühte, ihm aus dem Weg zu gehen. Doch er redete sich ein, daß sie ihre Meinung ändern würde, wenn sie sah, was er für sie tun konnte.

Vielleicht gefiel ihr nicht, was aus ihm geworden war. Sie begriff einfach nicht, wie ein wirklicher Mann in der wirklichen Welt sein mußte.

Er ging in dem kleinen Zimmer umher wie ein gefangenes Tier in seinem Käfig.

Er war so, wie er war, versuchte er sich einzureden. Er war das Produkt schwieriger Zeiten. Er hatte getan, was getan werden mußte, um zu überleben. Wen interessierte es schon, was für einen Charakter er hatte? Er hatte sich viel Einfluß und Macht erworben – und das war das einzige, was in dieser Zeit zählte.

Außerdem, versuchte er sich zu trösten, *ist es sowieso zu spät, etwas dagegen zu tun.* Er war jetzt zweiundvierzig Jahre alt und gehörte einem Regime an, in dem Veränderungen nicht nur nicht gern gesehen, sondern sogar verboten waren.

Warum sollte er sich überhaupt ändern? Für wen hielt sich Sabrina überhaupt? Sie war nicht besser als er!

Vor der Kommode blieb er schließlich stehen. Da lag das Briefmarkenalbum, das der Mann zu verstecken versucht, und für das er sogar sein Leben gelassen hatte.

Zerstreut blätterte er die Seiten durch.

Seine Mutter hatte versucht, ihn als Kind für Briefmarken

zu interessieren, doch sein Interesse galt eher Waffen, und schließlich hatte sie es aufgegeben.

Es enthält keine bemerkenswerten Briefmarken, dachte Gustav. Wenn der Mann tatsächlich Philatelist sein wollte, so hatte er nur eine armselige Sammlung. Bestimmt zum zehnten Mal an diesem Tag las er die Namen auf der Rückseite des Albums durch.

Dies waren seine Kontaktpersonen – Briefmarkensammler ... oder Mitglieder des Untergrundnetzwerks.

Mittlerweile hatte er sechs Adressen ausfindig gemacht. Blieben noch vier. Einer dieser Leute würde etwas von Sabrina und ihrem Vater wissen. Fritsch hätte nicht geschwiegen, wenn diese Liste nicht so wichtig gewesen wäre, daß er dafür zu sterben bereit war.

Gustav steckte seine Pistole und den Schalldämpfer in die Manteltasche zurück. Mit dem Briefmarkenalbum in der Hand öffnete er die Tür und verließ den kleinen Raum. Er würde sich später hinlegen und ausruhen. Zuerst mußte er mit allen Leuten auf der Liste sprechen.

Müde seufzte er, als er die Treppen in die Halle hinunterstieg.

10

Schlechte Neuigkeiten

In der Graulinger Straße saßen Matthew und Sabrina unterdessen auf der Veranda und genossen ihr Beisammensein. Eine nachdenkliche Stille hatte sich auf sie gesenkt, und sie saßen eine Weile schweigend nebeneinander. Matthew brach das Schweigen, als wolle er sie wieder in die Realität zurückholen.

„Wir werden morgen einen Plan schmieden müssen", sagte

er. „Gustav, oder wer immer mich verfolgt hat, könnte jeden Augenblick auftauchen. Nun, da ich die Einwilligung deines Vaters habe, dich zu heiraten, möchte ich nicht riskieren, daß wir noch einmal auseinandergerissen werden."

Noch bevor Sabrina antworten konnte, klingelte das Telefon.

Sie stand auf und ging hinein. Matthew konnte nicht verstehen, was sie sagte. Doch als sie zurückkehrte, sah er ihr an, daß etwas passiert sein mußte.

„Was ist los?" fragte er.

„Das war einer unserer Freunde", erwiderte sie bekümmert. „Er hat uns vor einer möglichen Gefahr gewarnt."

„Schlechte Neuigkeiten vermutlich?"

„Einer unserer Leute wurde gestern abend getötet, mit einem Kopfschuß ... in seiner Wohnung."

„Warum? Was ist passiert?"

„Niemand weiß etwas. Seine Wohnung ist durchsucht worden, und seine Briefmarkensammlung wurde gestohlen."

„Seine Briefmarkensammlung?" wiederholte Matthew alarmiert.

„Er hat seine Verbindungsmänner zum Netzwerk als Briefmarkenhändler getarnt."

„Du und dein Vater, seid ihr auch aufgeführt?"

„Nein, wir sind ja erst so kurz hier. Doch einige von ihnen wissen, wo wir zu finden sind. Gestern abend und heute sind schon Nachforschungen angestellt worden. Sie haben alle schreckliche Angst."

„Hat der Mann zufällig auf dem Postamt gearbeitet?" fragte Matthew.

„Aber ja!"

„Und sein Name war Fritsch?"

„Ja ... aber woher weißt du das?"

Matthew erzählte von seinem Gespräch auf dem Postamt. Es konnte nicht anders sein – er selbst hatte den Mörder in die Stadt geführt!

„Wir haben keine Alternative", schloß er. „Die Gefahr ist zu groß."

Sabrina seufzte und nickte.

„Wir gehen besser hinein und sprechen mit deinem Vater", fügte Matthew hinzu, erhob sich und ging mit Sabrina ins Wohnzimmer zurück. „Wir werden sofort aufbrechen müssen ... noch heute nacht."

11

Eine Hausdurchsuchung

Die Graulinger Straße war zu dieser Stunde noch leerer als achtzehn Stunden zuvor, als Matthew sie entlanggegangen war.

Nun, um ein Uhr morgens, lag die Stadt verlassen und dunkel da.

Nicht einmal eine stromernde Katze lief dem einsamen Fußgänger über den Weg, der seinen Wagen eine Straße weiter geparkt hatte und nun auf dem Weg zu dem großen Wohnhaus war.

Endlich hatte er die Information bekommen, die ihn – dessen war er sicher – zu seinem Opfer führen würde.

Diesmal hatte er nicht töten müssen, um sie zu bekommen. Doch trotzdem mußte Stasi-Bezirksleiter Gustav von Schmundt schlucken, als er an das Gespräch dachte, das er vor einer Stunde geführt hatte.

Er schritt schneller aus bei dem Gedanken, Sabrina wiederzusehen. Er konnte nicht leugnen, daß er sich danach sehnte, sie zu umarmen, ihre Lippen zu küssen, ihr blondes Haar zwischen seinen Fingern zu spüren ...

Für all das würde er später noch viel Zeit haben.

Zuerst einmal mußte er sie haben. Der Baron würde natürlich wieder ins Gefängnis gebracht werden. Er würde Sabrina betteln lassen, dann würde er sehen, was sein Einfluß bewirken könnte. Es gehörte sich nicht, daß der Schwiegervater eines Stasi-Beamten als Verräter der Republik im Gefängnis saß.

Wenn dieser McCallum bei ihnen war, würde er ihn jedoch ins Gefängnis werfen und ihn dort verrotten lassen. Oder vielleicht auch dem KGB zum Fraß vorwerfen und sie mit ihm tun lassen, was sie wollten.

Allmählich wanderten seine Gedanken auch zu den Konsequenzen dieser vielen Verhaftungen. Wahrscheinlich würde er als Held gefeiert werden.

McCallum war ein wichtiger US-Diplomat. Seine Gefangennahme in der DDR und seine Verbindung zu einem Gefängnisausbruch und einem Untergrundnetzwerk von Spionen würde in aller Welt Schlagzeilen machen. Für den amerikanischen Präsidenten würde das sehr unangenehm sein, auch wenn McCallum persönliche Gründe für sein Vorgehen hatte.

Und er, Gustav von Schmundt, würde ebenfalls auf den Titelseiten erscheinen!

Er würde bekannt werden als der Einzelkämpfer, der den Fall gelöst und den amerikanischen Spion in Haft genommen hatte. Ganz sicher würde dies eine Beförderung zur Folge haben. Vielleicht würde es sogar eine Reise nach Moskau bedeuten, um eine Medaille von Generalsekretär Chruschtschow in Empfang zu nehmen.

Und Sabrina würde angekrochen kommen und ihn anflehen, sie zu heiraten.

Die Gedanken an die Zukunft, die auf ihn wartete, heiterten ihn sichtlich auf.

Er blieb stehen.

Jetzt war er bei der Kreuzung angekommen. Das Gebäude zu seiner Rechten trug die Nummer 40.

Da war die Adresse, die er suchte, auf der anderen Seite der Straße.

Nummer 42.

Ein trübes Licht schien im Innern des Hauses.

Sie konnten doch nicht noch wach sein.

Er schlich sich in die Straße, dann überquerte er sie, den Blick fest auf die Fenster des kleinen Hauses gerichtet.

Gütiger Himmel! – da saß eine Gestalt mit dem Rücken zum Fenster auf der Couch, direkt neben der Lampe.

War das nicht ein Kopf mit blondem Haar?

Sein Herz begann wild zu pochen.

Er zwang sich ruhig zu bleiben und überquerte lautlos die Straße, marschierte durch das offene Tor auf die Veranda zu.

Mit schwitzender Hand umklammerte er den Griff seiner Pistole in seiner Manteltasche. Er hoffte, sie nicht gebrauchen zu müssen, doch er mußte auf alles vorbereitet sein.

Sollte er klopfen oder ohne Vorwarnung hereinplatzen?

Beides hatte Vorteile ... und beides war riskant.

Wenn er die Tür eintrat, würde sie vielleicht schreien und die Nachbarschaft aufwecken. Vielleicht schliefen der Baron und McCallum in einem anderen Raum. Das Geräusch würde sie aus dem Schlaf reißen und ihnen die Gelegenheit verschaffen zu fliehen.

Nein, entschied er, *ich werde Sabrina zur Tür kommen lassen.*

Sie würde sie öffnen, und er würde sofort seinen Fuß hineinstellen. Wenn sie versuchte, ihm den Weg zu versperren, würde er geeignete Maßnahmen ergreifen. Sollte sie zu schreien anfangen, würde er sie packen und ihr die Hand auf den Mund pressen. In jedem Fall war es besser, sich erst Sabrinas anzunehmen und sich dann mit den beiden Männern zu befassen.

Auf Zehenspitzen schlich er die drei hölzernen Stufen hoch.

Er konnte die Gestalt im Wohnzimmer zwar nicht mehr sehen, doch er hatte nichts gehört; sie mußte also immer noch da sein.

Er blieb stehen, holte tief Luft, dann klopfte er drei- oder viermal leise an die Tür.

Er wartete einige Sekunden. Nichts rührte sich.

Wieder klopfte er, diesmal etwas lauter.

Keine Reaktion.

Panik erfaßte ihn. Er rannte die Treppen hinunter und zurück zur Straße. Vorsichtig spähte er durch das erleuchtete Fenster.

Sabrina saß immer noch auf der Couch. Erleichterung durchströmte ihn.

Sie ist eingeschlafen, dachte er.

Schnell lief er zur Tür zurück und klopfte noch lauter.

Doch auch diesmal rührte sich nichts.

Er drückte den Türgriff herunter. Die Tür war verschlossen.

Wieder klopfte er, mit der geballten Faust.

Diesmal wartete er kaum länger als eine Sekunde, bis er mit dem Fuß die Tür eintrat. Er stürmte ins Haus, hinein in das Wohnzimmer.

Dort blieb Gustav wie angezwurzelt stehen. Sein Gesicht wurde aschfahl.

Auf dem Sofa waren einige große Kissen übereinandergestapelt, die durch ein Bettlaken zusammengehalten wurden. Darüber hatte man eine Frauenbluse gehängt. Obenauf saß eine blonde Frauenperücke, die sorgfältig um ein kleineres Kissen drapiert worden war. Von außen sah es aus, als würde eine Frau lesend oder dösend auf der Couch sitzen.

Doch von hier aus gesehen wirkte die Figur wie ein gesichtsloser Schneemann!

Wut bemächtigte sich seiner angesichts dieser offensichtlichen Demütigung. Noch bevor er wußte, was er tat, hatte er vier Schüsse auf das leblose Ding abgegeben.

Mit noch rauchender Pistole rannte er durch die verschiedenen Zimmer des Hauses.

Er kannte die Wahrheit schon, bevor er das Haus noch durchsucht hatte:

Sie waren fort.

Es dauerte eine Weile, bis er sich ein wenig beruhigt hatte. Als er wieder zu sich kam, hatte er das ganze Haus durchwühlt, den Inhalt der Schubladen auf den Boden geleert, Schränke ausgeräumt, Küchenutensilien auf dem Boden verstreut. Gustav ließ sich auf einen Stuhl sinken und zwang sich dazu, nachzudenken.

Das Zimmer war noch warm. Er konnte Sabrinas Anwesenheit spüren, genau wie in jener Nacht vor so langer Zeit, als sie das „Lebenshaus" durchsucht hatten.

Sie konnten noch nicht länger als eine Stunde fort sein ... vielleicht zwei.

Sie mußten ihn erwartet haben, warum hätten sie sonst die Kissen so drapiert, daß die Gestalt von außen aussah wie Sabrina? Wenn sie sich so viel Mühe gemacht hatten, ihr Vorhaben zu vertuschen, hatten sie das Haus bestimmt nicht durch die Vordertür verlassen, wo sie gesehen worden wären.

Gustav erhob sich und ging durch die Küche zur Hintertür. Er öffnete sie und spähte nach draußen.

Kein Lichtschimmer war zu sehen.

Er trat hinaus in die Dunkelheit und wäre beinahe die erste Stufe hinuntergefallen. Er fluchte verhalten. Vorsichtig tastete er sich durch den kleinen Hof und Garten. Nach nur sechs oder acht Metern stand er vor einem Zaun. Das Tor stand offen.

Durch dieses Tor waren sie also geflohen. Er drehte sich um und ging zurück ins Haus.

In dem Augenblick, wo er es betrat, nahm er einen feinen Duft wahr.

Konnte es sein, daß sie nach all den Jahren immer noch dasselbe Parfüm benutzte? Im Schlafzimmer hätte er schwören können –

Doch mit solchen Phantastereien würde er sich jetzt nicht aufhalten!

Schon oft war er diesem Fehler erlegen. Er war ein Narr gewesen zu glauben, daß sie ihn liebte!

Rachsucht bemächtigte sich seiner. Das war es – das war der letzte und endgültige Strohhalm!

Er würde sich nicht mehr vormachen, dieses Luder zu heiraten, würde keine freundlichen Gedanken mehr über ihren verräterischen Vater haben. Er würde sie alle ins Gefängnis sperren – auch Sabrina! – und keinen Gedanken daran vergeuden!

Einen Augenblick lang beruhigte er sich, um nachdenken zu können. Ob sie vielleicht zurückkamen?

Nein. Alle persönlichen Dinge waren aus dem Haus entfernt worden. Nur die Möbel waren übriggeblieben.

Ganz offensichtlich waren sie überstürzt aufgebrochen … ohne die Absicht, zurückzukommen.

Er würde das Haus jedoch trotzdem beobachten lassen, wenn er sich auch nicht viel davon versprach.

Das Katz- und Mausspiel fing nun wieder von vorne an. Nur würde er von nun an besser auf der Hut sein.

Sie hatten Gustav von Schmundt einmal zu oft zum Narren gehalten.

Doch dies würde das letzte Mal sein.

Es war an der Zeit, einigen der Briefmarkenhändler des verstorbenen Herrn Fritsch einen Besuch abzustatten.

Teil II

Lola Reinhardt

März bis Mai 1962

12

Eine einsame Entscheidung

Für Lola Reinhardt, die Assistentin und Sekretärin von Bezirksleiter Gustav von Schmundt war es ein langer und trauriger Winter gewesen.

Die Errichtung der Berliner Mauer kaum einen Kilometer von dem Büro entfernt, in dem sie saß, hatte einen vollkommen unerwarteten Einfluß auf sie gehabt.

Sie wendete sich von dem Aktenschrank, vor dem sie stand, ab und ging lustlos zum Fenster hinüber. Traurig blickte sie hinunter auf den Teil der Mauer, der von ihrem Fenster aus sichtbar war. Häßlich war sie, und warum sie sie mehrmals am Tag anstarrte, konnte sie nicht sagen. Doch irgend etwas drängte sie, immer wieder hinzusehen ... und sich zu fragen, was das alles bedeutete.

Ein Geräusch riß sie aus ihren Träumen.

Lola drehte sich um und erblickte eine unerwartete Gestalt, die auf sie zukam.

„Herr Galanow!" rief sie ehrlich überrascht.

Der junge russische KGB-Agent lächelte sie herzlich an und streckte ihr die Hand entgegen.

„Guten Tag, Fräulein Reinhardt", sagte er.

„Wie schön, Sie wiederzusehen", erwiderte sie.

„Ganz meinerseits, Lola", gab er zurück und ließ sich auf einem Stuhl nieder. „Wie geht es Ihnen?"

Es war eine einfache Frage, die in jeder Unterhaltung gestellt wurde. Doch in dieser Zeit bekamen selbst die einfachsten Sätze einen tieferen Sinn und zwangen Lola dazu, intensiver darüber nachzudenken, als sie es je in ihrem Leben getan hatte.

Eigentlich war sie nie eine Idealistin gewesen, auch war ihr Leben nicht besonders glücklich verlaufen.

In bezug auf ihr Schicksal war sie auch keine Philosophin. Sie erwartete nicht viel vom Leben. Trotz ihrer privaten Träume in Verbindung mit ihrem Vorgesetzten würde es immer so weitergehen; Tag für Tag dieselbe ermüdende Routine. Sie hatte sich mit der langweiligen Existenz in Ostdeutschland abgefunden.

Und doch hatte sie sich seit der Errichtung der Mauer gefangen gefühlt. Das war für einen Menschen wie sie eine ungewöhnliche Empfindung, da sie über den Begriff Freiheit nie viel nachgedacht und auch nie besonders danach gestrebt hatte.

Die Freiheit, die sie lockte, war nicht politischer oder gesellschaftlicher, sondern ganz anderer Natur.

Dieses Gefühl war nicht sofort da gewesen, tatsächlich war sie sich erst nach mehreren Monaten dessen bewußt geworden.

Der schreckliche Hubschrauberabsturz, bei dem ihr Chef und sein junger Assistent schwer verletzt worden waren, hatte sie emotional so beschäftigt, daß sie die ersten Berichte über den Mauerbau gar nicht richtig wahrgenommen hatte.

Während der Monate September, Oktober und November war sie damit beschäftigt gewesen, der Sache auf den Grund zu gehen – und vor allem etwas über das Mädchen herauszufinden, nach dem Herr von Schmundt schon so lange suchte. Diese Nachforschungen hatten ihrem Leben einen Sinn gegeben.

Wieder dachte sie nach über die Anrufe, die sie in dieser Zeit getätigt hatte, und die Untersuchungen, die sie während der Genesungszeit ihres Chefs in Gang gesetzt hatte. Sie war erstaunt gewesen, mit welchem Selbstbewußtsein sie aufgetreten war und mit welcher Unterwürfigkeit man ihr begegnet war.

Höchstpersönlich hatte sie Potsdam einen Besuch abgestattet. Auch in Teltow war sie gewesen. Sie hatte sich über alle Beteiligten genaustens informiert, angefangen von dem

Baron und seiner Tochter bis hin zu dem Amerikaner, an dessen Fersen Schmundt sich während des Winters geheftet hatte. Sie war jedes Wort jeder Akte durchgegangen, die mit dem Fall in Zusammenhang stand.

Und ihr Engagement hatte sich gelohnt!

Lola hatte den Inhalt des Päckchens schon erahnt, bevor sie es noch in Händen gehalten hatte, doch nachdem sie es durchgelesen hatte, fand sie alle ihre Vermutungen bestätigt, einschließlich der wechselnden Loyalitäten des Burschen im Leichenschauhaus. Alle Stücke paßten zusammen.

Wenn sie ihrem Chef das aushändigte, würde sie seiner Dankbarkeit sicher sein, zumindest für eine kurze Zeit ... doch seine Zuneigung würde sie niemals gewinnen können, das wußte sie.

Die Entscheidung, die sie dann getroffen hatte, war unwiderruflich. Ihr Leben hatte sich danach zu verändern begonnen.

Niemand wird jemals erfahren, was ich entdeckt habe, hatte sie gedacht, während sie beobachtete, wie die Informationen, die sie so sorgfältig zusammengetragen hatte, langsam im Schlamm der Spree versanken.

13

Der tiefere Sinn des Lebens

Lola ...?" ertönte Galanows Stimme erneut. Lola wurde aus ihren Träumereien gerissen.

„Äh ... oh, es tut mir leid. Ich war einen Augenblick abwesend", entschuldigte sich Lola. „Ich ... nun, mir geht es gut, vielen Dank, Andrassi."

„Das freut mich zu hören."

„Doch ich bin erstaunt, Sie hier zu sehen ... Ich wußte gar

nicht, daß Sie wieder herher nach Berlin zurückgekommen sind."

„Ich bin erst gestern angekommen."

„Sie sehen gut aus. Ihre Verletzungen scheinen gut verheilt zu sein."

„Ich fühle mich gesund wie eh und je."

„Werden Sie Ihre Arbeit hier wieder aufnehmen?"

„Endlich ... ja", erwiderte Galanow vage. „Es gibt allerdings noch einige Dinge, die ich zuerst erledigen muß. Sagen Sie mir, ist der Bezirksleiter da?"

„Nein, er ist nicht da."

„Er ist doch nicht ... immer noch im Krankenhaus?" fragte Galanow, obwohl er die Antwort nur zu genau kannte, da er Schmundt ja in den vergangenen zwei Monaten gefolgt war.

„Oh nein."

„Dann hat er sich gut erholt?"

„Ja."

„Wann erwarten Sie ihn zurück?"

Seit sie beschlossen hatte, ihrem Chef die Informationen über die junge Frau und ihren Vater, die er so verzweifelt suchte, nicht zu geben, hatte bei Lola Reinhardt ein Veränderungsprozeß eingesetzt.

Sie hatte ihr Leben in die Hand genommen und bestimmte nun selbst, welche Richtung sie ihm geben wollte.

Seit diesem Tag betrachtete Lola Reinhardt das Leben mit anderen Augen.

Nicht, daß es dadurch schöner geworden wäre. Ihre Tage schleppten sich immer noch langweilig dahin, vor allem nun, da sie ihre Nachforschungen abgeschlossen hatte.

Und doch fesselte sie der Gedanke, daß sie aus ihrer Passivität herauskommen und aktiv den Lauf ihres Lebens bestimmen konnte, daß sie nicht alles willenlos hinzunehmen brauchte.

Während dieser Zeit wurde ihr die Bedeutung der Mauer und ihre Auswirkungen auf ihr Leben zum ersten Mal richtig klar.

Sie empfand ein gewisses Unbehagen, das sie zuerst der

Mauer zuschrieb. Doch es war sehr viel mehr; sie hatte es nur noch nicht erkannt.

Lola selbst konnte ihre Gefühle nicht einordnen. Ihre Unzufriedenheit kam nicht daher, daß sie in der DDR lebte, auch nicht, daß Schmundt ihre Liebe nicht erwiderte. Es war eher eine Unzufriedenheit der Seele, die nach einem sinnvollen Leben strebte.

Trotz dieser Disharmonie in ihrem Innern hatte Lola am Ende des Winters 1962 feststellen müssen, daß sie Dinge wahrnahm, auf die sie seit Jahren nicht mehr geachtet hatte – Osterglocken, Tulpen und Krokusse, die ihre Köpfe aus dem kalten, nassen Boden streckten … Vögel, die ihre ersten Lieder schmetterten. Der Himmel schien ihr blauer zu sein, der Sonnenuntergang schöner.

Keines dieser Dinge zauberte ein Lächeln auf Lolas Gesicht, doch sie sprachen zu ihrem Herzen.

Sie erinnerte sich wieder an eine Kusine und eine Tante in Hamburg, ihre einzigen noch lebenden Verwandten. Sie hatten sich nie sehr nahe gestanden. Tatsächlich hatte sie seit Jahren nicht mehr an sie gedacht und sie auch seit dem Krieg nicht mehr gesehen.

Doch auf einmal verspürte sie den Wunsch, sie einmal wiederzusehen.

Warum war ihr das nicht ein Jahr früher eingefallen? Jetzt war ein Besuch unmöglich.

Wieder einmal empfand sie ein Gefühl des Eingeschlossenseins – ihr wurde klar, daß sie in ihrem gegenwärtigen Lebensumfeld niemals das Leben, die Freiheit, das Glück und die Freude würde kennenlernen können, nach denen sie sich sehnte … doch sie wußte auch nicht, wie sie das ändern konnte.

14

Hintergedanken

„Ich ... ich muß gestehen, ich weiß nicht, wo Herr von Schmundt sich gegenwärtig aufhält", erwiderte Lola nach langem, nachdenklichem Schweigen. „Ich habe ihn in diesem Jahr nur selten zu Gesicht bekommen. Er ist sehr häufig unterwegs."

„Dann ist er sehr beschäftigt?" erkundigte sich Galanow.

„Er ist unterwegs ... eine Observierung. Seit zwei Wochen habe ich ihn nun schon nicht mehr gesehen."

„Eine Observierung?" wiederholte der Russe. „Etwas, äh ... Neues?"

„Er verfolgt den Strafgefangenen, der im letzten August entflohen ist."

„Aha ... ich verstehe."

Andrassi hatte gut gelernt. Er war immer auf der Hut, achtete auf alles – einen Blick, ein Zusammenzucken, ein Zwinkern, ein Zögern in der Stimme, eine Veränderung des Tonfalls. An diesem Tag bemerkte er sofort die Veränderung, die mit der Sekretärin des Bezirksleiters vor sich gegangen war. Es dauerte eine Weile, bis er das einordnen konnte, und noch während sie miteinander sprachen, dachte er darüber nach.

Trotz der langen Pausen und ihres abwesenden Gesichtsausdruckes konnte er einen neuen Lebensfunken in ihrem Verhalten entdecken. Er fragte sich, was das wohl war.

Auf jeden Fall würde er der Sache auf den Grund gehen, sobald sich die Gelegenheit dazu bot.

Lola dagegen hatte sich in der vergangenen Zeit so sehr nach Gesellschaft gesehnt, daß allein der Anblick des jungen Galanow ihre Augen aufleuchten ließ.

„Werde ich in diesem Fall wieder eingesetzt werden?" fragte Galanow nach einer Weile.

„Ich weiß es nicht", erwiderte Lola. „Vielleicht ... wenn er den Gefangenen nicht schon gefunden hat."

„Wann erwarten Sie den Bezirksleiter zurück?“

„Es tut mir leid“, antwortete Lola lächelnd, „das weiß ich auch nicht. Ich bin Ihnen keine große Hilfe. Ich denke jedoch, daß er bald zurückkommen wird. In der Regel läßt er sich jede Woche oder alle zwei Wochen einmal im Büro sehen. Telefonisch meldet er sich noch häufiger. Sicher wird er sich über Ihre Rückkehr sehr freuen.“

„Sicher“, wiederholte Galanow lächelnd. Er bezweifelte, daß Schmundt Verwendung für ihn hatte, es sei denn für seinen eigenen Zweck.

„Kann ich Ihnen einen Tee oder Kaffee anbieten, Herr Galanow?“ fragte Lola.

„Gern, Lola, vielen Dank. Tee wäre mir lieb“, erwiderte Galanow.

Während Lola den Tee zubereitete, plauderten sie angeregt. Nach etwa einer halben Stunde hatte sich Lola deutlich entspannt.

„Hatten Sie einen angenehmen Aufenthalt zu Hause, Andrassi?“ fragte sie.

Galanow nickte. „Zwar hatte ich viel Geschäftliches zu erledigen. Mein ... äh, mein Vorgesetzter dort hielt mich mit einer Überwachung auf Trab. Wissen Sie eigentlich, ob es einen Kontakt zwischen dem Gefangenen, den Herr von Schmundt sucht, und einem jüdischen Rabbi gegeben hat?“

„Einem Rabbi ... hmm, nicht daß ich wüßte.“

Galanow betrachtete sie aufmerksam. Sie schien die Wahrheit zu sagen.

„Er wird von meiner Regierung gesucht“, erklärte Galanow. „Es ist denkbar, daß es eine Verbindung zwischen diesen beiden Männern gibt.“

„Sind Sie zurückgekommen, um ihn zu suchen?“ fragte Lola.

„Wenn ich etwas über ihn in Erfahrung bringen kann, wäre das sicherlich sehr gut, obwohl meine Aufgabe hier dieselbe ist wie vor meinem Rußlandaufenthalt. Ich soll Bezirksleiter Schmundt zur Seite stehen.“

„Was hat der Rabbi verbrochen?“

„Er hat einige Dokumente gestohlen, die nach Ansicht meiner Vorgesetzten der höchsten Geheimhaltungsstufe unterstehen."

„Und er hält sich im Augenblick in der DDR auf?"

„Sein genauer Aufenthaltsort ist unbekannt. Es könnte sein, daß er versuchen wird, diese Dokumente dem Mann zu übergeben, den Herr von Schmundt sucht. Vielleicht hat diese Übergabe auch bereits stattgefunden."

Lola dachte an ihre eigenen Nachforschungen und überlegte, ob irgend etwas, das sie herausgefunden hatte, auf eine solche Verbindung schließen ließ.

Wieder fiel Galanow ihre Nachdenklichkeit auf, und er fragte sich, was wohl der Grund dafür war. Ganz bestimmt würde er die Beziehung zu dem auf einmal äußerst interessanten Fräulein Reinhardt in Zukunft intensivieren.

15

Die Zuflucht

Das Haus, in dem sich Sabrina und ihr Vater nun schon seit fast einer Woche aufhielten, lag in bekannter Umgebung, ganz in der Nähe des Dorfes Großbeeren, südlich von Berlin. Sie war schon oft hier gewesen.

Auf Matthews Drängen hin hatten sie Magdeburg mitten in der Nacht verlassen. Der Versuch, zu einem ihrer Bekannten Kontakt aufzunehmen, könnte sehr gut die Arbeit des Netzwerks in der ganzen Region in Gefahr bringen.

Darum mußten sie die Stadt verlassen, ohne auch nur eine einzige Spur zu hinterlassen, zu ihrer eigenen Sicherheit und der der anderen.

In aller Eile hatten sie die notwendigsten Dinge in Matthews altem Trabi verstaut und das Haus so hergerichtet, daß es aussah, als wären sie noch da. Dann hatten sie sich zur Hintertür hinausgeschlichen, sich in den vollgestopften Wagen gezwängt und die Stadt in Richtung Norden verlassen.

Wo sie hinfahren sollten, wußten sie nicht, doch während der Fahrt beteten sie um Führung. Sie konnten nicht die ganze Nacht durchfahren, dazu reichte der Treibstoff nicht aus. Und sie durften auch nicht riskieren, bei einer Polizeikontrolle angehalten zu werden. Ein Blick ins Innere des Wagens würde so großes Mißtrauen erregen, daß sie wahrscheinlich auf der Stelle festgehalten werden würden.

Nachdem sie die Stadt hinter sich gelassen hatten, fuhr Matthew noch etwa eine Stunde lang auf verschiedenen Nebenstraßen, so daß sie am Ende selbst kaum noch wußten, wo sie waren. Schließlich bog er in einen Waldweg ein, stellte den Motor ab und schaltete die Scheinwerfer aus.

Dort hatten sie den Rest der Nacht verbracht, miteinander geredet, gebetet, sich in die Decken gewickelt, die sie mitgebracht hatten, und so gut es ging zu schlafen versucht.

Bei Tagesanbruch waren sie aufgewacht, mit tauben Gliedern und müde, doch guter Laune, und sie dachten darüber nach, wie wundervoll jetzt der Geruch frisch aufgebrühten Kaffees wäre; doch noch mehr wünschten sie sich einen Ort, wo sie sich verstecken konnten und eine Weile in Sicherheit waren, bis sie entschieden hatten, was zu tun war.

Sie erinnerten sich an ihre treusten Netzwerk-Kontakte; einige von Sabrinas vertrauenswürdigsten Mitarbeitern lebten in der Nähe von Großbeeren. Seit Monaten hatte sie keinen Kontakt mehr zu diesen Leuten gehabt, es dürfte also keine unmittelbare Gefahr bestehen. Sie würden ins Dorf fahren und entweder Willi oder Erich Brumfeldt aufsuchen. Vielleicht wußten sie, wo sie den Wagen und sich selbst verstecken konnten.

Vater und Sohn waren hocherfreut, die Flüchtlinge zu sehen, und sie boten ihnen an, sie bei sich aufzunehmen.

Sabrina jedoch wehrte ab. Sie dachte an Clara und ihre Angst. Während der Flucht mit ihrem Vater war Sabrina zweimal durch Großbeeren gekommen und hatte alles über jenen schicksalhaften Tag im August erfahren. Sie wußte von den Schlägen, die Clara bekommen hatte, und welches der Preis für die Freiheit des Barons gewesen war, den die anderen Helfer hatten zahlen müssen. Nie würde sie ihre Freunde wissentlich noch einmal in eine solche Situation bringen.

„Gibt es jemanden, der uns aufnehmen könnte?" fragte sie. „Ich möchte Ihre Frau nicht noch einmal in Gefahr bringen."

„Aber Karin –" beharrte Erich.

„Es tut mir leid, Erich", unterbrach ihn Sabrina. „Mein Entschluß steht fest. Vielleicht weiß ich besser als Sie, daß Sie wieder in Gefahr geraten würden. Wir werden immer noch verfolgt. Ihr Name ist leider bereits bekannt. Wenn es möglich ist, würde ich gern bei jemandem Unterschlupf suchen, der neu bei uns ist, sich aber gleichzeitig über die möglichen Konsequenzen im klaren ist. Vielleicht bei einem Mann ohne Familie."

Schließlich wurden sie von einem gutmütigen Mechaniker mit Namen Josef Dahlmann aufgenommen, einem Witwer, der keine Kinder hatte. Er wohnte noch in seinem Elternhaus, wo er mit seinen Brüdern und Schwestern aufgewachsen war. Außer seiner jüngsten Schwester hatten alle das Haus verlassen. Seit Jahren schon lebten Josef und seine Schwester zusammen, seit dem Tod der Eltern, wenn auch in ständiger Angst davor, daß ihr Haus von den Kommunisten konfisziert werden könnte. Seine Schwester hatte im vergangenen August geheiratet, war jedoch gezwungen, trotzdem noch weiter bei ihrem Bruder zu wohnen. Über Brumfeldt war Dahlmann zum Netzwerk gestoßen.

„Wir sind sehr froh, daß Sie uns aufnehmen, Herr Dahlmann", sagte Baron von Dortmann, als sie ihren neuen Gastgeber begrüßten.

„Ich werde dem Volk Gottes nach Kräften helfen", erwiderte der Mann. „Meine Frau war Halbjüdin. Sie überlebte den Krieg zwar, war aber von den zwei Jahren im Konzentrationslager so geschwächt, daß sie danach nur noch fünf Jahre lebte."

„Das tut mir sehr leid“, sagte der Baron ernst. Er konnte die Größe dieses Verlustes so gut verstehen.

„Ich mache mir Gedanken um den Wagen“, meinte Matthew. „Vermutlich ist er bekannt.“

„Wir werden ihn in meiner Scheune verstecken.“

„Wenn er gefunden wird, kann das sehr unangenehm für Sie werden.“

„Ich habe keine Angst um mich, mein Freund. Doch wenn es Sie beruhigt, werden wir das Nummernschild austauschen.“

„Austauschen?“

„Ich habe mehrere Nummernschilder, die unverdächtig sind.“

„Habe ich euch nicht gesagt, daß er sehr findig ist?“ lachte Erich. „Ihr werdet hier in guten Händen sein.“

„Während meine Schwester Tee oder Kaffee kocht“, sagte ihr Gastgeber nun an Sabrina und ihren Vater gewandt, „werden wir den Wagen ausräumen und ihn schnell in die Scheune fahren.“

Erst jetzt bemerkten sie die junge Frau, die aus der Küche kam.

„Darf ich Ihnen meine Schwester Angela vorstellen?“ sagte Dahlmann.

Herzlich wurde sie begrüßt.

Matthew, Erich und Josef verließen das Haus, um den Trabi auszuräumen und zu verstecken. Angela führte Sabrina und den Baron in die Küche. Sie sah nach dem Kaffee, den sie aufgegossen hatte, dann nahm sie den Topf mit kochendem Wasser vom Herd, um den Tee zuzubereiten.

„Erich sagte, daß Sie und Ihr Bruder allein hier leben“, sagte Sabrina zu ihrer Gastgeberin. „Sind Sie … zu Besuch?“

„Nein“, antwortete sie, „ich lebe schon immer hier.“

„Dann ist es wohl Ihre Schwester, die im vergangenen August geheiratet hat? Vielleicht habe ich da etwas miß –“

„Nein, das war ich“, sagte Angela traurig lächelnd.

„Aber … warum –?“

Sabrina war verwirrt, doch auf einmal auch verlegen wegen all der Fragen, die sie stellte.

„Es tut mir leid", sagte sie. „Ich wollte nicht neugierig sein. Es ist so freundlich von Ihnen, daß Sie uns aufnehmen."

„Ihre Fragen machen mir nichts aus. Ich werde Ihnen erzählen, was passiert ist, während wir Tee oder Kaffee trinken. Was möchten Sie haben?"

„Wie wundervoll der Kaffee duftet!" meinte der Baron.

„Ich hätte gern Tee", antwortete Sabrina.

Nachdem Angela eine Platte mit Keksen auf den Tisch gestellt hatte, setzte sie sich zu ihnen.

„Mein Mann ist Ingenieur", sagte sie nach einer Weile. „Er muß viel reisen. Als wir heirateten, konnten wir nur kurze Flitterwochen verleben, bevor er eine Geschäftsreise machen mußte. Am elften August ist er abgereist."

Sie unterbrach sich und blickte zum Fenster hinaus.

„Wo ... ist er hingefahren?" fragte Sabrina.

„Nach Hamburg", erwiderte Angela. „Er sollte nur vier Tage fortbleiben, aber –"

„Er ist nicht zurückgekommen?"

Angela schüttelte den Kopf.

„Die Mauer wurde errichtet ... und ... ich habe ihn seither nicht wiedergesehen –" Sie brach ab, während ihre Augen sich mit Tränen füllten.

Sabrina legte der Frau, die etwa zehn Jahre jünger war als sie selbst, tröstend die Hand auf den Arm.

„Es tut mir so leid", sagte sie. „Ich hatte ja keine Ahnung."

Angela weinte eine Weile still vor sich hin. Sabrina ließ ihre Hand wo sie war, und sie und ihr Vater warteten geduldig.

„Und er ist nicht zurückgekommen, um Sie zu holen?" fragte Sabrina schließlich.

Traurig schüttelte Angela den Kopf.

„Das tut mir so leid", sagte Sabrina wieder. Ihrem Tonfall war zu entnehmen, daß sie Angela mißverstanden hatte.

„Oh nein ... bitte", sagte Angela, ängstlich bemüht, die Sache klarzustellen. „Das haben Sie falsch verstanden."

Wieder spiegelte sich Verwirrung auf Sabrinas Gesicht.

„Wir hatten davon gesprochen, in den Westen zu gehen. Das war einer der Gründe, warum er nach Hamburg gefahren ist. Er wollte sich nach einer Stelle umsehen, damit wir in die BRD ziehen konnten. Unsere Freunde haben nur einen Monat vor uns geheiratet. Wir wollten alle zusammen nach Westdeutschland ziehen. Doch nun sind die beiden Männer dort, und wir Frauen hinter der Mauer gefangen."

„Aber ... ich verstehe nicht, warum Ihr Mann nicht zurückkommt."

„Wenn er jetzt zurückkäme, könnte er *nie* wieder in den Westen."

„Wäre das nicht besser, als getrennt zu sein?"

„Vielleicht", seufzte Angela, „doch wir wollen frei sein. Darum ist er im Westen geblieben. Wir hoffen, daß ich vielleicht irgendwie zu ihm gelangen kann."

„Haben Sie es versucht?"

„Oh ja – ich habe schon oft eine Ausreisegenehmigung beantragt."

„Und?"

„Meine Anträge sind alle abgelehnt worden."

„Stehen Sie mit Ihrem Mann in Verbindung?"

„Nur über Botschaften, die von Leuten überbracht werden, die in die DDR kommen."

„Was sagt er?"

„Er sagt, ich solle Geduld haben ... er würde mich irgendwie nach Westberlin holen."

„Hält er sich immer noch in Hamburg auf?"

„Er und sein Freund leben jetzt in Westberlin. Oh, Sie können sich nicht vorstellen, wie schwer es ist zu wissen, daß er ganz in meiner Nähe wohnt!"

Nun war es an Sabrina zu lächeln. Sie konnte sich gut in Angela hineinversetzen. Viele Deutsche teilten ihr Schicksal. Die Trennung war ein Schmerz, der sehr tief saß.

„Aber Sie wissen nicht, wie er das anstellen will?"

„Ich habe keine Ahnung. Doch seit der Errichtung der Mauer ist mein Bruder Josef so wütend – wütend, daß unsere Regierung sich zum Lakaien der Kommunisten macht, wie er sagt. Er zeigt seine Wut jedoch nicht. Er ist sehr gutmütig. Aber er möchte jedem helfen zu fliehen."

„Ich hoffe, er wird Ihnen helfen können, Ihren Mann wiederzusehen."

„Es fällt mir sehr schwer, den Mut nicht sinken zu lassen."

„Haben Sie Vertrauen ... die Liebe macht viele Dinge möglich", meinte Sabrina. *Vielleicht,* dachte sie, *werde ich die Gelegenheit haben, Angela zu erzählen, was Matthew für mich getan hat.* Vielleicht würden sie alle eines Tages auf der anderen Seite der Mauer in Freiheit sein.

Noch bevor sie den Gedanken weiterspinnen konnte, kamen Erich, ihr Gastgeber und Matthew herein.

„Der Wagen ist gut versteckt, und alle Ihre Sachen sind im Haus untergebracht", verkündete Josef. An Matthew gewandt fuhr er fort: „Jetzt müssen Sie sich aber erst einmal stärken."

16

Abwägen der Möglichkeiten

Während sie Kaffee und Tee tranken, wendete sich die Unterhaltung schnell praktischen Dingen zu.

„Was sind Ihre Pläne?" fragte Dahlmann, während er zuerst Matthew, dann seine beiden anderen Gäste anblickte.

„Wir haben keine", lachte Matthew. „Nur daß wir nach Westdeutschland wollen!"

„Das wird mit jedem Tag schwieriger, meine Freunde", wandte Erich ernst ein. „Der Flüchtlingsstrom der ersten Monate ist zu einem Rinnsal vertrocknet, weil immer häufiger an der Grenze geschossen wird."

„Wie hat es nur dazu kommen können?" fragte Angela schaudernd.

„Wir haben es zwei Jahrzehnte zuvor zugelassen – darum ist

„Wir haben es zwei Jahrzehnte zuvor zugelassen – darum ist es passiert", erwiderte der Baron leise. Nur selten äußerte er sich zur gegenwärtigen Weltsituation.

„Sind unsere früheren Kontakte immer noch aktiv, Erich?" fragte Sabrina an ihren langjährigen Kameraden des Netzwerks gewandt. „Wir – Papa und ich – sind in den vergangenen Monaten so viel herumgereicht worden, daß ich gar nicht mehr weiß, was aus unseren Leuten geworden ist."

„Zu vielen haben wir jeglichen Kontakt verloren", erwiderte er. „Die Leute haben Angst, Karin – verzeihen Sie, ich vergaß! Es wird eine Weile dauern, ehe ich mich an ‚Sabrina' gewöhne, obwohl das ein wunderschöner Name ist."

„Danke." Sie lächelte ihn an.

„Ja, es hat sich viel verändert. Die Mauer, das Töten, das Klima der Angst – einige unserer Helfer haben sich zurückgezogen. Wir sind nicht mehr so viele wie früher."

„Sie haben keinen direkten Kontakt zur anderen Seite?"

Er schüttelte den Kopf.

„Alles hat sich verändert. In den ersten Monaten habe ich einigen zur Flucht verholfen, und das auch nur indirekt, doch seither nichts mehr."

„Wie geht eine solche Flucht vonstatten?" fragte Matthew und blickte die beiden Männer mit hochgezogenen Augenbrauen an.

„Da gibt es kein bestimmtes Vorgehen", erwiderte Erich. „Jeder muß selbst sehen, wie er es schafft. Es gibt kein Untergrund-Netzwerk, das eine Flucht organisiert. Glücklich schätzen kann sich derjenige, der die beste Idee hat und nicht entdeckt wird."

Sie verfielen in Schweigen. Der Nachmittag war schon weit fortgeschritten, und unbewußt gähnte Sabrina.

„Oh," rief sie. „Mir war gar nicht klar, wie müde ich bin."

„Heute nacht werden Sie richtig ausschlafen können", sagte Josef. „Sie können gern so lange bleiben, wie es nötig ist. Wie Sie sehen, haben wir ausreichend Platz."

„Aber wir dürfen Sie nicht länger als nötig in Gefahr bringen", meinte Sabrina.

„Machen Sie sich darüber keine Gedanken. Sie sind unter Freunden."

„Vielleicht sollte ich morgen nach Berlin fahren", sagte Matthew.

„Allein?" fragte Sabrina besorgt.

„Das wird das Beste sein. Ich habe meinen deutschen Ausweis. Wenn ich noch etwas Geld von Ihnen bekomme", fügte er an Josef gewandt lachend hinzu, „werde ich mir ein billiges Hotel besorgen und mich umhören. Ich weiß nicht, ob er noch da ist, doch ich werde versuchen, meinen alten Kontaktmann Paddy Red vom CIA aufzutreiben und sehen, ob er etwas aus dem Ärmel schütteln kann, das uns weiterhilft."

„Sie können meinen Wagen nehmen", bot Josef an.

„Der Trabi reicht mir vollkommen."

„Das ist viel zu gefährlich, wenn er bekannt ist. Außerdem –", jetzt lachte er, „ich habe auch nur einen Trabi."

„Haben Sie noch Kontakt zu Hermann?" fragte Sabrina Erich.

„Von Zeit zu Zeit sehe ich meinen Cousin. Doch wir müssen jetzt sehr vorsichtig sein. Es besteht die Möglichkeit, daß wir bekannt sind."

„Erst vor wenigen Tagen hat mir meine Freundin erzählt", mischte sich nun Angela ein, „deren Mann mit meinem Mann zusammen im Westen ist, daß ein Mann mit Namen Hermann vielen Menschen zur Flucht verhilft. Sie meinte, wir sollten uns an ihn wenden. Er könnte uns vielleicht helfen."

„Hermann ist, das muß ich zugeben, wagemutiger als ich", lachte Erich. „Auch ich habe von diesen Gerüchten gehört, doch meiner Frau zuliebe halte ich mich von ihm fern."

„Ich werde dich nach Berlin begleiten", sagte Sabrina zu Matthew. „Ich werde zu Hermann Kontakt aufnehmen. Wenn uns jemand helfen kann, dann er."

„Das ist zu riskant", erwiderte Matthew kopfschüttelnd. „Wenn Gustav hinter uns her ist, dann möchte ich, daß du und dein Vater außer Sichtweite bleibt."

„Aber Matthew, ich –"

„Ich werde allein fahren", unterbrach Matthew sie. „Du kannst mir sagen, wie ich diesen Hermann erreichen kann."

„Er ist sehr mißtrauisch. Meinst du nicht, Erich?"

„Ich denke, Sie haben meinen Cousin zutreffend beschrieben", entgegnete Erich lachend.

„Dann werden Sie mir helfen müssen, ihn zu überzeugen", meinte Matthew, der sich nicht beirren ließ. „Wenn das nicht klappt, werde ich zurückkommen und dich holen. Dann versuchen wir es zusammen noch einmal. Aber zuerst fahre ich allein nach Berlin."

17

Ein gewagter Plan

Matthew blieb sechs Tage lang fort. Sabrina war außer sich vor Sorge, als am Nachmittag des sechsten Tages endlich Dahlmanns Trabi hinter dem Haus vorfuhr.

Sie sprang von ihrem Stuhl auf und rannte nach draußen. Kaum hatte Matthew sich aus dem Wagen herausgeschält, da flog sie auch schon in seine Arme.

„Komm, laß uns ins Haus gehen", sagte er lachend. „Wir müssen einiges besprechen – und zwar bald."

Eng umschlungen betraten sie das Haus.

„Ich habe mir schon Sorgen gemacht", sagte sie.

„Ich sagte dir doch, daß alles gut gehen würde."

„Ich konnte nicht dagegen an. Die Trennungen ... du weißt schon."

„Du hast doch nicht das Versprechen der rosa Rose vergessen, oder?"

„Oh, Matthew, neck' mich nicht. Ich hatte dich doch erst zwei Tage, als du schon wieder weg warst. Deswegen kannst du mir doch keine Vorwürfe machen!"

„Natürlich nicht. Ich habe dich auch vermißt."

„Ich will dich nicht noch einmal verlieren!"

„Das wirst du auch nicht. Ich verspreche es dir. Noch einmal."

„Hast du Hermann getroffen?"

„Ja."

„Und?"

„Alles zu seiner Zeit. Wir wollen die anderen holen. Baron!" rief Matthew, als er das Wohnzimmer betrat, wo er auf Sabrinas Vater traf, der gerade nachsehen wollte, was los war.

Die beiden schüttelten sich die Hand, dann umarmten sie sich, als hätten sie sich ein Jahr nicht mehr gesehen.

„Wir sind so froh, dich wiederzuhaben, mein Junge. Wir haben sehr dafür gebetet, daß alles gutgeht."

Mittlerweile hatten sich auch Josef und Angela eingefunden. Erwartungsvoll nahmen sie Platz.

„Ich habe tatsächlich meinen Kontaktmann ausfindig machen können", begann Matthew seinen Bericht. „Fragt mich nicht, wie! Es hat drei Tage gedauert. Obwohl er nur wenig für uns wird tun können, ist es doch gut, diese Verbindung wiederhergestellt zu haben. Doch er ist so weit in den Untergrund gegangen, sagt er, daß er praktisch keine Verbindung mehr zur anderen Seite hat. Sein Leben ist ständig in Gefahr. Er sagt, die Mauer habe alles verändert im Spionagespiel, doch wenigstens weiß ich, wie ich ihn erreichen kann, falls das notwendig ist, auch wenn er wirklich nicht viel tun kann. Er hat das bestätigt, was Erich schon sagte – daß jeder seine Flucht selbst organisieren müsse. Man braucht einen guten Plan und kann nur hoffen, daß man den Vopos, der Stasi und dem KGB zwei oder drei Schritte voraus ist."

Die anderen seufzten.

„Das klingt nicht gerade ermutigend, mein Junge", meinte der Baron.

„Was hat Hermann gesagt?" beharrte Sabrina.

Matthew lachte leise.

„Du hattest recht", fuhr er fort. „Er ist ein ziemlich ungehobelter Bursche. Ich hatte Mühe, ihn davon zu überzeugen, daß ich auf der richtigen Seite stehe, obwohl ich von Rosen, Blütenblättern, Liebe und all dem gesprochen habe."

Sabrina und ihr Vater lachten, als sie hörten, in welcher Weise von ihrem Codewort gesprochen wurde.

„Doch schließlich hat er sich überzeugen lassen", fuhr Matthew fort. „Er hat sich große Sorgen um euch zwei gemacht", meinte er mit Blick auf Sabrina und den Baron. „Er war sichtlich erleichtert, als ich ihm sagte, daß ihr in Sicherheit seid. Und als ich ihm später erzählte, es bestünde die Möglichkeit, euch wiederzusehen, hellte sich sein Gesicht auf."

„Der gute Mann", sagte Sabrina liebevoll.

„Hat er Ihnen Hoffnung gemacht?" fragte Josef.

Matthew nickte.

„In gewisser Weise schon", antwortete er.

„Das klingt nicht sehr überzeugend", meinte Sabrina.

„Hermann engagiert sich – viel mehr als wir für möglich halten. Er hat sich der Aufgabe verschrieben, so vielen Menschen wie möglich zu helfen, in den Westen zu fliehen. Das ist ihm schon mehrmals gelungen. Er selbst hat sogar schon ganze Gruppen von Flüchtlingen durch die Abwasserkanäle nach Westberlin geführt und ist dann wieder zurückgekommen!"

„Erstaunlich!" rief Baron von Dortmann.

„Er hätte frei sein können und ist wieder zurückgekommen?" wunderte sich Angela.

„Unterschätze unseren Freund Hermann nicht. Hinter seinem mürrischen Äußeren verbirgt sich ein Herz voller Leidenschaft. Im Augenblick setzt er seine ganze Kraft dafür ein, die Kommunisten auf jede erdenkliche Weise zum Narren zu halten."

„Was schlägt er vor?" fragte Sabrina.

„Seit drei Monaten hat er keinen Fluchtversuch mehr organisiert. Die Sicherheitskontrollen sind zu streng geworden. Die Mauer ist fertiggestellt. Überall in der Stadt stehen Wachtürme. Jede kleinste Bewegung wird wahrgenommen. Es ist unmöglich, ungesehen auch nur in ihre Nähe zu kommen. Die Situation ist nun ganz anders als in den ersten Monaten. Es ist sehr, sehr schwierig – und gefährlich, sagt er. Wenn ihr mich also fragt, ob er uns Hoffnung gemacht hat, so ist die Prognose einerseits sehr düster."

„Doch andererseits?"

„Andererseits ... *könnte* es einen Weg geben, sagt er."

Die anderen richteten sich interessiert in ihren Stühlen auf und warteten darauf, daß Matthew fortfuhr.

„Hermann kennt einen Mann", berichtete Matthew weiter, „einen alten Burschen, der vor dem Krieg im Konstruktionsbüro für öffentliche Anlagen gearbeitet hat. Es gehörte zu seinen Aufgaben, Pläne für neue Bauten durchzusehen. Dieser Mann will auch in den Westen hinüber, und irgendwie ist er mit Hermann in Kontakt getreten.

Dieser Bursche erinnert sich noch an jedes Projekt, an dem er seit den dreißiger Jahren beteiligt war, und er und Hermann haben einen sehr gewagten, riskanten Plan. Doch niemand hat es bisher versucht – noch niemand ist auf diesem Weg in die Freiheit gelangt, darum sind sie auch nicht sicher, ob es funktioniert. Doch im Augenblick ist das alles, was Hermann im Ärmel hat."

Er machte eine Pause und blickte sich im Zimmer um. Es herrschte Totenstille, und alle starrten ihn erwartungsvoll an.

„Weiter ... weiter", drängte Josef.

Matthew holte tief Luft und fuhr in seiner Erklärung fort.

„Es ist eine Variation der Route durch die Abwasserkanäle. Viele sind auf diese Weise in den Westen geflohen, bis die Kommunisten schlau wurden und die Gullis verriegelt haben. Danach war es unmöglich, auf der Ostseite ins Kanalsystem zu gelangen. Doch die Kanäle befinden sich immer noch unter den Straßen, auch unter der Mauer durch, und in Westberlin sind sie ganz bestimmt nicht verriegelt. Wenn man also hineinkäme, wäre die unterirdische Route immer noch eine Möglichkeit. Wir müssen nur einen Weg finden hineinzukommen."

„Und Hermann weiß einen Weg?" fragte Sabrina.

„Möglicherweise – das heißt, der andere Bursche weiß vielleicht einen."

Wieder machte er eine effektvolle Pause.

„In der Mitte der dreißiger Jahre wurde ein großes Büro- und Wohnhaus errichtet, das zufällig einen halben Kilometer von der Mauer entfernt auf der Ostseite der Mauer steht. Dieses Gebäude hat zwei Kellerebenen. Die eine ist eine Parkebene, das Stockwerk darunter wird als Lagerraum genutzt. Bei dieser Ebene, so erinnert sich der Mann, gab es während der Bauphase Probleme mit dem Grundwasserspiegel. Darum wurde eine große Pumpe eingebaut, die den Keller trockenpumpen sollte. Das abgepumpte Wasser sollte in einen großen Tank fließen und von da aus in den nächsten Abwasserkanal geleitet werden, der zufälligerweise direkt vor dem Gebäude parallel zur Straße verläuft. Langer Rede kurzer Sinn: Wenn sein Erinnerungsvermögen ihn nicht trügt, hat das Rohr, das von dem Tank ins Kanalsystem führt, einen Durchmesser von 60 Zentimetern, also gerade groß genug, daß ein Mensch sich hindurchzwängen kann. Nach etwa dreißig oder vierzig Metern mündet es in den Kanal. Von dort aus sind es etwa fünfhundert Meter, bis man auf der anderen Seite in Westberlin herauskommt. Man braucht sich nur noch ein Ausstiegsloch zu suchen und ist in Sicherheit!"

Matthew hielt inne.

Seinen Zuhörern war keine große Begeisterung anzumerken. Sie hatten zwar nicht alles verstanden, doch so viel war klar: Es würde schwierig sein.

„Da gibt es vieles, was schiefgehen kann", meinte Josef schließlich.

Matthew nickte.

„Das hat Hermann ganz klar zum Ausdruck gebracht."

„Was genau sind denn nun die Risiken?" fragte Baron von Dortmann.

„Erst einmal wird es schwierig sein, Zugang zu dem Keller zu bekommen. Auf den unteren Fluren befinden sich einige Regierungsbüros, und es braucht bloß ein mißtrauischer Beamter zum Telefon zu greifen, dann wären wir geliefert.

Auch erinnert sich der Mann nicht mehr genau, wo sich der Wartungsraum für die Pumpe befindet. Und selbst wenn wir in den Wartungsraum gelangen und es uns gelingt, in den Tank zu steigen, müßten wir uns ins Wasser hinunterlassen und durch das schmale Rohr kriechen. Wenn die Pumpe anspringt, während wir uns noch in dem Rohr befinden, werden wir ertrinken, bevor wir herauskommen können."

„Falls euch das Wasser nicht in den Abwasserkanal spült", meinte Josef.

„Das könnte natürlich sein, doch dann werden wir in schlechter Verfassung sein ... und wir könnten uns verletzen, wenn wir die Rinne hinunterfallen. Damit kommen wir zu einem weiteren Gefahrenpunkt. Er sagt, am Ende des Rohres befindet sich eine Klappe, die sich nur öffnet, wenn die Pumpe arbeitet, damit kein Wasser aus dem Kanal zurückfließen kann. Falls es uns nicht gelingt, diese Klappe zu öffnen, sitzen wir in der Falle."

Matthew stieß einen langen Seufzer aus.

„Das ist wirklich ein riskanter Plan."

„Was meint Hermann?" fragte Sabrina.

„Dasselbe – daß es riskant ist."

„Ist er der Meinung, wir könnten es schaffen?"

„Er sagt, er hätte schon viel wagemutigere Pläne ausgeführt, und es hätte immer geklappt. Aber ein Schnitzer, und wir sind tot. Selbst wenn wir zurück in den Keller des Gebäudes gelangen können, werden wir naß und schmutzig sein. Mit Sicherheit werden wir dann von dem ersten Vopo, dem wir begegnen, angehalten und befragt werden."

„Was meint der andere Mann?"

„Hermann sagte, er sei vorsichtig optimistisch. Er ist gerade bei den letzten Vorbereitungen und versucht noch mehr über die Lage des Gebäudes zu erfahren. Heute geht er als Wartungsmann verkleidet dorthin und versucht, Zugang zum Wartungsraum zu bekommen und mehr über die Pumpe und die Klappe herauszufinden."

Sabrina blickte ihren Vater fragend an.

„Wenn wir es wagen wollen, wird Hermann uns helfen",

fuhr Matthew fort. „Doch wir müssen uns bereithalten und von einer Minute zur anderen aufbrechen. Er sagte, er wüßte, wie er mit Brumfeldt in Kontakt treten könnte, und er würde uns rechtzeitig benachrichtigen. Doch wir müßten die Stadt sofort verlassen und könnten nichts mitnehmen."

Wieder warfen sich die Zuhörer düstere Blicke zu.

„Um diese Entscheidung zu treffen, müssen wir viel beten", sagte der Baron nach einem langen Schweigen.

„Ich möchte gehen", sagte Angela. „Ich bete schon lange für einen Weg, zu meinem Mann zu kommen, und ... ich möchte es wagen."

18

Zurückhaltendes Wiedersehen

Lola Reinhardt blickte zurück und sah, wie ihr Chef das Stasi-Hauptquartier betrat. Ein seltsames Gefühl der Gleichgültigkeit durchströmte sie.

Noch ein Jahr zuvor hatte ihr Herz bei seinem Anblick nach längerer Abwesenheit heftig zu schlagen begonnen, und nur unter äußerster Willensanstrengung war sie in der Lage gewesen, sich auf ihre Arbeit zu konzentrieren.

Doch jetzt drehte sie sich einfach um und setzte ihren Weg zum Büro fort. Sie war weder glücklich noch unglücklich, ihn zu sehen. Während sie die Treppe hochstieg, fragte sie sich, warum sie so anders reagierte.

Gustav holte sie ein, als sie gerade das Büro betrat.

„Es gibt viel zu tun, Fräulein Reinhardt", sagte er, als hätten sie erst vor wenigen Minuten miteinander gesprochen.

Sie nickte ihm zu und ging weiter.

„Sie scheinen sich gar nicht zu freuen, mich zu sehen, Lola", meinte Gustav mit hochgezogener Augenbraue. Sofort war ihm die Veränderung bei ihr aufgefallen. Den Grund dafür konnte er jedoch nicht herausfinden.

„Ich … ich – natürlich freue ich mich, Sie zu sehen, Herr Bezirksleiter", stammelte Lola verlegen. „Es tut mir leid, wenn Sie einen anderen Eindruck hatten."

„Sie scheinen irgendwie beunruhigt zu sein, Lola", beharrte Gustav.

„Es ist wirklich nichts, Herr Bezirksleiter."

„Herr *Bezirksleiter*? Seit Jahren haben Sie mich nicht mehr so genannt, Lola." In Wirklichkeit redete sie ihn immer so an, doch aus irgendeinem Grunde klang es in Gustavs Ohren an diesem Tag steif und formell.

„Es tut mir leid … Herr von Schmundt."

„Wir arbeiten doch nun schon so lange zusammen, Lola", fuhr Gustav lächelnd fort. „Sie dürfen mich Gustav nennen."

„Ich … ich werde es versuchen, Herr von Schmundt."

„Sehen Sie – Sie haben es schon wieder vergessen! Aber machen Sie sich nichts draus, Lola, wie ich schon sagte, wir haben heute viel Arbeit."

Er ging weiter in sein eigenes Büro, warf seinen Mantel auf einen leeren Stuhl und beschäftigte sich mit den Unterlagen auf seinem Schreibtisch.

„Herr Galanow ist wieder in Berlin", hörte er Lola von der Tür aus sagen.

Er blickte auf, dann nickte er interessiert.

„Aha … gut … ja, das wird sehr hilfreich sein", erwiderte er langsam. „Wann ist er angekommen?"

„Vor zwei oder drei Tagen, Herr von Schmundt. Er fragte mich, wo Sie seien, doch ich –"

„Natürlich, Sie wußten es nicht. Wird er heute kommen?"

„Er ist jeden Morgen hereingekommen, Herr von Schmundt."

„Gut. Nun, während wir auf ihn warten, würden Sie bitte die Akten zusammensuchen, die wir während der letzten Jahre über die Untergrundaktivitäten zusammengetragen haben?"

Lola nickte, dann kehrte sie in ihr Büro zurück, um die

gewünschten Informationen zusammenzustellen. Wenn ihr Chef gewußt hätte, daß die Akte vollständig nur im Gedächtnis der Frau existierte, die er zwar fast jeden Tag sah, die er aber während all der Jahre kaum wahrgenommen hatte, wäre er sicher außer sich gewesen. Sie fand es erstaunlich, daß sie ihm gegenüber auf einmal so gleichgültig war.

Gustav wirkte nun so ganz anders auf sie als früher.

Er schien ihr verdrießlich und nörglerisch zu sein, und nicht annähernd so gutaussehend, wie sie immer gedacht hatte. Er war übellaunig, arrogant und selbstgerecht.

Sie hatte ihn immer als einen bedeutenden Mann gesehen. Jetzt fragte sie sich, aus welchem Grund. Seine Position war bedeutend, das stimmte. Doch auf einmal erschien er ihr so ... so klein in bezug auf das Menschliche, das Lola inzwischen so wichtig war.

In der Zwischenzeit ging Gustav noch einmal alle Akten durch.

Doch auch seine Gedanken drehten sich um die Veränderung, die er bei seiner Sekretärin festgestellt hatte. Der Ausdruck in ihren Augen verursachte ihm ein gewisses Unbehagen. Veränderungen gefielen ihm gar nicht, wenn er sie nicht kontrollieren konnte.

Er drehte sich um und blickte seine Sekretärin an. Ihre Umgebung schien ihr gleichgültig zu sein, sie war irgendwie abwesend.

Sicher, das ist es! sagte er zu sich. *Die Frau hat sich in den jungen Galanow verliebt!*

Bei dem Gedanken unterdrückte er nur mit Mühe einen Lachanfall. Die Frau war gut fünfzehn Jahre älter als der junge Russe und häßlich wie eine Kuh! Glaubte dieses Weib tatsächlich, ein attraktiver junger Mann wie Galanow würde sich in eine solche Schlampe wie sie verlieben?

Doch er konnte seine Gedankengänge nicht mehr weiter verfolgen, da in diesem Augenblick Galanow das Büro betrat.

19

Wieder auf der Jagd

„Guten Tag, Herr von Schmundt!" begrüßte Galanow den Bezirksleiter. „Hallo Lola", fügte er immer noch lächelnd hinzu. Sie nickte und gab das Lächeln zurück.

Die beiden Männer schüttelten sich die Hand.

„Willkommen in Berlin, Galanow", entgegnete Gustav, der sich bemühte, erfreut zu klingen. „Es ist viele Monate her, seit man Sie uns entrissen hat."

„Die Monate sind Ihnen gut bekommen", meinte Galanow glatt.

„Und Ihnen auch", entgegnete Gustav. „Es hat den Anschein, als hätten Sie unseren kleinen Unfall im August gut überstanden."

„Ja, mir geht es sehr gut! Und Ihnen?"

„Mir ist es noch nie besser gegangen!" log Gustav. Tatsächlich war seine Gesundheit noch nicht völlig wiederhergestellt, obwohl er das erstaunlich gut verbergen konnte.

Gustav hatte den freundlichen Austausch zwischen Galanow und seiner Sekretärin beobachtet, und dies steigerte seine Verärgerung. Es gefiel ihm gar nicht, draußen zu stehen.

Seine Verärgerung richtete sich gegen Galanow, der sich, wie er vermutete, die Zuneigung der Frau in den vergangenen Tagen erschlichen hatte.

Es gefiel ihm auch nicht, wie selbstbewußt der junge Russe auftrat. Er war nur drei oder vier Monate fort gewesen, doch der Bursche schien um Jahre reifer geworden zu sein. Gustav war das gar nicht recht. Er hatte nicht übel Lust, ihn nach Moskau zurückzuschicken!

Seine Gedankengänge wurden von dem jungen KGB-Beamten unterbrochen.

„Nun, ich freue mich, daß ich wieder mit Ihnen zusammenarbeiten kann", log Galanow.

Beide Männer wußten, wie man in einem kommunistischen System weiterkam – niemals eine Schwäche oder ein Gefühl zeigen und andere bei jeder Gelegenheit zum eigenen Vorteil manipulieren. Galanow war trotz seiner Jugend ein Meister auf diesem Gebiet. Er hatte beschlossen, Schmundt den loyalen Lakaien vorzuspielen und hoffte, auf diese Weise sein Vertrauen zu gewinnen, damit er seinem Onkel die Informationen liefern konnte, die er haben wollte. Sein Onkel war der Schlüssel zu seiner Zukunft, nicht dieser verwirrte Idiot von einem Deutschen.

„Ja ... äh – nun, Sie kommen zu einem günstigen Zeitpunkt", erwiderte Gustav etwas zögernd. Er brauchte tatsächlich im Augenblick Hilfe, und der Bursche hatte sich als recht findig erwiesen. Er würde ihn nach Rußland zurückschicken, nachdem er Sabrina gefunden und den Baron und McCallum ins Gefängnis gebracht hatte.

„Wieso?" fragte Galanow und zog seinen Mantel aus. „Der Amerikaner hat Kontakt zu den beiden Dortmanns aufgenommen", antwortete Gustav. „Zuletzt wurden sie in Magdeburg gesehen, und alles deutet darauf hin, daß sie hierherkommen werden; vielleicht halten sie sich sogar schon in Berlin auf."

Gustav verschwieg, daß niemand – er am allerwenigsten – auch nur einen von ihnen zu Gesicht bekommen hatte, und daß er jede Spur von ihnen verloren hatte. Auch verschwieg er, daß ihm nichts anderes übriggeblieben war, als nach Berlin zurückzukommen und seine Strategie neu zu überdenken. Er hoffte, daß die Flüchtlinge nach Berlin kamen, und in diesem Fall täuschte ihn sein Instinkt nicht.

„Es ist unerläßlich, daß wir die Akten aller bekannten Untergrundorganisationen in und um Berlin herum noch einmal durchgehen. Während der letzten Monate habe ich sie quer durch das ganze Land verfolgt. Doch jetzt ist McCallum bei ihnen, und ich bin sicher, daß sie über die Grenze wollen."

„Auf welchem Weg, denken Sie, werden sie versuchen zu flüchten?"

„Das weiß ich nicht. Doch wir werden alle Leute befragen, die Kontakte zum Untergrund haben. Wir werden jeder Spur folgen. Wir werden alle möglichen religiösen Gruppen unter Druck setzen, die Verbindung zu ihnen haben könnten. Wir werden so lange suchen, bis wir sie finden."

Gustav wendete sich nun wieder Lola zu.

„Fräulein Reinhardt", sagte er, wobei er vergaß, daß er sie Lola nennen wollte, „neben dem, was ich eben gesagt habe, möchte ich, daß Sie alle Akten und Dossiers über jeden zusammenstellen, der eventuell eine Verbindung zu jenen Leuten haben könnte: christliche Gruppen, der jüdische Untergrund, dieses Netzwerk, von dem wir gehört haben, das irgend etwas mit einer Blume zu tun hat, und das JDC, die Organisation dieses Hildebrand. Überprüfen Sie auch, ob irgendwo Briefmarken als Codewort verwendet werden. In Magdeburg habe ich ein Netzwerk von Verrätern aufgespürt, das etwas mit Briefmarken zu tun hatte, doch ich hatte keine Zeit, dem intensiver nachzugehen. Bringen Sie alles in mein Büro, wir werden es noch einmal genauestens durchgehen. Irgendwo in diesen Akten finden wir das Individuum, zu dem die Flüchtlinge Kontakt aufnehmen werden – ich weiß es."

Er wendete sich an den jungen russischen Agenten.

„Galanow", sagte er, „ich möchte, daß Sie in dieses Gebiet fahren, wo wir unseren – äh ... unseren unglückseligen Unfall hatten. In dieser Region wimmelt es von Verschwörern, da bin ich sicher. Wie war noch der Name des Dorfes, Fräulein Reinhardt?" fragte er Lola.

„Großbeeren", erwiderte sie. Doch sie fing sich sofort wieder. Sie mußte aufpassen, was sie sagte. Nur zu leicht konnte sie verraten, daß sie weit mehr über die sogenannten Verschwörer wußte als die beiden Männer zusammen. Tatsächlich kannte sie jeden Namen, der auch nur im entferntesten mit der Dortmann-Flucht in Verbindung stehen konnte. Doch sie war nicht willens, ihr Wissen preiszugeben. Diese Leute waren ihre Landsmänner, und sie war nicht sicher, ob sie bereit war, sie an die Stasi und den KGB auszuliefern, die ihnen alle Informationen, die sie brauchten, auf übelste Weise entlocken würden.

Gustav jedoch fiel ihre blitzschnelle Antwort gar nicht auf.

„Ach ja, Großbeeren. Galanow, wenn wir die Akten zusammenhaben, fahren Sie dorthin – gleich morgen früh – und statten jedem der Aufgeführten einen persönlichen Besuch ab. Schüchtern Sie sie ein. Ich möchte Informationen, und irgend jemand dort unten hat, was wir suchen. Nehmen Sie sich ein Zimmer. Rufen Sie mich sofort an, wenn Sie angekommen sind, damit ich Sie erreichen kann, falls sich hier etwas ergibt. Verbreiten Sie im Dorf, daß die Stasi für Informationen bezahlt. Für ein paar Mark würden diese Bauern sogar ihre Mutter verraten.

In der Zwischenzeit werde ich mich hier in der Stadt umhören. Ich hatte einen Informanten, der uns vielleicht wieder helfen wird. Und man erzählt sich von einem Mann, der Leuten hilft zu fliehen. Die Vopos haben ihn auch schon aufs Korn genommen. Ich werde sehen, ob es eine Verbindung zu den Leuten in unseren Akten gibt."

Er blickte die anderen beiden an.

„Ist damit alles klar?"

Sie nickten.

„Dann wollen wir uns in die Arbeit stürzen. Gehen Sie jedes Wort der Akten durch. Überprüfen Sie jeden Namen und jede Verbindung auf der Liste. Sie können mein Büro benutzen, wenn das nötig sein sollte. Ich werde persönlich bei der Vopo vorsprechen, um zu sehen, was sie über den Burschen haben, den ich eben erwähnte."

Darauf nahm er seinen Mantel und verließ sein Büro.

20

Nachbarn

Die vertrauten Straßen der großen Stadt erweckten in Sabrina die unterschiedlichsten Gefühle.

Sie hatte so lange in Berlin gewohnt und war so oft durch diese Straßen gegangen ... in den Westsektor hinein und wieder zurück ... und dann die glückliche Zeit mit Matthew im letzten Sommer, als diese Straßen ihr sehr viel heller erschienen waren.

Er hat mich so glücklich gemacht, dachte Sabrina. *Wie kann ein Mensch einen anderen nur so glücklich machen!*

Und nun hatte sich alles verändert.

Seit dem letzten August war sie nicht mehr hier gewesen. Damals war sie frei gewesen – wenn auch nicht vollkommen frei, so doch frei nach den Maßstäben der damaligen Zeit. Jeden Tag hatte sie ungehindert diese unsichtbare Grenze überschreiten können, die den Osten vom Westen trennte. Doch nun waren sie jeglicher Freiheit beraubt.

Sie ging weiter. Die Straßen und Gebäude wurden ihr immer vertrauter. Dies war ihre Nachbarschaft gewesen, obwohl sie sich, als sie noch hier gewohnt hatte, nicht viele Gedanken darum gemacht hatte. Alles war so kalt und leblos gewesen. Doch nun erschien es ihr fast einladend.

Da, genau vor ihr, war es – das Haus, in dem sie so lange gewohnt hatte!

Wie grau erschien es ihr jetzt. Vermutlich hatte sich nichts daran geändert, dachte Sabrina, doch während der vergangenen Monate, in denen sie von einem Versteck zum nächsten gezogen waren, war ihr dieses Haus in der Erinnerung fast wie ein Palast erschienen.

Es war eine Woche nach Matthews Rückkehr aus der Stadt.

Hermann hatte Erich am Abend zuvor angerufen und ihm die letzten Instruktionen gegeben. Die Flucht war für heute angesetzt.

Sie sollte Hermann hier ganz in der Nähe treffen, wie schon so viele Male vorher.

Doch diesmal waren ihr Vater, sie selbst und Matthew diejenigen, für die wagemutige Pläne geschmiedet wurden.

Sie verlangsamte ihren Schritt, als sie sich dem Haus näherte, und blieb einen Augenblick stehen, um es zu betrachten, wobei sie nicht bemerkte, daß sie aus dem Innern ihrer ehemaligen Wohnung heraus beobachtet wurde. Dann stieg sie die Treppen hoch und klopfte leise an die Tür neben der Wohnungstür.

Eine kurze Zeit verging.

Dann hörte sie Schritte. Die Tür wurde langsam und nur einen Spalt geöffnet.

Ein leiser Freudenschrei ertönte.

„Fräulein Rosenblatt!“ rief die Bewohnerin.

„Gerda!“ sagte Sabrina lächelnd. „Es ist so schön, Sie wiederzusehen.“

„Aber was ... oh, kommen Sie doch herein ... bitte kommen Sie herein!“ sagte die alte Frau aufgeregt. „Ich hätte niemals ... nie hätte ich gedacht ...“

Sabrina folgte ihr ins Innere. Sie schloß die Tür hinter ihnen, doch dann fügte sie hinzu: „Aber wir müssen leise sprechen, Fräulein Rosenblatt. Die Wände haben Ohren.“

„Oh, Gerda, geht es Ihnen gut? Haben Sie alles, was Sie brauchen?“

„Ich komme zurecht, Fräulein Rosenblatt. Aber ich habe niemanden, wie Sie wissen – nur meine Cousine ... drüben.“

Sabrina nickte.

„Ich kann nur kurz bleiben, Gerda. Ich muß einige Leute treffen. Doch ich wollte Sie unbedingt wiedersehen ... damit Sie sich keine Sorgen um mich machen. Und um Ihnen auf Wiedersehen zu sagen.“

„*Auf Wiedersehen,* Fräulein Rosenblatt?“ fragte die alte Dame.

„Ja, Gerda. Ich werde vermutlich nie mehr nach Berlin zurückkommen. Ich konnte aber nicht gehen, ohne Sie noch einmal wiedergesehen zu haben.“

Gerda lächelte.

„Sie waren immer so freundlich. Und ... der junge Mann? Hat er Sie gefunden?“

„Ja, Gerda“, lächelte Sabrina. „Es geht ihm gut.“

Sie wurden schweigsam. Der Besuch war viel zu kurz, doch Sabrina wußte, daß sie gehen mußte. Sie umarmte die alte Dame. Beide weinten. Sabrina trat zurück.

Gerda blickte sie an, und erst in diesem Augenblick verstand sie.

„Fräulein Rosenblatt, bitte“, sagte sie. „Bitte … nehmen Sie mich mit.“

„Oh, Gerda –“

„Bitte … ich würde auf der Stelle mitkommen, so wie ich bin. Hier gibt es nichts, was mich hält.“

„Gerda … es tut mir so leid“, sagte Sabrina tieftraurig. „Ich kann das nicht allein entscheiden … da sind noch andere … es wird sehr gefährlich sein.“

Sie drehte sich um und wollte gehen.

Sie öffnete die Tür und blickte die alte Frau noch einmal an.

„Fragen Sie sie – bitte fragen Sie sie, Fräulein Rosenblatt“, flehte Gerda, „fragen Sie sie, ob ich mitkommen kann!“

„Das werde ich, Gerda“, versprach Sabrina. „Ich werde fragen.“

Die beiden Frauen umarmten sich ein letztes Mal, dann drehte sich Sabrina um und stieg schnell die Treppen hinunter. Schmerzliche Abschiede gehörten zum Leben hier. Kein Wunder, daß die Leute fort wollten.

Während die einsame Gerda Arnim traurig die Tür hinter ihrer jungen Freundin schloß, stand die Bewohnerin der Nachbarwohnung, Sabrinas ehemaliger Wohnung, bereits am Telefon.

Es dauerte einige Zeit, bis sie die gewünschte Nummer bekam.

Schnell und nervös übermittelte sie ihre Botschaft, dann hörte sie auf eine Reihe von Fragen.

„Ich … ich bin nicht sicher, ob das die Frau ist, Herr Bezirksleiter –“

Ein wüster Fluch vom anderen Ende der Leitung unterbrach sie.

„… das waren ihre Worte – ‚nehmen Sie mich mit‘.“

Ein Pause folgte.

„Ja … kommt der Beschreibung, die Sie mir gegeben haben, ziemlich nahe.“

Wieder eine Frage am anderen Ende.

„Sehr schön, Herr Bezirksleiter."

Eine weitere Frage.

„Nein. ... Ich weiß nicht, wohin sie gegangen ist. ... Sie war zu Fuß. ... Nein, kein Auto. ... Die Straße entlang ... Ich habe nicht gesehen, in welche Richtung."

Diesmal hörte sie keine Frage, nur die befehlende Stimme.

„Ich soll sie suchen?"

Ein letzter Befehl beendete das Gespräch.

Die nervöse Frau nahm ihren Mantel und ging nach draußen. Der Auftrag, den man ihr gegeben hatte, machte ihr angst, doch sie hatte noch mehr Angst, ihm nicht nachzukommen.

Wenn nur mein Mann zu Hause wäre, dachte sie. *Er würde besser wissen, wie man so etwas macht.*

21

Hermann

Zehn Minuten später hörte Sabrina die schweren Schritte, die sie von so vielen anderen Treffen her kannte. Schon war Hermann an ihrer Seite. Wie immer starrte er geradeaus, als ob er sie nicht kennen würde.

„Wo bist du gewesen, Karin? Du bist spät", begrüßte er sie.

Sabrina bemühte sich, ihre Gefühle unter Kontrolle zu halten.

„Oh Hermann ... es tut so gut, deine Stimme zu hören."

„Was soll das alles – warum bist du so spät? Stimmt etwas nicht?"

„Nein, Hermann, es ist alles in Ordnung. Ich bin nur noch einmal zu meiner früheren Wohnung gegangen."

„Warum?" fuhr er sie an, den Blick starr geradeaus haltend.

„Um sie noch einmal zu sehen – um Gerda noch einmal zu sehen."

„Das hättest du nicht tun sollen, Karin."

Sabrina mußte lächeln. Hermann tat so steif, so geschäftsmäßig, doch sie wußte, daß er ein warmes Herz hatte. Würde er sonst solche Risiken auf sich nehmen für Menschen, die er nicht einmal kannte? Das tat er schon seit Jahren, während er sich nach außen schroff und gefühllos gab.

„Sie wird nichts verraten", sagte Sabrina.

„Nicht um die alte Dame mache ich mir Gedanken, sondern um andere. Ich vermute schon seit einiger Zeit, daß ein Spion in diesem Haus wohnt."

„Nein –"

„Alles hat sich verändert, Karin. Die Gefahr ist in den letzten beiden Jahren zehnmal größer geworden. Wo sind die anderen?"

„Dort, wo Erich sie hinbringen sollte."

„Wie viele sind es?"

„Vier – nur wir drei und Josef Dahlmanns jüngere Schwester."

„Und Dahlmann?"

„Nein, er möchte hierbleiben. Vielleicht ist er wie du, Hermann – oder wirst du uns begleiten?"

Hermann verlangsamte seinen Schritt und blickte Sabrina an. Sie sah, in welchem Zwiespalt er steckte. Es dauerte eine Weile, bis er antwortete.

„Nein, Karin", seufzte er schließlich. „Ich kann noch nicht gehen. Ich muß hierbleiben."

Er machte eine Pause, dann grinste er breit.

„Selbst wenn ich wollte", fügte er hinzu, „könnte ich euch heute nicht begleiten – ich würde nicht durch das Rohr passen."

Schweigend gingen sie weiter. Die eilige Fußgängerin hinter sich bemerkten beide nicht. Sie bemühte sich, die Distanz zu ihnen zu verringern, um sicherzugehen, daß es sich auch wirklich um die Frau handelte, über die sie gerade berichtet hatte.

„Ich verstehe gar nicht, warum du mich allein treffen wolltest“, sagte Sabrina. „Matthew ist doch derjenige, der –“

„Anweisung von dem Burschen, der sich den ganzen Plan ausgedacht hat. Er will nicht mit einem Amerikaner zusammenarbeiten, sagt er. Seiner Meinung nach sind die Amerikaner schuld daran, daß die Russen sich das Land einverleibt haben. Und er würde den Akzent deines Freundes sofort erkennen. Er hat den Plan ausgearbeitet, doch er wollte ihn niemand anderem als einem Deutschen geben. Es ist ihm egal, daß ein Amerikaner mitgeht, doch wenn er dich nicht persönlich gesehen und mit dir gesprochen hat, sagt er, würde er uns keinen Zugang zu dem Pumpenraum verschaffen.“

„Wird er mit uns in den Westen kommen?“

Hermann schüttelte den Kopf. „Er will nicht fliehen. Er will einfach nur sehen, ob sein Plan funktioniert.“

In der Zwischenzeit fuhr zwei oder drei Kilometer entfernt ein großer, grüner Militärlastwagen durch die Straßen von Ostberlin auf ein bestimmtes Bürogebäude zu. Seine Maschine lief präzise, da sie gerade von einem ausgezeichneten Mechaniker in Großbeeren überholt worden war. Eigentlich war es gar kein Militärfahrzeug. Sein Besitzer hatte es für wenig Geld gekauft, er hatte jedoch noch nicht die Gelegenheit gehabt, es neu zu streichen und hatte es zu Dahlmann gebracht, damit er es überholte. Der Mechaniker hatte den Motor in kürzester Zeit in Ordnung gebracht und nahm nun die Gelegenheit wahr, eine ausgedehnte Probefahrt in der Stadt zu machen, bevor er das Fahrzeug seinem Besitzer zurückgab.

Daß er eine kostbare Fracht beförderte, würde er dem Eigentümer gegenüber natürlich verschweigen.

Zehn Minuten später fuhr der Wagen hinunter in die Tiefgarage des Bürogebäudes.

Auf dem Parkdeck steuerte Dahlmann eine der hintersten Ecken an. Er war froh, daß niemand in der Nähe war und ihn beobachtete. Wenn der Wagen erst einmal stand, würde niemand mehr mißtrauisch sein. Es war nicht gut, dem Militär zu viele Fragen zu stellen.

Nun brauchten sie nur noch zu warten.

22
Die Falle schnappt zu

Gustav von Schmundt saß nachdenklich in seinem Büro. Dieser Telefonanruf war der Durchbruch, auf den er gehofft hatte!

Der Gedanke, daß Sabrina so nahe war – sie war es bestimmt, die Beschreibung der Frau paßte! –, ließ ihn erzittern. Er mußte sich zurückhalten, nicht nach draußen zu laufen und in seinen Wagen zu springen. In zehn Minuten konnte er bei ihrer früheren Wohnung sein – leider hatte er erst viel zu spät entdeckt, daß sie dort gewohnt hatte. Wenn er die Straßen absuchte, könnte er sie vielleicht finden, auch wenn die Frau nicht in der Lage war, ihnen zu folgen, wie er befohlen hatte.

Doch in der Vergangenheit hatte er sich viel zu oft von seinen Gefühlen hinreißen lassen. Diesmal würde ihm das nicht passieren. Er würde Vernunft walten lassen.

Die Vernunft sagte ihm, daß McCallum und der Baron nicht bei ihr waren. Die Frau hatte gesagt, daß sie allein war. Sie alleine zu fassen, würde nichts bringen. Nie würde sie verraten, wo die anderen beiden waren. In diesem Punkt würde sie sich wie ihr Vater verhalten, da war er sicher. Lieber würde sie für den Rest ihres Lebens ins Gefängnis gehen, als sie zu verraten. Ihre törichten Vorstellungen von Selbstaufopferung und Treue!

Nein, er mußte sie alle zusammen kriegen.

Die Worte der Frau gingen ihm wieder durch den Sinn – ‚Lassen Sie mich mitkommen … lassen Sie mich mitkommen!‘

Sicher versuchten sie zu fliehen, genau wie er vermutet hatte. Und wahrscheinlich noch an diesem Tag!

Er konnte nichts anderes tun, als am Telefon zu bleiben und zu warten. Seine einzige Hoffnung war, daß die Frau Sabrina auf den Fersen blieb. Früher oder später würde Sabrina zu den anderen zurückkehren, dann hätte er sie alle. In der Zwischenzeit sorgte er besser dafür, daß er genügend Leute zur Verfügung hatte. Sollte die Frau innerhalb einer Stunde nichts erreicht haben, würde er hundert Vopos ausschicken, um das ganze Gebiet nach ihr durchzukämmen.

Gustav stürmte in das Büro seiner Sekretärin. Seine eigene Leitung sollte frei bleiben, darum telefonierte er von dort. Er verständigte den Chef der Berliner Polizei davon, daß möglicherweise ein US-Spion und ein entflohener Strafgefangener versuchen würden, über die Grenze zu entfliehen.

„Ich möchte, daß mindestens fünfzig Männer bereitstehen und meine Befehle erwarten", brüllte er ins Telefon. „Und verdoppeln Sie Ihre Wachposten an der Mauer im Zentrum der Stadt! Ich weiß nicht, wo dieser Fluchtversuch stattfinden wird, doch ich möchte, daß Ihre Männer bereitstehen. Ich rechne in Kürze mit den notwendigen Informationen."

Mit wachsender Besorgnis hörte Lola, was gesprochen wurde. Warum hatte sie auf einmal das Gefühl, zu denen zu gehören, die gejagt wurden? Sie hatte ihrem Chef geholfen, diese drei Menschen aufzuspüren, hinter denen er her war, und doch hoffte sie, daß sie ihm erneut entkamen.

Was passiert mit mir? fragte sie sich, während sie sich mit den Akten beschäftigte, ihre Gedanken jedoch bei dem Drama weilten, das sich unweigerlich irgendwo in der Stadt abspielen würde. Insgeheim wünschte sie, sie könnte dabeisein. *Oh, wie schön muß es sein, im Westen zu leben, wo Freiheit herrscht!*

Während Lola noch in ihre Tagträume versunken war, hatte Gustav sich in sein Büro zurückgezogen und wartete darauf, daß das Telefon läutete.

Doch erst zwanzig Minuten später war es soweit.

Gustav sprang auf und nahm den Hörer ab.

„Hier spricht Frau Dietzel", sagte die Frau.

„Ja, ja, reden Sie schon", fuhr Gustav sie an. „Haben Sie sie gefunden?"

„Ja, Herr Bezirksleiter."

„Sie sind ihr gefolgt?"

„Ja. Sie hat sich mit einem anderen Mann getroffen."

„Mit nur einem?"

„Ja."
„Beschreiben Sie ihn."
„Ich habe nur seinen Rücken gesehen. Er war sehr groß und schlank."
„Wie alt?"
„Etwa fünfundvierzig oder fünfzig."
Gustav dachte einen Augenblick nach. Es war weder McCallum noch von Dortmann. Es bestand eine gewisse Ähnlichkeit zu dem Burschen, von dem behauptet wurde, daß er als Fluchthelfer arbeitete.
„Wo sind sie hingegangen?" fragte er.
„Sie gingen eine Weile allein, dann ist ein dritter Mann dazugekommen."
„Beschreiben Sie ihn."
„Er war alt."
Hmm, das könnte von Dortmann gewesen sein, überlegte Gustav.
„Was haben sie dann gemacht?"
„Sie gingen zusammen weiter. Der alte Mann gestikulierte; er hat die ganze Zeit über gesprochen."
„Haben Sie irgend etwas verstehen können?"
„Nein, ich war zu weit zurück. Er schien ihnen Anweisungen zu geben."
„Wofür denn, um Himmels willen!"
„Das weiß ich nicht, Herr Bezirksleiter."
„Und dann?"
„Der alte Mann ist weggegangen."
„Und die zwei anderen?"
„Sie gingen in den Keller des Stadtplatz-Gebäudes. Und ich bin zu einer Telefonzelle gelaufen, um Sie anzurufen."
„Wo sind Sie jetzt, Frau Dietzel?"
„Auf der anderen Straßenseite."
„Und Sie können den Kellereingang des Gebäudes sehen?"
„Ja."
„Aber sie sind noch nicht wieder herausgekommen?"
„Nein."
„Gibt es noch etwas, das ich erfahren sollte?"

„Der alte Mann hatte irgend etwas in der Hand. Als er ging, gab er es dem großen Mann."

„Was war es? Raus mit der Sprache!"

„Ich weiß es nicht genau, Herr Bezirksleiter – es schienen ein Paar hüfthohe Angler-Stiefel zu sein."

„Und ... was hat er damit gemacht?"

„Der große Mann hat sie mitgenommen ... in den Keller des Gebäudes."

Gustav hängte den Hörer ein. Was sollte er tun?

Er konnte das Gebäude abriegeln und jedes Zimmer durchsuchen. Doch er hatte keine Garantie, daß auch McCallum und Dortmann dort waren. Doch auch Sabrina endlich zu haben, wäre schon eine große Genugtuung.

Auf einmal durchzuckte ihn ein Gedanke.

Er sprang von seinem Stuhl auf und rannte zur Wand, an der eine Karte des Stadtgebiets hing. Sofort hatte er das Gebäude gefunden, von dem die Frau gesprochen hatte.

Es konnte keinen Zweifel geben ... das war es! Das Gebäude stand praktisch darauf.

Sie versuchten, durch den Abwasserkanal unter der Esplanadestraße in den Westen zu kommen!

Seine Gedanken überschlugen sich.

Jeder Gulli in der Stadt war verriegelt. Von oben kamen sie an den Kanal nicht heran.

Es sei denn ...

Das Gebäude ... die Stiefel –

Es sei denn, es gab einen Zugang vom Keller aus.

Das mußte es sein!

Was sollte er tun? Wenn sie das Gebäude stürmten, war es vielleicht schon zu spät.

Er würde sie im Kanal abfangen!

„Fräulein Reinhardt ... Lola!" rief er. „Verbinden Sie mich mit der Kanalgesellschaft!"

Noch während er sprach, nahm er seinen eigenen Hörer ab und wählte die Nummer der Vopo.

„Schicken Sie Ihre Männer zur Wachstation in der Esplanadestraße!" rief er. „Ich werde sie dort einteilen!"

Er eilte aus seinem Büro und nahm Lola den Hörer aus der Hand. Er gab die Anweisung, die Riegel von den Gullis in der Esplanadestraße zu entfernen.

„Nein, morgen reicht nicht, Sie Dummkopf!" brüllte er. „Ich werde in fünf Minuten dort sein und erwarte, daß Ihre Leute dort auf mich warten. Dies hat absolute Priorität; haben Sie mich verstanden?"

Gustav warf den Hörer auf die Gabel und stürmte aus dem Büro. Lola blieb als Nervenbündel zurück.

23

Ein Weg in die Freiheit

Josef Dahlmann sah Sabrina und Hermann als erster.

Er sprang aus dem Wagen und ging ihnen entgegen.

„Ist jemand in der Nähe?" fragte Hermann und blickte sich um.

Josef schüttelte den Kopf.

„Ihr zwei wartet hier mit den anderen", sagte Hermann und gab Dahlmann die Stiefel. „Ich werde hinunter in den Wartungsraum gehen und sehen, ob die Luft rein ist. Der Mann sagt, er sei unbesetzt, doch ich möchte sichergehen, bevor wir alle dort hinuntersteigen."

Er drehte sich um und verschwand durch eine Tür in der Ecke des Kellers hinter dem Militärfahrzeug.

Sabrina blieb wartend stehen.

Drei Minuten später kam Hermann zurück. Er nahm die Stiefel und forderte sie auf, ihm zu folgen.

Josef öffnete die Ladefläche des Wagens, und Matthew sprang heraus, gefolgt von Angela. Matthew und Josef waren nun Baron von Dortmann beim Aussteigen behilflich.

„Folgt mir", sagte Hermann zu den Flüchtlingen. „Dahlmann, Sie bringen jetzt besser den Wagen weg."

„Ich werde bleiben, bis ich weiß, daß Sie in Sicherheit sind", erwiderte Josef.

Hermann drehte sich zu ihm um.

„Sie und ich, wir werden nie erfahren, ob sie in Sicherheit sind. Wenn sie erst einmal den Kanal bestiegen haben, sind sie auf sich gestellt. Wir können nichts weiter für sie tun."

„Aber falls etwas schiefgeht –"

„Falls etwas schiefgeht, mein Freund", sagte Hermann düster, „dann werden Sie mit Ihrem Hierbleiben nur erreichen, daß Sie zusammen mit ihnen ins Gefängnis gesteckt werden. Also fahren Sie schon los."

„Ich werde mich nicht von der Stelle rühren, bis sie in Sicherheit sind."

„Wie Sie wollen", meinte Hermann. „Doch wenn sie erst einmal auf dem Weg sind, werden Sie mich nicht wiedersehen."

Er drehte sich um und führte die kleine Gruppe – die jetzt viel nervöser war als vorher – die Treppe hinunter, während Josef ins Führerhaus zurückkletterte und sich lang auf den Sitz legte, damit er von außen nicht zu sehen war.

Sie kamen in dem Wartungsraum an, und wie erwartet war niemand da.

„Verriegeln Sie diese Tür hinter uns", sagte Hermann zu Matthew, während er in die hüfthohen Stiefel stieg. Kurz darauf entriegelte er die Öffnung des Tanks. „Nun, meine Freunde, dies ist Ihr Wassertunnel in die Freiheit. Geben Sie mir bitte die Taschenlampe."

Hermann leuchtete den Tank aus.

„Er scheint nur halbvoll zu sein", meinte er. „Sie müßten also genügend Zeit haben, um in den Kanal zu gelangen, bevor er leergepumpt wird. Halten Sie die Lampe für mich … ich steige hinein."

Matthew nahm ihm die Taschenlampe aus der Hand, und im nächsten Augenblick war Hermann schon verschwunden.

„Richten Sie die Taschenlampe auf die Pumpe hier."

Matthew folgte seiner Anweisung.

„Wie tief ist es?" fragte Sabrina in die Öffnung hinein.

„Es geht mir knapp bis zur Taille", ertönte Hermanns Antwort. „Ihr werdet ein wenig naß werden, doch wenn ihr erst einmal auf der anderen Seite seid, macht es nichts, wenn ihr eine Spur hinterlaßt. Ich jedoch kann nicht mit durchnäßten Stiefeln und Hosen hier verschwinden, sonst führe ich die Vopos geradewegs zu mir."

Nach etwa einer Minute hörten sie Hermann sagen: „In Ordnung, ich glaube, ich habe es. Die Pumpe muß gerade lange genug laufen, daß die Luke am hinteren Ende sich öffnen läßt. Dann stelle ich sie ab, während ihr anderen durchklettert. McCallum, Sie machen sich besser auf den Weg."

Matthew reichte Sabrina die Taschenlampe und ließ sich ins eiskalte Wasser hinab.

„Ihr anderen, behaltet ihn im Auge", meinte Hermann. „Merkt euch genau, wie er geht."

Sie beobachteten, wie Matthew nun aus ihrem Blickfeld verschwand.

„McCallum", rief Hermann, „rufen Sie, wenn Sie die Klappe erreicht haben. Sie werden naß werden, doch Sie müßten die Klappe dann öffnen und in den Kanal steigen können. Ich schicke die anderen dann hinterher."

Gespanntes Warten.

Schließlich ertönte ein gedämpfter Ruf.

„Halten Sie die Luft an, McCallum!" rief Hermann in das Rohr hinein.

Er setzte die Pumpe in Gang. Das Wasser strömte in das Rohr, doch schon nach einer Sekunde stellte Hermann die Pumpe wieder ab.

Wieder warteten sie.

„Ich hab's!" hörten sie Matthew von der anderen Seite rufen. „Ich bin im Kanal ... auf nach Westberlin!"

„In Ordnung, wer geht als nächster?" fragte Hermann. „Wir dürfen keine Zeit verlieren."

„Papa ...?" fragte Sabrina.

Der Baron blickte seine Tochter an. Beide holten tief Luft, dann kletterte der Baron in den Tank hinein.

„Es wird schwierig werden, Baron", sagte Hermann, „und dunkel. Aber das Rohr ist nicht lang – McCallum wartet am anderen Ende … Er wird Ihnen heraushelfen. Der nächste."

Sabrina blickte Angela an und nickte.

„Gehen Sie nur, Angela – Ihr Mann wartet auf Sie."

Angela lächelte und stieg ins Wasser.

Schließlich kletterte Sabrina hinein. Sie blickte ihren langjährigen Verbündeten an.

„Vielen Dank, Hermann", sagte sie. „Ich werde dich nie vergessen."

Sie beugte sich zu ihm herüber und gab ihm einen flüchtigen Kuß auf die Wange, dann drehte sie sich um, um Angela zu folgen.

„Karin", sagte Hermann. „Nimm das."

Er reichte ihr die Taschenlampe.

„Ich möchte nicht, daß ihr euch verirrt", fügte er hinzu. Sie wußte, daß er lächelte, und ihr wurde ganz warm ums Herz. „Folgt einfach nur der Strömung, wenn ihr im Hauptkanal seid. Wenn ihr über euch einen Gulli entdeckt, klettert hinaus, und ihr habt es geschafft!"

„Vielen Dank, Hermann", wiederholte Sabrina.

Dann drehte sie sich um und verschwand im Rohr.

24

Bezirksleiter und Sekretärin

Gustav kam kurz nach den Lastwagen mit den Vopos an der Wachstation in der Esplanadestraße an.

Mit quietschenden Reifen kam sein Wagen zum Stehen. Er sprang heraus und rannte nach vorne, um das Kommando zu übernehmen. Ein weiterer Lastwagen kam an, und innerhalb kürzester Zeit verteilten sich die Vopos in alle Richtungen.

Die Ingenieure der Stadtwerke waren mittlerweile auch eingetroffen und warteten an den drei der am nächsten gelegenen Kanaldeckeln. Gustav schickte jeweils ein halbes Dutzend Männer zu den anderen beiden Einstiegslöchern und befahl weiteren sechs Männern, mit ihm zu kommen. In weniger als drei Minuten ließ er sich in den nassen, schlammigen Abwasserkanal hinab, der sich unter der Stadt hindurchzog.

Unten angekommen, zog er seine Taschenlampe hervor ... und seine Pistole.

*

Lola Reinhardt hatte beobachtet, wie ihr Vorgesetzter aus dem Büro gestürzt war. Entsetzt ließ sie sich auf einen Stuhl sinken.

Was war aus ihr geworden, daß sie ihr vollkommen fremden Menschen mehr Gefühle entgegenbrachte als dem Mann, den sie noch vor wenigen Monaten zu lieben glaubte?

Was war aus Bezirksleiter Schmundt geworden, daß er solchen Haß und solche Rachsucht Leuten gegenüber empfand, denen er einmal nahegestanden hatte?

Was war aus diesem Land geworden, daß auf Befehl russischer Fremder Deutsche andere Deutsche erschossen?

Es war ein schreckliches Land geworden, in dem Pistolen, Rachsucht und Fremde regierten. Hier gab es keine Freiheit mehr!

Wieso war ihr das nicht schon früher aufgegangen! Wie hatte sie vor all dem Bösen nur die Augen verschließen können?

In diesem Augenblick traf sie eine Entscheidung. Wenn sich die Gelegenheit ergeben würde, würde sie dieses Land verlassen.

Sie wußte nicht, wie das vor sich gehen sollte, sie wußte auch nicht wann, doch von nun an würde sie Augen und Ohren offenhalten.

Wieder mußte sie an diese Leute denken – wer immer sie auch sein mochten – die nun in so großer Gefahr waren ... in größerer Gefahr, als sie ahnten.

Ohne daß sie darüber nachgedacht hätte, sprudelten auf einmal die Worte über ihre Lippen: *„Gott ... bewahre sie ... hilf ihnen, in die Freiheit zu gelangen!“*

25

Die unterirdische Falle

Matthew stand durchnäßt und zitternd vor Kälte in der Dunkelheit. Er lauschte auf die Geräusche der anderen hinter ihm.

„Hier bin ich, Baron“, sagte er, als er den Kopf des Barons hinter sich spürte. „Strecken Sie die Arme aus dem Rohr ... gut ... jetzt halten Sie sich an meinen Schultern fest – das war's ... hier, nehmen sie meine freie Hand ... Sie müssen etwa einen Meter tief springen – gut – jetzt haben Sie's geschafft.“

„So hatte ich mir meine letzten Lebensjahre eigentlich nicht vorgestellt, mein Junge“, lachte der Baron.

„Jetzt ist nicht die Zeit für Scherze“, entgegnete Matthew ebenfalls lachend. Die Tatsache, daß sie nach all der Zeit nur noch etwa fünfhundert Meter von der Freiheit entfernt waren, bereitete ihm ausgesprochenes Vergnügen.

„Hier, Baron“, sagte er, „halten Sie diese Klappe auf, während ich den Damen helfe. Da ist schon Angela!“

Matthew half der jungen Frau, aus dem Rohr zu klettern. Im nächsten Augenblick tauchte der Lichtschein von Sabrinas Taschenlampe auf. Sekunden später standen alle im Kanal.

„Wir müssen etwas dazwischenklemmen, damit sie nicht wieder zugeht“, sagte Matthew.

„Warum?" fragte Sabrina. „Wir wollen doch nicht wieder zurück!"

„Nur für den Fall. Mir gefällt der Gedanke nicht, daß der einzige Fluchtweg verschlossen ist."

Matthew blickte sich hastig um, dann riß er sich das Hemd vom Leib.

„Das ist sowieso naß ..."

Er rollte es zusammen und stopfte es zwischen die Scharniere der Klappe.

„Sieht so aus, als würde es halten – in Ordnung, dann auf nach Westberlin!"

Sabrina hielt die Taschenlampe in der Hand, und Matthew setzte sich an die Spitze der kleinen Gruppe.

Der Kanal war nur etwa einen Meter fünfzig hoch, darum mußten sie gebückt gehen und aufpassen, daß sie sich nicht den Kopf stießen. Das Wasser war eiskalt, und es dauerte nicht lange, bis ihre Füße taub vor Kälte waren.

Sie waren noch nicht weit gegangen, als Matthew plötzlich stehenblieb.

„Schsch!" flüsterte er.

„Was ist los, Matthew?" fragte Sabrina.

„Schsch ... leise!" flüsterte er bestimmt. „Bleibt hier ... Sabrina, knips' die Taschenlampe aus."

Er schlich weiter.

Der Kanal machte eine leichte Biegung nach rechts. Matthew ging an die Wand gedrückt weiter und versuchte zu erkennen, was los war, ohne selbst gesehen zu werden.

Auf einmal blieb er stehen.

Sein Herz klopfte bis zum Hals.

Weiter vor sich im Tunnel sah er ein Licht auf sich zukommen. Stimmen waren gedämpft zu vernehmen.

Er drehte sich um und hastete so geräuschlos es ging zurück.

In der Dunkelheit hätte er Sabrina fast umgerannt.

„Matthew, was ist –"

„Wir haben Gesellschaft!" flüsterte er.

„Wer ... aber –"

„Keine Zeit – laßt uns zurückgehen ... schnell ... aber leise!“

Die anderen drei gehorchten und gingen den Weg zurück, den sie gekommen waren. Matthew nahm Sabrina die Taschenlampe ab und übernahm die Führung.

Verzweifelt ließ Matthew den Strahl der Taschenlampe über die Kanalwände gleiten. Endlich hatten sie die Klappe gefunden, durch die sie erst wenige Minuten zuvor auf den vermeintlichen Weg in die Freiheit gekrochen waren.

„Ich weiß nicht, wer das da hinten ist, aber auf jeden Fall machten sie keinen freundlichen Eindruck“, meinte er.

„Vielleicht sind das Leute, die auch versuchen zu fliehen“, vermutete Angela.

„Wir dürfen kein Risiko eingehen. Und außerdem ist es unwahrscheinlich. Alle Mann zurück ins Rohr! Sabrina, kannst du versuchen, diese Klappe aufzuhalten – hier, nimm mein Hemd heraus – so daß ich deinem Vater heraufhelfen kann?“

Matthew schaltete die Taschenlampe aus und steckte sie in die Tasche. Er faltete seine Hände vor dem Bauch, um dem Baron Hilfestellung zu geben. Mühsam zog sich der Baron in das schmale Rohr, Angela direkt hinter ihm.

Nun kam der schwierigste Teil. Matthew war klar, daß er, falls die Klappe zuschlug, ohne Ausweg im Kanal gefangen war. Und die anderen würden im Innern des Tanks festsitzen. Er mußte also dafür sorgen, daß sie nicht zuschnappte.

Mit einer Hand hielt er die Klappe fest, mit der anderen half er Sabrina, ins Rohr zu klettern.

Nun war er an der Reihe; er hatte niemanden mehr, der ihm helfen konnte ... und außerdem mußte er darauf achten, daß die Klappe nicht zufiel!

„Sabrina ... Sabrina, kannst du mich hören?“ flüsterte er.

„Ja“, kam gedämpft zurück.

„Versuche, ob du deinen Fuß gegen die Tür stemmen kannst ... halte sie offen, während ich mich hochziehe.“

Es gelang ihr.

Matthew hörte die Stimmen immer näher kommen.

Licht schien hinter ihm ... er hörte Rufe und Schreie.

„Du kannst jetzt ein Stück zurückrutschen; im Augenblick hänge ich selbst in der Klappe."

Mit letzter Kraft zog er sich ins Rohr. Doch trotz der Anstrengung war ihm klar, daß der Weg in die Freiheit versperrt war, wenn die Klappe erst einmal zugeschnappt war.

Hermann würde mittlerweile das Weite gesucht haben. Eine zweite Chance würde es nicht mehr geben. Vermutlich war auch Josef schon abgefahren. Vielleicht konnten sie warten, bis die Gefahr vorüber war, und dann einen zweiten Versuch wagen. Darum hielt er die Klappe mit seinen Füßen einen Spalt offen.

Alle vier hielten den Atem an.

Im Kanal rannten Leute vorbei. Matthew schätzte, daß es fünf oder sechs waren. Hier und da ertönte eine Stimme.

Sie schienen vorbeizulaufen.

Einen Augenblick war es still.

Jetzt war wieder etwas zu hören. Diesmal war es nur ein Mann. Stimmen waren zu hören.

Er kannte diese Stimme!

Matthew spürte, wie Sabrina sich versteifte.

Es war die Stimme von Gustav von Schmundt! Er stand weniger als zwei Meter von ihnen entfernt.

Matthew blieb keine Zeit, noch länger nachzudenken, denn schon im nächsten Augenblick zeigte ihm das Schreien, daß sie entdeckt worden waren.

„Kommen Sie heraus ... alle!" rief Gustav jetzt. Er stand auf der anderen Seite der Klappe. „Wir wissen, daß Sie da drin sind! Zwingen Sie uns nicht, Gewalt anzuwenden."

Stille.

„Sabrina ..." rief Gustav wieder, „Sabrina ... wenn du mich hören kannst – ergebt euch, und ich werde dafür sorgen, daß dir nichts geschieht ... Sabrina, ich bin es, Gustav ... du kannst mir vertrauen."

Matthew spürte, wie sie vor Angst zitterte.

„Stemmt die Klappe auf!" rief Gustav nach einigen Sekunden.

Matthew spürte, wie die Männer versuchten, ihre Finger in den Spalt zu stecken, den er gelassen hatte.

Die Freiheit würde warten müssen! Ihr Leben war weit wichtiger, als nach Westberlin zu kommen. Matthew zog die Füße zurück und ließ die Klappe zuschnappen.

Er reichte Sabrina die Taschenlampe.

„Hier, gib sie deinem Vater! Er muß den Anfang machen und in den Tank steigen. Sag ihm, daß wir direkt hinter ihm kommen!"

Sabrina reichte die Taschenlampe mit Matthews Anweisungen an Angela weiter.

„Beeilt euch!" rief Matthew. „Sie wissen jetzt, wo wir sind."

26

Knappes Entkommen

Zwei Minuten später half man Gustav aus dem Kanaleinstieg. Er brüllte den Polizisten, die draußen geblieben waren, den Befehl zu, jeden Ausgang des Bürogebäudes zu überwachen.

Ungeachtet des Wassers, das von seinen Hosen und Schuhen tropfte, rannte er zu seinem Wagen und fuhr zu dem Gebäude.

Auf der Fahrt dachte er nach.

Der Zugang zu dem Abflußrohr würde im Keller des Gebäudes sein. Wie konnten sie hoffen zu entkommen – hatten sie vielleicht eine Verbindung im Innern des Gebäudes?"

Alle Ausgänge würden innerhalb von wenigen Minuten abgeriegelt sein!

Jetzt fiel es ihm wieder ein – das Gebäude hatte eine Tiefgarage. Er würde direkt dorthin fahren und von da aus den

Pumpenraum suchen. Sie konnten noch nicht weit gekommen sein!

Gustav raste die Zufahrt zum Parkdeck hinunter und brachte den Wagen hinten bei der Treppe und den Aufzügen zum Stehen. Sofort sprang er heraus und rannte zur Tür und die Treppen hinunter zum Keller. Ein Arbeiter in einem blauen Anzug begegnete ihm auf dem Flur.

„Dieses Gebäude hat doch eine Pumpanlage, oder?" fragte er.

„Ja."

„Wo ist sie?" Gustavs Stimme überschlug sich fast.

Der Mann drehte sich halb um und deutete den Flur entlang. „Letzte Tür."

Gustav war bereits weiter gerannt. Er erreichte die Tür und riß sie auf. Mit einem Blick erfaßte er, daß er zu spät gekommen war. Die Luke des Tanks lag auf dem Boden. Ein Paar hüfthohe Stiefel lagen in einer Ecke. Der Boden war bedeckt mit Schlamm und Schmutz.

Er blickte sich um.

Die schlammigen Fußspuren führten den Gang entlang, den er gerade gekommen war und durch eine weitere Tür hinaus.

Er öffnete sie. Eine zweite Treppe führte hinauf zum Parkdeck auf dieser Seite des Gebäudes. Gustav rannte sie hoch. Das war ja leichter, als er gedacht hatte! Er würde einfach nur ihren schlammigen Fußspuren folgen. Er war ihnen dicht auf den Fersen. Sie würden nicht die Gelegenheit haben, ihre Kleidung zu wechseln, egal wie viele Komplizen sie hatten.

Auf der obersten Treppenstufe angekommen, stürmte er durch die Tür zum Parkdeck.

Sie waren hier gewesen – überall waren kleine Pfützen und Schlammspritzer auf dem Boden. Gustav blickte sich um. Aber die Spur endete hier!

Ein leichter Dieselgeruch hing noch in der Luft.

Offensichtlich hatte ein Fluchtfahrzeug auf sie gewartet! Dem Geruch nach zu urteilen ein Lieferwagen. Sie waren hier eingestiegen.

Er rannte zu seinem Wagen zurück. Bei der Einfahrt in die Tiefgarage waren ihm drei Wagen entgegengekommen – ein Personenwagen, ein großer Lastwagen und ein Lieferwagen. Einer von ihnen mußte es sein! Vermutlich einer der beiden letzteren.

Mit heulender Sirene und blinkenden Lichtern raste er aus der Tiefgarage. Er wählte die Richtung, die sowohl der Lieferwagen als auch der Lastwagen genommen hatte.

Was waren es noch für Fahrzeuge gewesen – ein großer Lastwagen ... grün – ein Armee-Transporter, genau, das war der eine! Der andere war kleiner ... weiß ... auf der Seite stand etwas geschrieben ... irgend ein Geschäft ...

Nein! Auf einmal fiel es ihm ein!

Es war ein Bäckerwagen! Gustav begann zu lachen.

Es ist doch wirklich unglaublich töricht von ihnen, dasselbe Fluchtfahrzeug zweimal zu verwenden! Ha, ha! Diese Idioten! Wofür halten die mich denn?

Vor ihm schlich der große grüne Militärlastwagen.

„Aus dem Weg, du Blödmann!" schrie Gustav, als er ihn überholte. Dann erblickte er den Lieferwagen etwa einen halben Kilometer vor sich.

Er gab Gas und zog neben den Wagen, hupte und machte Zeichen, daß er an die Seite fahren sollte. Dann überholte er ihn und blieb mit kreischenden Bremsen stehen.

Er hatte sie!

Nur seinem schnellen Reaktionsvermögen war es zu verdanken, daß der Bäcker nicht auf das Stasi-Fahrzeug auffuhr.

Wie ein Irrwisch sprang der Bezirksleiter aus dem Wagen und kam mit vorgehaltener Pistole auf den Wagen zu.

Teil III

Ursula Wissen

April – Juni 1962

27
Dichter Nebel

Dunst hing über dem Wasser der Havel. Es war ein langer Spaziergang gewesen an diesem kühlen Aprilsonntag, doch sie hatte einfach an die frische Luft gemußt, dem Großstadttreiben entkommen, um ihre Gedanken zu ordnen.

Dieser Winter war ihr so lang geworden! Wie freute sie sich auf den Frühling mit seinen Krokussen, Tulpen und Narzissen. Doch auch der Frühling würde die Einsamkeit nicht vertreiben können, die sie empfand. Immer wieder versuchte sie sich davon zu überzeugen, daß sie sich nicht einsam zu fühlen brauchte. Die Zukunft lag in Gottes Händen. Ihm hatte sie ihr Leben anvertraut, und darum hatte sie kein Recht, so negativ zu empfinden.

Vielleicht war es an der Zeit, einige der Verpflichtungen, die sie eingegangen war, neu zu überdenken – Verpflichtungen, die, wie sie wußte, der Grund für ihre Einsamkeit waren. Obwohl sie ihnen treu geblieben war und auch bleiben würde, fand Ursula doch, daß sie sie wieder neu in Gottes Hände legen mußte.

Auch konnte sie nicht leugnen, daß sie Sabrina vermißte. Dies war eine Tatsache, die das Gefühl der Einsamkeit in ihr verstärkte. In den vergangenen zwei oder drei Jahren hatte sich die Situation in Berlin verschlechtert, und sie hatten sich nicht mehr so häufig sehen können wie vorher, doch allein das Wissen, daß sie einander sehen *konnten,* hatte ihr sehr geholfen.

Und dann war auf einmal die Mauer da gewesen. Nun war es unmöglich, sich gegenseitig zu besuchen. Trotzdem war es Sabrina gelungen, ihr vor Weihnachten eine Nachricht zukommen zu lassen. Sie hatte keine Ahnung, wo ihre Freundin sich aufhielt und wie sie mit ihr in Kontakt treten konnte. Seit jenem schicksalhaften Tag im letzten August hatte sie Sabrina nicht mehr zu Gesicht bekommen.

Ursula blieb stehen, nahm einen kleinen Stein auf und warf ihn ins Wasser.

Hier war alles so anders als damals in Polen, wo sie aufgewachsen war. Vermutlich war es seit dem Krieg überall anders.

Ist das Leben hier wirklich so sehr viel besser als auf der anderen Seite? fragte sie sich. Nur selten entdeckte sie Freiheit in den Augen der Menschen, die sie traf. Und diejenigen, bei denen sie sie sah, wären überall frei gewesen, weil sie frei im Geist waren. Ihre Augen waren klar.

Ursula blickte jedem Menschen zuerst in die Augen. Bei Sabrina und ihren Eltern waren ihr zuerst die Augen aufgefallen. Obwohl sie damals noch jung gewesen war, hatte sie es erkannt ... und gewußt, daß sie anders waren.

Wie gut erinnerte sie sich an jenen Tag in der Schweiz, als sie alle wußten, daß Marion von Dortmann sterben würde. *Ihren* Blick würde sie niemals vergessen. Kein Schleier lag auf ihren Augen! Auch auf Sabrinas nicht. Während der folgenden Tage und Wochen hatte Sabrina viel geweint, doch ihre Augen waren trotzdem klar gewesen ... eben anders.

Sie wußte, daß auch ihr Vater das bemerkt hatte. Nie hatte er Baron von Dortmann vergessen können, und er sprach sehr häufig von ihm.

Damals im *Lebenshaus* oder in der Schweiz hatte sie es noch nicht verstanden. Doch jetzt begriff sie es.

Der Blick entsteht nicht in den Augen, sondern im Herzen. Die Veränderung des Herzens spiegelt sich in den Augen wider.

Ihrer Familie war es schwergefallen zu akzeptieren, daß sie lieber mit Sabrina nach Deutschland gehen wollte, als mit ihnen nach Warschau zurückzukehren.

Sie und Sabrina waren Schwestern geworden.

Wie gern erinnerte sie sich an den Tag, als sie mit Sabrinas

Hilfe ihr Leben Jesus Christus als ihrem neuen Herrn und Messias übergeben hatte. Danach war die Bindung zwischen ihnen so stark geworden wie eine Familienbindung – in vielerlei Hinsicht sogar noch stärker. Sie war in ihrem neuen Glauben gereift, und sie waren zusammengewachsen.

Ihre Familie hatte schließlich ein neues Heim in Rußland gefunden. Doch schon bald berichteten sie ihr, daß die Situation der Juden dort kaum besser sei als im Nazi-Deutschland. Sie fürchtete um das Leben ihrer Lieben. Darum arbeitete sie auch im Netzwerk mit.

Sie und Sabrina hatten sich ein gutes Leben aufgebaut. Sie spürten, daß sie gebraucht wurden.

Oft hatte sie sich fast gewünscht, sie wäre im Ostsektor geblieben. Nun war sie von allen abgeschnitten, die sie liebte. Was war der Wert der sogenannten Freiheit, wenn dies der Preis war?

Das plötzliche Auftauchen ihrer Familie im letzten Sommer hatte diesen Zweifeln ein Ende gesetzt. Sie waren jetzt in Israel in Sicherheit, und sie konnte zu ihnen fahren, wann immer sie wollte.

Doch irgendwie konnte sie Berlin noch nicht verlassen, solange sie nicht genau wußte, daß Sabrina außer Gefahr war.

28

Ein geheiligtes Pfand

Ursula schlenderte am Ufer entlang. Sie und Sabrina hatten noch eine weitere Gemeinsamkeit, dachte sie. Sie waren beide alleinstehend und schon Ende dreißig.

Zumindest in den Augen der anderen waren sie alleinstehend. Doch wenn sie allein waren, sprachen sie häufig von den Männern, die sie liebten – oder geliebt hatten.

Im Laufe der Jahre redete Sabrina immer weniger von Matthew. Sie wußte, wie gering die Wahrscheinlichkeit war, daß sie ihn jemals wiedersehen würde. Doch Ursula wußte, daß ihre Freundin Matthew niemals vergessen hatte. Ihre Beziehung zu ihm war so stark gewesen, daß sie allein mit der Erinnerung daran weiterleben konnte. Die Arbeit, die sie taten, nahm den größten Teil ihrer Zeit und Energie in Anspruch.

Bei Ursula war das anders. Sie war verlobt. Der kleine Goldring an ihrem Finger erinnerte sie ständig daran.

Zwar war sie jetzt Christ, doch ihr jüdisches Erbe war nach wie vor ein wichtiger Teil ihres Lebens und würde es auch immer bleiben. Eine Verlobung war nicht auf die leichte Schulter zu nehmen. In ihr lag das Versprechen der Ehe. Es blieb ein Leben lang gültig.

Joseph hatte gesagt, er würde ihnen folgen. Doch wohin folgen? In die Schweiz? Ins neue Israel? Oder nach Rußland, wohin so viele Juden während des Krieges geflohen waren, weil sie dachten, dort wären sie in Sicherheit?

Woher sollte er wissen, wo er sie finden konnte? Sicherlich kam er nicht auf den Gedanken, daß sie in Berlin leben könnte. Falls Joseph überhaupt noch am Leben war. Sie wußte über den Holocaust Bescheid. In diesem Teil der Welt hatten ihn nicht viele Juden überlebt. Und Polen war am stärksten betroffen gewesen.

Konnte sie immer noch hoffen, Joseph einmal wiederzusehen?

Und selbst wenn sie sich wiederfinden sollten, so würde er eine wie sie sicher nicht heiraten.

Einige ihrer christlichen Freunde hatten ihr gesagt, sie brauche sich an die Verlobung nicht mehr gebunden zu fühlen, sie sei nun ein neuer Mensch in Christus und das Alte sei vergangen. Aller Wahrscheinlichkeit nach sei Joseph tot. Doch selbst wenn dies nicht der Fall sei und sie sich durch irgendein Wunder wiederfinden sollten, würde Joseph sicherlich nicht erfreut sein – vielleicht sogar verletzt und wütend! –, daß seine Verlobte eine Christin geworden war.

Ihr war klar, daß es Spannungen geben würde, falls ihre

Wege sich wirklich kreuzen sollten. Und sie mußte zugeben, daß sie Joseph nicht sehr gut kannte, obwohl sie ihm versprochen war. Die Eheschließung war zwischen ihren beiden Vätern arrangiert worden. Auch wußte sie nicht, wie er sich in den vergangenen Jahren entwickelt hatte.

Früher war Joseph ein nachdenklicher und vernünftiger junger Mann gewesen, dabei sehr willensstark und entschlossen. Er sympathisierte mit den Zionisten. Warum sollte er nicht auch offen sein für die Gründe, die sie dazu bewogen hatten, Christ zu werden?

Was sie betraf, so fühlte sie sich an ihre Verlobung gebunden. Sabrina war die einzige christliche Freundin, die sie verstand. Vielleicht, weil sie selbst Halbjüdin war. Oder vielleicht, weil ihr Vater ihr beigebracht hatte, ein Versprechen zu achten.

Auf jeden Fall hatte Ursula ein heiliges Versprechen abgelegt, ein Gelübde, das nicht gebrochen werden konnte. Sie würde warten ... bis ihr eigener Vater und Gott selbst sie davon entbanden.

29

Schwindende Hoffnung

Als Ursula in ihre Wohnung zurückkam, war es schon fast dunkel geworden.

Zum dutzendsten Mal fragte sie sich, was das Leben ihr wohl noch bringen würde.

Sabrina und Matthew hatten sich wiedergefunden, vielmehr, Gott hatte sie wieder zusammengeführt, wenn auch nur für so kurze Zeit. Doch wenigstens hatten sie sich ihre Liebe gestehen können.

Würde Gott sie auch zu Joseph führen?

Auch sie wollte diese Art von Liebe mit jemandem teilen. War es nur die Einsamkeit ihres Daseins, oder wollte Gott, daß sie ihr Leben selbst in die Hand nahm ... und die Erinnerungen ruhen ließ?

Dieser Tage gab es nur noch wenige Flüchtlinge. Jedes mögliche Loch in der Mauer war fest verschlossen worden. Sie und einige Bekannte halfen den Flüchtlingen, sich einzuleben. Sie würde ihre Arbeit auf dieser Seite der Mauer noch diesen Sommer tun, in der Hoffnung, daß eine Nachricht von Sabrina sie erreichte. Für die Gelegenheit, noch einmal mit ihr zu sprechen, hätte sie jedes Opfer gebracht.

Vielleicht hatte Sabrina endlich ihren Vater gefunden, und sie waren gezwungen, sich zu verbergen. Weshalb sonst hatte sie nicht wieder von ihr gehört? Was war, wenn sie nicht fliehen konnten, nicht jetzt – niemals?

Sie konnte nicht hierbleiben – isoliert, allein, einsam – und darauf hoffen, daß sie Joseph oder Sabrina finden würde. Es mußte etwas geschehen.

Während sie in ihrem Wohnzimmer saß, faßte sie einen Entschluß.

Sie würde sich noch einige Monate Zeit geben und hoffen und beten, daß sie von einem der beiden etwas hörte.

Doch wenn nichts geschah, würde sie Berlin verlassen. Sie würde zu ihrer Familie nach Israel reisen. Dann würde sie Gott um Führung für ihr weiteres Leben bitten.

Auf einmal kam ihr eine Idee.

Vielleicht sollte sie versuchen, mit Matthew Kontakt aufzunehmen. Zwar war sie ihm nie begegnet, doch über die Botschaft würde sie sicher erfahren können, wo er zu finden war.

Sie würde sich mit ihm treffen. Sie würde ihm mitteilen, wo sie sich aufhielt, damit er sie benachrichtigen konnte, falls es Sabrina eines Tages gelingen sollte, den Osten zu verlassen.

Und was war mit Joseph?

Sie konnte aus Berlin fortziehen, sie konnte nach Israel gehen, ein neues Leben beginnen ... doch der Goldring saß immer noch an ihrem Finger. Nichts konnte die Tatsache ändern, daß sie verlobt war.

Oh Gott, betete sie leise, *offenbare mir deinen Willen. Du kennst mich doch durch und durch. Du kennst meine tiefe Einsamkeit. Du weißt, daß ich mich an mein Versprechen gebunden fühle. Du weißt –*

Sie brach ab und begann zu weinen.

Du weißt, Vater, daß ich ihn liebe!

Wieder verstummte sie, um sich ein wenig zu beruhigen.

Aber, Herr, betete sie weiter, *es sind nun schon zwanzig Jahre vergangen, seit ich Joseph zum letzten Mal gesehen habe. Ich bin einsam, Herr. Vergib mir – vergib mir meine Schwäche … aber ich bin einsam und müde.*

Zeige mir, was ich tun soll, wohin ich gehen soll. Zeige mir, Vater, wenn es dein Wunsch ist, daß ich den Ring von meinem Finger nehme. Ich werde es tun, Herr, doch nur, wenn du mir ganz klar zeigst, daß dies dein Wille ist.

Bitte zeige mir deinen Willen, Vater. Ich fühle mich so allein, daß ich manchmal sogar deine Gegenwart vergesse. Ich weiß nicht, was ich tun soll. Hilf mir, Herr … hilf mir.

30

Rückzug und Wiedersammlung

Die Stimmung im Hause Dahlmann war gedrückt. Drei Tage waren nun seit ihrem mißglückten Fluchtversuch vergangen. Die meiste Zeit hatten sie damit verbracht, sich von dem Schreck zu erholen und darüber nachzudenken, welche Vorsichtsmaßnahmen zu ergreifen waren.

Nach der anfänglichen Freude darüber, daß Josef immer noch auf dem Parkdeck wartete, als sie naß und schmutzig die Treppen heraufgelaufen kamen, und daß sie sicher aus der Stadt herausgekommen waren, ging ihnen allen nun nur zu deutlich auf, daß ihr Fluchtversuch gescheitert war und daß es

Wochen, wenn nicht Monate dauern konnte, bevor sich eine neue Möglichkeit ergab.

Ihre hohen Erwartungen waren enttäuscht worden. Die Anstrengung hatte dem Baron stark zugesetzt; er lag seither im Bett. Matthews Oberkörper war von dem eiligen Rückzug ohne Hemd durch das Rohr übel zugerichtet, und obwohl die Wunden nicht schlimm waren, ging es ihm doch zwei Tage lang nicht gut. Er und Angela hatten sich außerdem noch eine starke Erkältung zugezogen, was nicht verwunderlich war.

Josef machte sich mehr Gedanken um den Lastwagen als um die paar Kratzer. Obwohl das Nummernschild nicht zurückverfolgt werden konnte – für den Ausflug nach Berlin hatte er eines seiner eigenen verwendet –, so hatte der Stasi-Agent, der so dicht an ihnen vorbeigefahren war, sich sicherlich das Fahrzeug gemerkt. Er konnte sich noch gut an den Wagen erinnern, der in die Garage gerast kam, als sie sie gerade verließen. Der Erleichterungsseufzer, den er ausgestoßen hatte, war nur von kurzer Dauer gewesen. Als er kaum drei Minuten später seine Sirene hinter sich hörte, hatte er gedacht, daß nun alles aus sei.

Der Stasi-Mann würde bald merken, daß er den Falschen erwischt hatte, da war er sicher. Wenn er den Stasi-Wagen gesehen hatte, so hatte der Agent bestimmt auch den Lastwagen gesehen und würde zwei und zwei zusammenzählen. Eine Untersuchung würde durchgeführt werden, und er würde entdeckt werden.

Den Wagen jetzt seinem unwissenden Besitzer zurückzugeben, würde das Risiko noch erhöhen. Darum hatte Josef dem Besitzer angeboten, den Wagen zu einem Spottpreis umzuspritzen, und während der vergangenen zwei Tage war er damit beschäftigt gewesen. Er war noch nicht ganz fertig, doch bald würde der Wagen nicht mehr zu erkennen sein.

Dahlmanns Besorgnis wurde gesteigert durch die Tatsache, daß ein junger KGB-Agent in der näheren Umgebung von Großbeeren herumschnüffelte. Er war vor einer guten Woche gekommen, dann aber nach einigen überwiegend harmlosen

Befragungen wieder verschwunden. Jetzt war er wieder da, und seine Fragen waren diesmal beharrlicher. Ganz offensichtlich würde die Stasi den Fluchtversuch nicht ohne gründliche Untersuchung hinnehmen, und ihre Nachforschungen schienen sich eindeutig auf Großbeeren zu konzentrieren.

Der Grund dafür lag auf der Hand, und Sabrina war die erste, die ihre Kameraden darauf aufmerksam machte.

Gustav war auch im vergangenen August dabeigewesen, und seither hatte er Sabrina und ihren Vater verfolgt. Er war ihnen nun dichter auf den Fersen als jemals zuvor.

Sabrina, Matthew und der Baron waren der Grund dafür, daß die anderen sich nun in Gefahr befanden. Darum war ihnen klar, daß sie nicht länger als unbedingt nötig in Großbeeren bleiben durften.

Was aus ihren Fluchtbestrebungen werden sollte, wußten sie nicht. Doch auf keinen Fall durften sie ihre Freunde gefährden.

Erich Brumfeldt und sein Sohn Willi hatten einen Besuch gewagt und sprachen nun mit Dahlmann, seiner Schwester und ihren drei Gästen.

„Es tut mir leid, Ka – Sabrina“, sagte Erich gerade, „daß ich keine anderen Kontakte habe und im Augenblick keine Alternative bieten kann.“

„Es ist nicht Ihre Schuld, daß Gustav von dem Fluchtversuch erfahren hat“, seufzte Sabrina.

„Der Informationsaustausch mit der anderen Seite ist so spärlich geworden, daß ich wirklich nicht weiß, was ich vorschlagen soll.“

„Woher hat er nur gewußt, wo wir waren?“ überlegte Angela laut. Dies war die Frage, die alle während der vergangenen zwei Tage beschäftigte. In vielerlei Hinsicht war das Scheitern der Flucht für Angela am schlimmsten gewesen. Auch wenn Matthew und Sabrina den Rest ihres Lebens im Osten verbringen mußten – sie waren wenigstens zusammen.

„Der Mann hat sich als bemerkenswert findig darin erwiesen, meine Schritte vorauszuahnen“, meinte Matthew. „Wir werden es wohl nie erfahren.“

„Wie auch immer, wir können nicht ewig hierbleiben", meinte Sabrina.

„Ihr seid uns hier herzlich willkommen", entgegnete Josef.

„Das wissen wir", sagte der Baron freundlich. „Nie werden wir das gutmachen können, was Sie für uns tun. Doch meine Tochter hat recht. Wir dürfen Sie oder die anderen hier nicht in Gefahr bringen."

„Sie haben konkret dieses Gebiet im Auge", fügte Matthew zutiefst besorgt hinzu. „Warum sonst diese eingehende Untersuchung? Ich habe in den vergangenen Tagen viel nachgedacht, und ich bin nicht sicher, ob mir meine Schlußfolgerungen gefallen."

Er seufzte laut, während die anderen warteten. Dann fuhr er fort.

„Meine Theorie ist folgende: Während all der Monate, in denen ich euch gesucht habe –", er blickte Sabrina und den Baron an, „ist Gustav oder jemand anderer mir gefolgt. Gustav mag sein, wie er will, ein Dummkopf ist er jedenfalls nicht. Er muß gewußt haben, daß ich euch suchte. Zwei Monate lang habe ich ihn durch die ganze DDR geführt bis nach Magdeburg, wo wegen meiner Unachtsamkeit ein Mann getötet wurde. Mittlerweile hat Gustav vermutlich stapelweise Akten mit Namen und Kontakten gesammelt ... zu denen ich ihn geführt habe!"

„Sie können sich nicht die Schuld geben, Matthew", sagte Erich. „Dieses Geschäft ist gefährlich, und das haben wir alle gewußt."

„Versteht ihr, worauf ich hinauswill?" fuhr Matthew fort. „Auch vor dem Fluchtversuch wußte er schon viel über unsere Kontakte, und wenn er alles zusammentrug, so war es nur eine Frage der Zeit, bis er uns wieder auf der Spur war. Ich fürchte, dies ist zum großen Teil meine Schuld. Das erklärt natürlich noch nicht, woher er wußte, daß wir durch den Kanal fliehen wollten. Allerdings müssen wir uns klarmachen, daß keiner von uns sicher ist, während wir hier sind – Gustav weiß einfach zu viel."

Ein Klopfen an der Tür unterbrach sie.

Alle schwiegen und blickten sich an.

„Angela ... erwarten wir jemanden?"

„Nein Josef", erwiderte seine Schwester kopfschüttelnd.

„Schnell, alle ins Schlafzimmer", sagte Dahlmann. „Leise! Angela, geh langsam zur Tür und sieh nach, wer es ist. Erich, du bleibst sitzen", fügte er hinzu. „Wir müssen doch eine Erklärung haben für Kaffee und Plätzchen."

Alle gehorchten geräuschlos.

Angela öffnete die Tür.

„Guten Tag, Fräulein", sagte ein junger Mann und zeigte seinen Ausweis. „Ich gehöre dem KGB an und suche einen Mann mit Namen Brumfeldt."

„Ich ... äh ..." stammelte Angela angstvoll.

„Seine Frau sagte, er sei hier zu Besuch ... hier bei Ihnen", beharrte Galanow.

„Ich bin Erich Brumfeldt", sagte Erich, während er näher kam.

„Ah, Herr Brumfeldt – man nannte mir Ihren Namen als jemanden, der sich für Amerikaner interessiert."

„Ich interessiere mich nicht mehr für Amerikaner als jeder andere", erwiderte Brumfeldt, der wußte, daß der Agent ihn genau beobachtete.

„Sie wissen also von keinem Amerikaner hier in diesem Gebiet?"

„Seit ich denken kann, habe ich kein Wort Englisch mehr gehört", erwiderte Erich lachend.

„Sie", fuhr Galanow fort, „sind hier also zu Besuch?"

„Josef und ich sind Freunde", erwiderte Erich. Er sprach höflich, jedoch nicht überaus freundlich.

„Und warum sind die, äh ... Vorhänge im ganzen Haus zugezogen?"

Jetzt erschien der Herr des Hauses.

„Meine Schwester ist in Trauer", antwortete er. „Sie hat es lieber, wenn es dunkel im Haus ist."

„In Trauer ... weswegen?" fragte der Agent nun an Angela gewandt, deren Gesicht weiß wie die Wand geworden war.

„Um ihren Mann", antwortete Josef.

„Er ist tot?“

„Er ist im Westen, und sie kann nicht zu ihm.“

„Dann ist er vielleicht amerikanerfreundlich?“

„Er ist Deutscher. Er empfindet Amerikanern gegenüber keine Loyalität. Er war nur zufällig drüben, als ihr die Mauer gebaut habt, und nun sind sie getrennt.“

Josefs Stimme klang ärgerlich, so daß Galanow ihm glaubte.

„Eine lange Trauerzeit, denken Sie nicht?“

„Es ist eine lange Zeit, die Sie mit Ihrer Mauer Familien auseinanderreißen“, entgegnete Josef mutig. „Wir sind Deutsche hier – loyale Deutsche. Wir haben mit den Amerikanern nicht mehr zu tun als mit den ... Russen.“

Offensichtlich zufriedengestellt nickte Galanow und wendete sich zum Gehen. In dieser Begegnung war er ausgespielt worden, doch alle ihm Haus wußten, daß es nur eine Frage der Zeit war, bis sich das Netz um die Flüchtlinge zusammenziehen würde.

Matthew hatte recht – wie immer Gustav auch die Informationen zusammengetragen hatte, er wußte zu viel über die Aktivitäten des Netzwerks in Großbeeren. Hier waren sie nicht mehr sicher.

Nachdem sie über den Inhalt des Gesprächs informiert worden waren, machten Matthew und Sabrina düstere Gesichter. Ihnen war klar, was das bedeutete.

„Wir müssen fort“, sagte Sabrina. „Sofort.“

„Aber wohin?“ fragte Dahlmann.

„Nach Magdeburg können wir nicht zurück“, sagte Matthew. „Dort ist es auch zu gefährlich. Sabrina hat vollkommen recht – noch länger hierzubleiben, wäre ein viel zu großes Risiko für euch. Ich habe schon den armen Fritsch auf dem Gewissen. Keinesfalls möchte ich, daß wegen mir noch mehr Menschen sterben müssen.“

„Ich bin bereit, das Risiko auf mich zu nehmen“, meinte Josef.

„Und wir sind Ihnen dankbar dafür“, entgegnete Matthew. „Aber ich bin nicht bereit dazu. Wir müssen fort. Mehr denn je bin ich davon überzeugt, daß Gustav über weit mehr Informationen verfügt, als wir uns vorstellen können."

„Wo immer Sie auch hingehen", warf Erich nun ein, „Sie müssen einen Weg finden, mit uns in Kontakt zu bleiben. Die Telefone sind in der Regel noch sicher. Vielleicht ergibt sich etwas, ein Weg, auf dem Sie hier herauskommen können. Wir haben immer noch Verbindung zu unseren Freunden vom Netzwerk, wenn auch spärliche. Aber wir müssen in der Lage sein, Sie zu erreichen, falls sich etwas ergeben sollte."

„Und wenn wir einen Weg finden", meinte Sabrina, „werden wir versuchen, uns mit Ihnen in Verbindung zu setzen, Angela. Wir müssen alle zusammen das Land verlassen ... wenn wir können."

„Aber wohin werden Sie fahren?" fragte Angela.

„Ich glaube, ich weiß wohin", meinte Matthew mit aufleuchtendem Gesicht. „Es gibt einen Mann, der uns vielleicht weiterhelfen, wenn nicht sogar für eine Weile verstecken kann. Es gibt keine direkte Verbindung zu euch. Doch er hat viele Möglichkeiten und Kontakte."

„Wo?" fragte Dahlmann.

„Es ist besser, wenn Sie das nicht wissen", erwiderte Matthew. „Aber Erich und Willi werden wissen, wie wir zu erreichen sind."

31

Ein Besuch auf dem Konsulat

Unsicheren Schrittes betrat Ursula Wissen das amerikanische Konsulat, nun schon zum zweiten Mal innerhalb von vier Monaten.

Sie ging zum Empfangstisch. Die Dame, die Dienst hatte, kannte sie nicht, sie erinnerte sich aber sehr wohl noch an die

Befragung im letzten Dezember, als sie das Päckchen für Matthew abgegeben hatte.

„Was kann ich für Sie tun?“ fragte die Empfangsdame.

„Ich möchte gern Verbindung aufnehmen mit einem Mann, der für Ihre Regierung arbeitet“, sagte Ursula in gebrochenem Englisch.

Die Empfangsdame sprach in Deutsch weiter.

„Wo arbeitet er?“ fragte sie.

„Hier in Berlin.“

„Für welche Abteilung?“

„Es tut mir leid, das weiß ich nicht.“

„Wie ist sein Name?“

„Matthew McCallum.“

„Ach ja, Mr. McCallum – er ist beim State Department.“

Ursula lächelte.

„Aber ich kann Ihnen seine Adresse nicht geben. Wenn Sie einen Augenblick warten, werde ich sehen, ob ich herausfinden kann, wie Sie mit Ihm in Kontakt treten können.“

„Vielen Dank“, erwiderte Ursula.

Die Dame erhob sich von ihrem Schreibtisch und verschwand in einem der Flure. Ursula wartete. Hier herrschte nicht halb so viel Betrieb wie noch vor einem Jahr auf dem Höhepunkt der Krise. Sie war im Augenblick der einzige Besucher.

Einige Minuten vergingen. Die Dame kam zurück.

„Es tut mir leid“, sagte sie. „Ich habe mich anscheinend geirrt. Gerade habe ich erfahren, daß Mr. McCallum nicht mehr beim State Department arbeitet. Tatsächlich arbeitet er überhaupt nicht mehr für die Regierung.“

„Aber … aber es muß doch einen Weg geben, wie ich Verbindung zu ihm aufnehmen kann,“ sagte Ursula. „Haben Sie seine Adresse?“

„Nein, ich habe überhaupt keine Informationen über ihn. Während seines Aufenthalts in Berlin wohnte er im Imperial-Hotel. Dann passierte der Unfall –“

„Was für ein Unfall?“ unterbrach sie Ursula.

„Oh, ich dachte, das wüßten Sie. Im letzten August wurde

er bei einem Unfall in der Nähe der Grenze sehr schwer verletzt. Er wurde für einige Monate zur Erholung nach Bayern geschickt, und danach hat er offensichtlich seinen Dienst quittiert. Aber das habe ich auch gerade erst erfahren."

Ursula dachte einen Augenblick nach.

„Gibt es einen Weg, ihn zu erreichen?" fragte sie wieder.

„Es tut mir leid", erwiderte die Dame. „Niemand hier weiß, wo sich Mr. McCallum im Augenblick aufhält. Sein Vater, Thaddeus McCallum, arbeitet jedoch immer noch beim State Department."

„Kann ich seine Adresse haben?"

„Leider kann ich Sie Ihnen nicht geben. Doch wenn Sie mir Ihren Namen und Ihre Adresse hierlassen, werde ich ihn davon verständigen, daß Sie versucht haben, Verbindung mit seinem Sohn aufzunehmen."

„Wenn ich einen Brief herbringe, würden Sie dafür sorgen, daß Mr. McCallum ihn erhält?"

„Selbstverständlich."

Langsam drehte sich Ursula um und verließ das Gebäude. Es hatte den Anschein, als sei jede Verbindung zur Vergangenheit abgebrochen, alles, an das sie sich hätte klammern können – sogar Matthew, den sie nicht einmal kannte.

Ganz sicher war es an der Zeit, Berlin zu verlassen!

32

Die Bruderschaft des Herzens

Der Bauernhof von Udo Bietmann in dem kleinen Dorf Kehrigkburg südöstlich von Berlin war nur Matthew bekannt.

Brumfeldt kannte Bietmann zwar, sie waren sich jedoch nie persönlich begegnet, und Matthew wollte nicht, daß eine

Verbindung zwischen Kehrigkburg und Großbeeren hergestellt werden konnte.

Der Trabi – dessen war Matthew sicher – würde Gustav bekannt sein, daher fuhr Erich Brumfeldt die drei nach Kehrigkburg.

„Bist du denn sicher, daß er uns aufnehmen wird, Matthew?" hatte der Baron am Abend zuvor gefragt.

„Er wird uns aufnehmen, wie auch Sie im Lebenshaus jeden Menschen in Not aufgenommen hätten, Baron", erwiderte Matthew. „Wie ich schon sagte, dieser junge Mann empfindet wie wir. Ja, er wird uns aufnehmen."

Sie gingen zur Scheune, wo Matthew den jungen Mann zu finden hoffte. Sie war jedoch leer.

„Ihr wartet hier – ich werde zum Haus gehen."

Matthew verschwand.

Fünf Minuten später erschien er in Begleitung eines Mannes, etwa Mitte Zwanzig, der sie strahlend willkommenhieß.

Matthew machte die beiden Männer miteinander bekannt.

„Es ist mir eine Ehre, Sie kennenzulernen, Herr Brumfeldt", sagte Bietmann lächelnd und schüttelte dem anderen herzlich die Hand. „Ich habe schon von Ihnen gehört."

„Auch ich habe von Ihnen gehört, und ich freue mich, Sie kennenzulernen", entgegnete Erich.

„Ich wünschte, wir hätten mehr Zeit!"

„Eines Tages wird für alles Zeit sein!"

„Amen!" entgegnete Bietmann. „Doch Matthew sagt mir, daß es dringende Angelegenheiten zu erledigen gibt. Ich freue mich, daß Sie hier sind. Meine Frau und ich, wir werden alles tun, um zu helfen. Bitte, kommt doch ins Haus. Ihr müßt meine Frau Christa kennenlernen, und unsere kleine Tochter Anna."

Bietmann führte sie durch die Hintertür in die Küche. Der Geruch von frisch gekochtem Kaffee erfüllte das Haus.

Als Erich Brumfeldt sich eine Stunde später verabschiedete, wußte er, daß er einen Freund fürs Leben gewonnen hatte.

*

An diesem Abend unterhielten sich die drei Flüchtlinge mit ihrem neuen Gastgeber. Matthew erfuhr, was passiert war, nachdem er sich das letzte Mal von Bietmann verabschiedet hatte. Dies zeigte ihm wieder einmal, wie dicht Gustav ihm auf den Fersen gewesen war. Nun war klar, daß auch Bietmann in Gefahr war, wenn er sie bei sich zu Hause beherbergte. Matthew wollte unter keinen Umständen länger bleiben.

„Sie sind hier sicher", versicherte der junge Bauer. „Gott wird uns beschützen. Und falls Ihr Aufenthalt länger dauern sollte, es gibt einen Platz, wo Sie unbegrenzt bleiben und sogar für Ihren Lebensunterhalt arbeiten können."

„Das klingt gut!" meinte Matthew.

„Dem stimme ich zu", fügte Sabrina hinzu. „Es ist schlimm, wenn man nichts zu tun hat."

„Das wird bei den Freunden, an die ich denke, kein Problem sein."

„Um wen handelt es sich?" fragte der Baron.

„Sagen wir, Freunde unserer örtlichen Gemeinschaft. Sie werden sich bei ihnen bestimmt wohlfühlen."

„Von welcher Art von Gemeinschaft sprechen Sie?" fragte der Baron interessiert. „Sie gehört doch vermutlich einer bestimmten Kirche an?"

„Viele von uns besuchen eine Kirchengemeinde. Aber wenn ich von Gemeinschaft spreche, meine ich eine Gruppe von Menschen, die sich zusammenfindet, um sehr viel intensiver zu beten und in der Bibel zu lesen, als das im Rahmen eines kirchlichen Gottesdienstes möglich ist."

„Ich bin fasziniert. So viele Jahre bin ich von der Welt abgeschnitten gewesen ... ich weiß gar nicht, wie es dem Volk Gottes unter diesem neuen Regime geht."

„Hier in der DDR" erklärte Bietmann, „ist die Regierung nicht ganz so intolerant wie in einigen anderen Staaten. Doch eine der Richtlinien ist, daß man alles nicht zu ernst nehmen darf. *Loyalität* gilt allein dem Staat gegenüber. Jegliche Hingabe an irgendeine andere Sache wird als Staatsgefährdung betrachtet. Darum dürfen die Menschen zwar zur Kirche gehen, Gedichte schreiben, Bücher lesen und diskutieren – niemand hat etwas dagegen –, doch sobald sie damit anfangen, ihre Religion, ihre Gedichte, ihre Bücher oder ihre Meinungen zu ernst zu nehmen, dann hat man sehr wohl etwas dagegen. Dann steht man in der Gefahr, als subversiv zu gelten. Genau das ist der schmale Grat zwischen Sicherheit und Gefahr, auf dem unsere Gemeinschaft wandert. Wir nehmen unseren Glauben nämlich sehr ernst."

„Ich freue mich, das zu hören", erwiderte der Baron. „Nur Glaube, der ernstgenommen wird, verdient diesen Namen. Dann finden Sie sich also unter Gottes Wort zusammen, nehme ich an?"

„Ja. Und wir beten und lesen zusammen in der Bibel. Darum müssen wir Vorsicht walten lassen. Obwohl nicht viele davon wissen, hat es auch hier in der DDR Verhaftungen gegeben, weil Menschen ihren Glauben zu wichtig genommen haben."

„Es wäre uns eine Ehre, Ihre Leute kennenzulernen", sagte Matthew.

„Das werden Sie bestimmt", entgegnete Bietmann, „wenn Sie länger bei uns bleiben. Doch es wird spät. Es ist an der Zeit, Sie für die Nacht unterzubringen. Meine Frau hat, glaube ich, schon alles vorbereitet. Für Ihre längere Unterbringung werden wir später sorgen."

„Es ist schrecklich, daß wir Sie so in Gefahr bringen", sagte Sabrina.

Bietmann lachte. „Sie brauchen sich keine Gedanken zu machen. Das Leben eines Christen steckt voller Risiken, wo immer er lebt. Die Risiken hier sind offensichtlicher als in anderen Teilen der Welt ... und in gewisser Weise sogar geringer. Wir sind daran gewöhnt, Menschen zu beherbergen. Hier in unserem Haus sind schon viele ein- und ausgegangen. Es ist unser Wunsch, Menschen in Not zu helfen."

„Und wie steht es mit der Gefahr für Ihre Frau und Ihre kleine Tochter?" fragte Matthew. „Haben Sie keine Angst um sie?"

„Natürlich. Welcher Mann hätte die nicht? Doch Christa

versteht mich gut und stimmt in diesem Punkt mit mir überein."

Bietmann blickte zu seiner Frau hinüber, die ihre friedlich schlafende, vier Monate alte Tochter im Arm hielt. Das Ehepaar lächelte sich an.

„Mit einem Mann wie Udo verheiratet zu sein, birgt seine Risiken", sagte Christa. „Doch ich würde mit niemandem tauschen wollen. Ich will, daß mein Leben im Reich Gottes wertvoll ist, und das ist nicht immer leicht."

33

Ein Morgenspaziergang in den Bergen

Thaddeus McCallum bückte sich, nahm ein wenig Schnee auf, formte einen Schneeball und warf ihn mit Schwung hinauf in die Bäume.

Er wartete einige Sekunden und beobachtete, wie der Schnee von den Ästen fiel. Dann nahm er seinen Spazierstock auf und ging weiter.

Gewöhnlich liebte er Spaziergänge im Schnee. Doch Thaddeus mußte zugeben, daß er in seinem ganzen Leben noch nie einen so einsamen und deprimierenden Winter verlebt hatte wie diesen. Obwohl er nur wenig für das State Department zu tun gehabt hatte, hatte er sich selbst darauf nur schlecht konzentrieren können.

Gelegentlich hatte er sich überwinden können, an seinen Memoiren zu schreiben, doch selten länger als einen Morgen oder Nachmittag lang. Es war eine Flucht, und Thaddeus wußte es. Immer wieder mußte er an Matthew denken, und dann versank er in finsterem Brüten und Selbstmitleid.

Das sah ihm überhaupt nicht ähnlich. Seit dem Tod von Matthews Mutter war er eigentlich ein recht ausgeglichener Mann geworden. Nichts hatte ihn so tief treffen können wie der Tod seiner Frau. Danach schien ihm keine andere Krise, keine andere Situation wichtig genug, um sich deswegen allzuviele Gedanken zu machen.

Vier Monate waren nun schon seit Matthews überstürzter Abreise vergangen. Schon oft war er über einen längeren Zeitraum hinweg von ihm getrennt gewesen. Und Thaddeus, der normalerweise für solche Dinge nichts übrig hatte, konnte sich gegen eine gewisse Vorahnung nicht wehren. Eine Veränderung stand bevor, und er erschauderte bei dem Gedanken, welcher Art sie sein würde.

Er wußte nur zu gut, daß sein Sohn, falls er hinter dem Eisernen Vorhang gefangen wurde – und zweifellos hielt er sich dort auf –, als Spion verhaftet werden würde. Die Russen waren in letzter Zeit in bezug auf Spione sehr empfindlich geworden. Er wollte gar nicht daran denken, was passieren konnte! Nur wenige Monate zuvor war ein U-2-Pilot gegen einen russischen Spion ausgetauscht worden. Doch wenn nun in Matthews Fall kein russischer Spion vorhanden war, gegen den er ausgetauscht werden konnte?

Obwohl er es nicht wollte, drehten sich seine Gedanken immer nur um dieses eine Thema. Er hatte Angst.

Aber er würde nicht mehr darüber nachdenken – nicht mehr an diesem Morgen. Es war an der Zeit, den Spaziergang zu genießen.

Thaddeus atmete tief die kalte Bergluft ein und setzte seinen Weg nach Oberammersfeld fort.

Es war kälter, als Thaddeus gedacht hatte. Seine Hände waren ganz kalt geworden, und er beschleunigte seinen Schritt.

Das Chalet, in dem er wohnte, lag am Rand des winzigen Dorfes. McCallum liebte diesen Ort, zu dem kaum mehr als zehn oder zwölf Häuser, eine Bäckerei und eine Pension gehörten. Das State Department hatte das Haus für ihn und seinen Sohn gemietet. Während ihrer gemeinsamen Zeit hatte Thaddeus häufig darüber nachgedacht, das Haus für sich und

Matthew zu erwerben, falls es zum Verkauf stehen sollte. *Hier könnte ich mich zur Ruhe setzen und schreiben,* dachte er, denn an die Staaten hatte er nur noch wenige Bindungen.

Während er durchs Dorf zum Postamt ging, um seine Post abzuholen, grüßte er hier und da einige der Dorfbewohner. Danach holte er sich in der Bäckerei einige Törtchen und andere Leckereien. Auf dem Weg zu seinem Chalet verzehrte er eines der Törtchen und dachte, daß er heute nachmittag vielleicht noch einmal versuchen würde, an seinen Memoiren zu schreiben.

34

Ein unerwarteter Brief

Thaddeus öffnete die Haustür, warf seinen Spazierstock in die Ecke und legte den Packen Briefe auf den Tisch. Während er seinen Mantel auszog, entdeckte er in der Post einen Brief mit der Aufschrift „US-Konsulat, Berlin".

Sein Herz stockte.

Ohne auch nur seinen Hut abzunehmen, nahm er den Umschlag und riß ihn mit zitternden Fingern auf. Seit jenem Päckchen zu Weihnachten hatte er vom amerikanischen Konsulat nichts mehr gehört.

Er holte einen Zettel heraus, auf dem stand: „Mr. Thaddeus McCallum; dieser Brief wurde uns übergeben mit der Bitte, ihn an Sie weiterzuleiten."

Mit klopfendem Herzen schlitzte er den Umschlag auf und nahm den Brief heraus, der in Englisch geschrieben war.

Lieber Mr. McCallum,
Sie kennen mich nicht. Ich bin schon seit langen Jahren eine Freundin von Sabrina von Dortmann. Sie hat mir von Ihrem

Sohn Matthew erzählt. Ich würde gern mit ihm über Sabrina sprechen. Seit langem schon habe ich nichts mehr von Sabrina gehört, weil sie in der DDR ist. Vielleicht werde ich Berlin bald verlassen. Darum würde ich Matthew gern sagen, wo ich zu finden bin, damit er mich benachrichtigen kann, falls er etwas von Sabrina hört.
Können Sie mir sagen, wo ich ihn finden kann oder ihn bitten, sich mit mir in Verbindung zu setzen?
Ich hoffe, Sie können meinen Brief lesen, mein Englisch ist nicht besonders gut.

Mit freundlichen Grüßen
Ursula Wissen

Eine Adresse folgte.

Thaddeus ging langsam zu seinem Schaukelstuhl. Zwar kannte er die Frau nicht, von der der Brief stammte, doch irgendwie war er gerührt. Dies war eine Person, mit der er seinen Kummer teilen konnte, jemand, der ihn verstehen konnte, weil sie selbst die Verbindung zu einem Menschen verloren hatte, den sie liebte.

Er las den Brief noch zweimal durch und fuhr sich über die Augen. Dann erhob er sich und ging in sein Büro.

*

Der Brief, den Ursula in der folgenden Woche erhielt, hatte folgenden Inhalt:

Liebes Fräulein Wissen,
sehr habe ich mich über Ihren Brief gefreut und jedes Wort genau verstanden. Leider kann ich Ihrer Bitte nicht nachkommen, weil ich selbst nicht weiß, wo sich mein Sohn Matthew im Augenblick aufhält. Seit Mitte Januar habe ich ihn nicht mehr gesehen und auch nichts mehr von ihm gehört.
Er ist, dessen bin ich sicher, hinter dem Eisernen Vorhang, sehr wahrscheinlich in der DDR. Einige Tage vor Weihnachten

erhielt er ein sehr seltsames Päckchen – eine Rose, die er für eine Botschaft von Ihrer Freundin, Fräulein von Dortmann, hielt. Kurz darauf hat er sich auf die Suche nach ihr gemacht, und seither habe ich nichts mehr von ihm gehört.

Ich habe Angst um ihn, doch ich bete für seine Sicherheit und versuche so gut es geht, ruhig zu bleiben und die Hoffnung nicht zu verlieren.

Vielleicht interessiert es Sie zu hören, daß ich sowohl Sabrina als auch ihren Vater vor vielen Jahren kennengelernt habe. Wir beide, Matthew und auch ich, mochten sie sehr, und Baron von Dortmann hat mir in bezug auf meinen Glauben sehr weitergeholfen.

Zwar kennen wir uns nicht, doch ich muß gestehen, daß ich alt werde und mehr Zeit zur Verfügung habe, als mir lieb ist. Es hat mich so gefreut, von jemandem zu hören, den ich selbst, falls ich das sagen darf, als Freund betrachte, weil wir gemeinsame Freunde haben.

Auf jeden Fall würde ich mich sehr freuen, wenn wir uns sehen könnten.

Ich würde mich sehr freuen, wenn Sie mich hier besuchen würden. Falls es notwendig ist, kann ich Ihre Reise gern arrangieren. Zwar arbeite ich nur noch in begrenztem Umfang für die Regierung, doch von Zeit zu Zeit kann ich mich noch auf meine Position berufen.

Wir haben ein wunderschönes kleines Gästehaus im Dorf, kaum einen Steinwurf von meinem eigenen Chalet entfernt. Ich würde mich sehr freuen, wieder einmal den „Gastgeber" zu spielen.

Vielen Dank noch einmal für Ihren Brief. Ich hoffe, daß wir die Gelegenheit bekommen, uns kennenzulernen und auszutauschen.

Mit herzlichen Grüßen
Thaddeus McCallum

Noch bevor Ursula auch nur ein Drittel des Briefes gelesen hatte, strömten ihr Tränen der Freude die Wangen herunter.

Oh ja, sie würde nach Bayern fahren!

Wie schön würde es sein, Matthews Vater kennenzulernen, vor allem, da er Sabrina so gut kannte!

35
Eine Gemeinschaft von Freunden

Drei Tage nach ihrer Ankunft in Kehrigkburg hatte Udo Bietmann Matthew, Sabrina und Baron von Dortmann einige Kilometer aus dem Dorf heraus zu einer kleinen mennonitischen Gemeinschaft von vier Familien gebracht.

Unterwegs erklärte er ihnen, daß den Familien gestattet worden sei, ihr Land zu behalten, solange sie einen bestimmten Anteil ihres Ertrages an den Staat abführten. Von Zeit zu Zeit kamen Beamte, um das Land zu inspizieren, doch der wirkliche Grund war, daß sie von ihnen lernen wollten, weil sie den Boden so viel effizienter bearbeiteten als die großen Kolchosen, in die die Höfe in ganz Ostdeutschland umgewandelt worden waren.

Als sie näher kamen, konnten sie die Maschinen an der Arbeit sehen und hören. Mehrere Traktoren pflügten die dunkle Erde für die Aussaat. Vier Häuser, zwei große Scheunen und mehrere kleinere Gebäude standen inmitten fruchtbarer Felder.

Bietmann hatte mit dem Ältesten der Gemeinschaft, Arndt Möller, gesprochen. Matthew und die von Dortmanns wurden also erwartet.

Ihre pazifistische Einstellung verbot den Mennoniten, sich in der Politik zu engagieren. Sie waren weder antikommunistisch noch prodemokratisch. Sie lebten einfach ganz praktisch ihren Glauben aus und waren der Meinung, daß sie sich von allem Weltlichen enthalten sollten, da Gottes Reich nicht von dieser Welt sei. Daher waren sie auch nicht wie Udo Bietmann im Untergrund tätig. Nur selten bat er sie um Hilfe, und wenn, dann auch nur in einer Situation wie dieser, wo Menschen in Gefahr waren.

Sabrina, Matthew und der Baron wurden herzlich willkommengeheißen und in verschiedenen Häusern untergebracht. Die Mahlzeiten sollten sie jedoch alle zusammen bei den Möllers einnehmen.

Tagsüber unterhielt sich der Baron mit den älteren Männern und beobachtete fasziniert alles, was vor sich ging. Matthew machte sich mit den Männern zusammen an die Arbeit. Sabrina verbrachte ihren Tag bei den Frauen, vorwiegend im Haus bei der Vorbereitung der Mahlzeiten und anderer Hausarbeit, manchmal jedoch half sie auch auf dem Feld mit.

Am dritten Tag kam Matthew im Laufe des Vormittags ins Haus. Sabrina saß mit dem Rücken zu ihm auf einem Stuhl, ihr gegenüber Frau Möller und zwei andere jüngere Frauen. Ein großer Topf stand zwischen ihnen. Sabrinas Ärmel waren aufgerollt, und sie war eifrig dabei, Kartoffeln zu schälen. Dieses Bild erinnerte ihn an die Zeit im *Lebenshaus,* doch er hatte nicht viel Zeit, in Erinnerungen zu schwelgen, da die vier Frauen sich ihm zuwandten.

„Matthew!" rief Sabrina. „Ich dachte, du würdest pflügen."

„Ich bin nur zurückgekommen, um den Traktor aufzutanken", erklärte er. „Hast du deinen Vater gesehen? Ich dachte, er würde vielleicht gern mitkommen."

„Er war vorhin draußen bei Herrn Möller."

„Es sieht so aus, als würde dir die Arbeit Spaß machen", sagte Matthew.

„Das kannst du glauben! Endlich wieder einmal etwas Nützliches zu tun, ohne ständig angstvoll über die Schultern blicken zu müssen, ist herrlich!"

„Dein Vater hat gestern fast dasselbe gesagt."

„Wenn man auf dem Land aufgewachsen ist", sagte Sabrina, „vergißt man das Landleben eben nie. Das Leben ist irgendwie unvollständig, wenn man nicht mit der Erde arbeiten kann."

„Da wir gerade von der Erde sprechen ... das Feld wartet darauf, gepflügt zu werden", meinte Matthew. „Wenn du deinen Vater siehst, frage ihn doch, ob er nicht Lust hat, zu mir herauszukommen."

Matthew drehte sich um und verließ die Küche. Sabrina nahm ihre Arbeit wieder auf.

36

Matthäus 5,44

Der Abend war ruhig verlaufen. Die undefinierbare Schwermut war langsam einer tiefen Stille gewichen.

Matthew, Sabrina und der Baron hielten sich nun schon seit mehr als einer Woche auf dem mennonitischen Hof auf. Mit Matthews Hilfe waren die Möllers eine Woche früher als erwartet mit dem Pflügen fertig geworden. Nun halfen Matthew und der Baron bei der Aussaat. Alle drei fühlten sich zum ersten Mal seit Monaten wieder richtig zufrieden, nicht zuletzt deshalb, weil sie für ihren Lebensunterhalt arbeiten konnten. Die Ausgewogenheit zwischen körperlicher Arbeit und geistlicher Gemeinschaft hatten sie seit langer Zeit vermißt.

Ihre Unterhaltung am späten Abend drehte sich um die versuchte Flucht durch den Abwasserkanal. Es war genügend Zeit vergangen, so daß sie darüber sprechen und sogar darüber lachen konnten.

„Als ich Gustav da in dem Rohr meinen Namen rufen hörte, wäre ich vor Angst fast gestorben", meinte Sabrina.

„Ich hatte Angst, er würde den Lauf einer Pistole in den Spalt der Klappe stecken", ergänzte Matthew. „Wenn sie geschossen hätten, wäre das Rohr bald durchlöchert gewesen, und wir dazu!"

Im Laufe des Abends jedoch war die Stimmung nachdenklicher geworden. Es war ihnen nicht gelungen, den Klang von Gustavs Stimme aus ihrem Gedächtnis zu bannen.

Er hätte sie fast gehabt!

Viele unterschiedliche Gefühle hatten sie in jenen Augenblicken durchströmt, und heute Abend durchlebten sie sie wieder neu. Die Stimme, das Gesicht und die Motive, die Gustav bewogen, sie so leidenschaftlich zu verfolgen, machten ihnen Angst. Er, den Sabrina und der Baron schon so lange kannten, war zu einem Mörder geworden ... und zu ihrem tödlichen Feind.

Wie konnten sie den Mann lieben, der versuchte, sie zu fangen und ins Gefängnis zu bringen, sie vielleicht sogar zu töten?

Sabrina war die erste, die diese Fragen aussprach. „Ich weiß einfach nicht", seufzte sie, „was wir von Gustav halten sollen, Papa."

Der Baron lächelte. „Er ist ein Kind Gottes, mit dem wir Mitleid haben sollen", erwiderte er.

„Das ist nicht leicht, wenn er versucht, uns etwas anzutun."

„Nirgendwo in der Bibel steht, daß das Leben als Christ leicht ist", entgegnete ihr Vater augenzwinkernd.

„Jesus sagt aber, sein Joch sei leicht", gab Sabrina zurück.

„Ach Tochter", lachte der Baron. „Jetzt hast du mich mal wieder in die Falle gelockt!"

„Was genau meinst du mit deiner Frage?" fragte Matthew an Sabrina gewandt.

„Ich meine, er ist doch unser Feind, oder?" antwortete Sabrina ernst. „Ganz offensichtlich tun wir doch alles, um vor ihm zu fliehen, doch gleichzeitig kann ich mich des Gefühls nicht erwehren, daß wir etwas für ihn tun sollten ..."

„Du meinst, aus Mitleid, wie dein Vater sagte?"

„Vielleicht. Ich weiß es nicht ... es ist alles so verwirrend."

„Es kann kein Zweifel bestehen, daß er unser Feind ist",

sagte Matthew, der keine so tiefe Beziehung zu Gustav gehabt hatte, daß er Mitleid mit ihm haben konnte.

„Aber du weißt doch, mein Junge“, ergriff der Baron wieder das Wort, „daß die Feinde einen ganz besonderen Platz im Leben eines Christen einnehmen. Uns wird aufgetragen, sie zu lieben, für sie zu beten und ihnen Gutes zu tun.“

„Das ist keine leichte Aufgabe.“

„Ganz und gar nicht.“

„Aber Papa, wie können wir Gustav denn Gutes tun, wo er versucht, uns Böses zu tun?“

„Darauf habe ich keine Antwort, mein Liebes“, antwortete der Baron. „Ich weiß nur, daß das Verhalten unseren Gegnern gegenüber eine wichtige Rolle im Wachstum eines Christen spielt. Jesus sagt, daß es leicht ist, Menschen zu lieben, die einen auch lieben.“

Matthew und Sabrina nickten. Dies war die grundlegende Aussage der Bergpredigt.

„Vielleicht läßt genau die Tatsache, daß es so schwierig ist, darauf schließen, warum es so wichtig ist. Unseren Feinden Gutes zu tun, erfordert viel Reife und Charakterstärke.“

„Und da sind wir wieder bei Sabrinas Frage“, meinte Matthew. „Wie können wir jemandem Gutes tun, dem wir versuchen aus dem Weg zu gehen?“

Der Baron antwortete nicht sofort. Er dachte zurück an die siebzehn Jahre, die er im Gefängnis verbracht hatte – in den Händen seiner Feinde, aus Gründen, von denen er immer noch nicht die geringste Ahnung hatte.

Matthew und Sabrina spürten, daß er mit seinen Gedanken weit fort war und warteten ab.

Erst einige Minuten später ergriff er wieder das Wort. „Der Herr Jesus sagt, daß wir, wenn wir diesem Gebot gehorchen, Söhne des Vaters im Himmel sein werden. Diese Aussage finde ich noch viel erschreckender als das Gebot, seine Feinde zu lieben.“

„Warum, Papa?“ fragte Sabrina.

„Nun, denk doch nur! Stell dir all die Dinge vor, die Jesus hätte nennen können als Zeichen geistlicher Reife – Gebet,

Glaube, Gerechtigkeit, Selbstverleugnung, Fasten, geistliches Wissen, Bibellesen, Auslegung biblischer Lehre. Doch davon steht kein Wort geschrieben. *Kinder Gottes,* sagt Jesus, *werdet ihr nur, wenn ihr eure Feinde liebt und für die betet, die euch verfolgen.* Das ist doch wirklich eine ganz erstaunliche Stelle! Das gibt der Sichtweise der meisten Christen von geistlicher Reife doch eine ganz neue Dimension."

„Halten Sie das wirklich für eine neue Dimension, Baron?" fragte Matthew.

„Nicht neu. In der Welt hat es viele gerechte Männer und Lehrer gegeben, die das Prinzip vertreten haben, Böses mit Gutem zu vergelten. Doch Jesus erhebt diese Lehre auf eine sehr viel höhere Ebene, indem er dieses Prinzip als Zeichen geistlicher Reife wertet."

Er dachte kurz nach.

„Ist es nicht genau das, was Jesus von allen anderen sogenannten ‚heiligen' Menschen abhebt – die Tatsache, daß er sich entschieden weigerte, sich gegen seine Feinde zu verteidigen oder gegen sie zu sprechen? Ganz im Gegenteil – er liebte sie und vergab ihnen ... auch als sie ihn zu Tode brachten."

„Aber verteidigen wir uns denn gegen Gustav", wandte Sabrina ein, „wenn wir versuchen, vor ihm zu fliehen?"

„Ach, Tochter", seufzte der Baron, „du hast schon immer schwierige Fragen gestellt!"

Sie lachten.

„Ich weiß auch nicht genau, was es bedeutet, das Gebot der Feindesliebe in der Bergpredigt zu befolgen. Als ich im Gefängnis war, habe ich für diejenigen gebetet, die mich gefangen hielten, und mich nach Kräften bemüht, sie zu lieben. Doch ich konnte nur passiv lieben. Ich konnte ihnen nichts Gutes tun, wie die Bibel sagt. Darum gab ich mich damit zufrieden, für sie zu beten und für mich, daß ich ihnen vergeben und Mitleid mit ihnen haben konnte. Doch es war ein immerwährender Kampf."

„Haben Ihnen Ihre Lebensumstände dabei geholfen, oder waren sie eher hinderlich?" fragte Matthew.

Der Baron seufzte und lächelte dann.

„Mein größter Wunsch war es immer, wirklich ein Kind Gottes zu sein. Nach etwa einem Jahr im Gefängnis begann ich, im Gebet über diese Passage nachzudenken. Ich verstand, daß der Vater mir eine *absolut* vollkommene Umgebung geschaffen hatte, in der er mich nach seinem Wunsch gestalten konnte. Alles war mir genommen worden. In gewisser Weise war mir nichts geblieben außer meinen Feinden und meinen Verfolgern. Diese Umstände treiben einen Menschen entweder in den Wahnsinn – oder auf die Knie. Im Laufe der Zeit kam ich dazu, wirklich dankbar für mein Schicksal zu werden. Denn ich wollte nichts weiter, als Gott wohlgefällig zu leben. Und im Augenblick ist es so, daß wir versuchen, vor denen, die uns schaden wollen, zu fliehen. Gustav ist nun mal unser Gegner, und wir glauben, daß es Gottes Wille ist, daß wir ihm aus dem Weg gehen. Ich weiß auch nicht, wie wir ihm Gutes tun oder ihn lieben können. Vielleicht nur in unserer Einstellung ihm gegenüber, und indem wir ihm vergeben. Auf jeden Fall können wir für ihn beten."

Alle schwiegen. Nach einiger Zeit ließ sich der Baron auf die Knie sinken. Seine Tochter und Matthew folgten seinem Beispiel.

Alle beteten eine Zeitlang schweigend.

„Vater", sagte der Baron schließlich, *„wir möchten dich für Gustav bitten, unseren ehemaligen Freund, der nun zu unserem Feind geworden ist."*

Ein geflüstertes *„Amen"* kam von Sabrinas Lippen.

„Wir wissen nicht einmal, was wir beten sollen, Herr", fuhr der Baron fort, *„außer daß du uns unsere Bitterkeit ihm gegenüber nimmst und ihn liebst und deinen Willen mit ihm vollbringst. Doch wir bitten dich auch, daß du uns beschützt und die Augen unserer Feinde blendest, damit sie uns nicht finden."*

„Auch ich befehle Gustav in deine Hände, lieber Vater", betete Matthew. *„Ich bitte dich, daß er uns nichts Böses antut, doch auch dafür, daß du uns Liebe für ihn schenkst, die Liebe, die dein Sohn Jesus Christus uns geboten hat. Wir möchten deine Kinder sein, und wir wollen dir gehorsam sein. Hilf uns da, wo wir schwach sind."*

„Amen, Vater", flüsterte der Baron.

Teil IV

Joseph Aviz-Rabin

Juli – August 1962

37

Joseph ben Eleazar

Auf seinem Heimweg eilte er über die breite Hauptverkehrsstraße. Es wurde bereits dunkel, und der Arbeitstag im Keller des Kreml war hart gewesen.

Leon Tsankow – wie er sich nannte – war dankbar für die Arbeit, und ganz bestimmt hatte sie außer dem Geld, das er dadurch verdiente, noch andere Vorzüge. Während der langen Jahre des Exils, als Freiheit ein Wort war, dessen Bedeutung er beinahe vergessen hatte, hatte er von Augenblicken wie diesem geträumt; davon, durch die stillen Straßen Moskaus zur Arbeit gehen zu können.

Doch nun, da er diese Zeit überstanden hatte, stellte er fest, daß dieses Leben ganz und gar nicht erstrebenswert gewesen war. Es war langweilig und ermüdend, und er hatte es gründlich satt.

Er hatte sich nach Freiheit gesehnt. Doch dies war ganz bestimmt keine Freiheit. Zwar war er nicht mehr hinter Gittern eingesperrt, doch was für eine Freiheit war das? Das Leben in der Sowjetunion bot nirgendwo Freiheit, im Kreml genausowenig wie in Sibirien.

Falls es überhaupt irgendwo in der Welt Freiheit geben sollte, mußte das etwas ganz anderes sein.

Er stand nicht mehr so gerade wie früher, empfand auch nicht mehr denselben Stolz auf seine Abstammung, der ihn früher erfüllt hatte.

Das Gefängnis beraubt einen Menschen seines Feuers, nimmt den Schwung aus seinem Schritt und entzieht ihm den Lebenswillen. Für seine siebenunddreißig Jahre sah er alt aus, das wußte er, doch was machte das schon …

Nicht nur das Gefängnis hatte ihn ausgelaugt, sondern das Leben, das er sich hinterher aufzubauen versucht hatte. Er wollte für sein Volk gegen das Regime tätig sein, das es unterdrückte und so viel von dem zerstört hatte, was er liebte.

Liebe ... ein seltsames Wort an einem solchen Ort. Wie konnte Liebe wachsen unter einer Regierung, die die Existenz eines obersten Guten leugnete?

Was liebte er überhaupt?

In seiner Jugend hatte ihm die Vorstellung gefallen, daß die Juden eines Tages ihr Land wieder ihr eigen nennen würden. Mit kaum fünfzehn Jahren hatte er sich den Zionisten angeschlossen, die heimlich nach Polen gekommen waren. Sein Vater war zuerst erschrocken gewesen, hatte sich aber im Laufe der Zeit an diese Vorstellung gewöhnt. Als Anhänger des ehrwürdigen Ba'al Shem Tov war Eleazar Aviz-Rabin der Meinung, das Volk Gottes sollte Gott in seinem Herzen ehren und sich nicht durch politische Aktivitäten hervortun.

Doch jetzt, seit seiner Entlassung aus dem Gefängnis, fühlte sich Joseph Aviz-Rabin, wie er früher geheißen hatte, mehr zu der hasidischen Gemeinschaft der Juden hier in Moskau hingezogen. Sie beschäftigten sich wie sein Vater mehr mit den mystischen Elementen ihres Glaubens. Tatsächlich fühlte sich Joseph hin- und hergerissen zwischen dem Zionismus, für den er gekämpft und gelitten hatte, und dem Hasidismus, an den sein Vater bis zu seinem Tode fest geglaubt hatte.

Gab es mehr, etwas Tieferes hinter dem allem, etwas, das die Anhänger des Hasidismus entdeckt hatten? Hatte die Religion seines Volkes seinem müden und kummervollen Herzen etwas zu bieten?

Er war Philosoph genug, um zu erkennen, daß das vielleicht alles war, was Religion in Rußland bieten konnte – Balsam für Herz und Seele. Außer den eigenen Gedanken durfte man nicht viel besitzen – und die behielt man besser für sich.

Die Geheimnisse des Herzens. Er hatte einige, und sie sprachen von Tag zu Tag lauter zu ihm.

Was immer der Zionismus in Israel vollbracht haben

mochte, für ihn konnte er nicht viel tun. An so vielen einsamen Abenden, wenn er durch die Straßen Moskaus nach Hause ging, sehnte er sich nach nichts so sehr wie nach einem Wesen, das er lieben konnte.

Nicht einmal in seinen Träumen war er frei.

Er zog sich seinen Mantel enger um die Schultern. Der Abend war kühl, und er fror. Er ging weiter, unfähig, die Gedanken an die Vergangenheit zu bannen.

Freiheit ...

Damals war sie greifbar nahe gewesen. Doch er hatte zugelassen, daß sie ihm wieder entglitten war, und mit ihr die Hoffnung auf Glück.

Immer wieder hatte er diesen Tag in seiner Erinnerung durchlebt.

Es war der Tag des Abschieds gewesen ... das letzte Mal, daß er das geliebte Gesicht gesehen hatte.

38

Trennung

Sein Vater hatte gewollt, daß er die Tochter des Rabbis heiratete. Wann genau die beiden Väter das ausgehandelt hatten, konnte er nicht sagen, doch schon seit er zehn oder zwölf Jahre alt gewesen war, wußte er, daß sie seine Frau werden würde.

Nicht alle jüdischen Väter suchten ihren Kindern die Ehepartner aus. Doch sein Vater war ein chassidisch eingestellter Jude vom Stamme Juda – chassidisch und orthodox in bezug auf Familienangelegenheiten, genau wie der Rabbi. Joseph war alt genug, daß ihn der Gedanke an eine Eheschließung faszinierte, und seit dem Tag der offiziellen Verlobung mußte er zugeben, daß er die Wahl seines Vaters billigte.

Die Familien kannten sich schon seit Jahren, wie alle in ihrer Synagoge. Doch Rabbi Wissen war ein bedeutender Mann, einer der bekanntesten Rabbis in ganz Polen. Nicht im Traum hätte Joseph sich vorgestellt, einmal eine seiner Töchter zu heiraten. Doch seit sein Vater ihm erzählt hatte, daß Ursula seine Frau werden sollte, sah er sie in einem neuen Licht.

Zwei Jahre später hatte er sie bei einem der jüdischen Feste, zu dem sich Juden aus ganz Polen trafen, mit einigen jungen Mädchen im Rahmen der Feierlichkeiten tanzen sehen. Damals war sie zwölf gewesen, und er hatte gestaunt, welche Veränderung mit ihr vorgegangen war ... anscheinend über Nacht war sie zu einer jungen Frau herangereift, noch dazu zu einer sehr hübschen!

Kurz darauf wurde die Verlobung besiegelt, und Ursula bekam einen schmalen Goldring. Die Familien verbrachten ihre Ferien zusammen, und die beiden jungen Leute sahen sich häufiger. Ursula war ein schüchternes Mädchen, doch allmählich lernten sie und Joseph, offen miteinander zu reden. Und Joseph wurde immer dankbarer für die Weisheit seines Vaters. Ursula war nicht nur hübsch, sondern auch intelligent und interessierte sich für das, was ihm wichtig war.

Damals war ihm das natürlich nicht bewußt geworden, doch heute sah er, daß er sie zu lieben begonnen hatte.

Kurz darauf hatten die Nazis jedoch ihr Netz um Polen zusammengezogen.

Sie hatten die Verfolgung in Deutschland kommen sehen, doch in dem Augenblick, da die Deutschen in Polen einmarschierten, änderte sich alles. Die Heiratspläne von Joseph und Ursula mußten verschoben werden. Beide Väter waren sich darüber einig, daß sie warten mußten, bis entweder der Krieg vorüber war oder sie nach Rußland oder in die Schweiz fliehen konnten.

Der Alptraum ereilte die jüdischen Polen schneller als erwartet. Auf einmal war alles in Aufregung. Namen wurden geändert, viele Juden verhaftet. Organisationen wie die JDC halfen den Juden zu emigrieren, obwohl das von Jahr zu Jahr schwieriger wurde.

Während dieser Zeit hatte Joseph begonnen, sich bei den Zionisten zu engagieren. Ihr politisches Ziel, die Errichtung eines jüdischen Staates in Palästina, sprach seinen Gerechtigkeitssinn und seinen Idealismus an. Ihr Eifer kam seiner jugendlichen Energie entgegen. Ihre Bereitschaft zu kämpfen, ja sogar zu sterben, brachte den versteckten Zorn aller jüdischen jungen Männer auf die Deutschen und die Verfolgung ihres Volkes zum Vorschein.

Zuerst hatte Joseph versucht, sein Interesse für diese Bewegung zu verbergen, doch schließlich war das unmöglich geworden. Es dauerte nicht lange, bis er in eine hitzige Auseinandersetzung mit seinem Vater geriet. Aviz-Rabin, der unter den Hasidisten noch zu denen gehörte, die eigentlich recht offen waren, fand nach einer anfänglich negativen Reaktion vieles, das er bejahen konnte. Er genoß die Auseinandersetzung mit seinem Sohn. Sorgen machte ihm allerdings, wie Rabbi Wissen auf die Vorstellung, einen zionistisch eingestellten Schwiegersohn zu bekommen, reagieren würde.

Doch wie seine Tochter hatte Rabbi Wissen den jungen Mann lieben und respektieren gelernt, und er betete dafür, daß zu gegebener Zeit die Heißblütigkeit der Jugend einer in den Jahren gereiften Weisheit weichen möge. Außerdem hoffte Rabbi Wissen, genau wie der Vater des Jungen, daß er die Gründung eines israelischen Staates in Palästina noch erleben und daß die zionistische Sache Erfolg haben würde.

Es wurden keine öffentlichen Feste mehr gefeiert. Die Familien blieben unter sich. Die meisten Synagogen wurden geschlossen, viele sogar zerstört. Während der ersten Kriegsjahre sah Joseph nur wenig von Ursula, obwohl bei den wenigen Treffen ihre Blicke dem anderen sagten, daß ihre Gefühle füreinander noch gewachsen waren.

Rabbi Wissen war zuerst optimistisch gewesen, daß er bei seinem Volk in Polen würde bleiben können, doch allmählich sprach er immer häufiger davon, in die Schweiz zu fliehen. Er machte sich natürlich Sorgen um seine Familie, doch, wie er sagte, befanden sich auch einige wertvolle Reliquien in seinem Besitz, die den Nazis keinesfalls in die Hände fallen durften. Es gäbe Wege, aus dem Land zu fliehen, viele Menschen in Polen und Deutschland seien bereit, Flüchtende aufzunehmen und in die Schweiz zu bringen.

Und dann war jener schicksalhafte Abend gekommen, als der Rabbi ihnen erzählte, er würde seine Familie aus Warschau fortbringen – sofort. Er hatte Vorbereitungen getroffen und hoffte, sicher in die Schweiz zu gelangen.

Eleazar Aviz-Rabin war ernstlich erkrankt. Für ihn war es unmöglich, eine solche Reise zu unternehmen. Auf seinen Wunsch bat der Rabbi jedoch Joseph und seine Mutter, ihn zu begleiten. Eleazar drängte sie mitzugehen, doch sie wollten ihn nicht alleinlassen. Joseph sagte, er würde später nachkommen und den Rabbi und seine Familie in den jüdischen Gemeinden in der Schweiz suchen. Er war hin- und hergerissen zwischen dem Wunsch, der Familie seiner Verlobten zu folgen, der Liebe zu seinem Vater und der Loyalität seinen zionistischen Freunden gegenüber. Doch er entschied sich für letzteres.

Diese Entscheidung hatte er seither immer wieder in Frage gestellt.

Es dauerte nicht lange, bis die Identität seiner Familie und die von anderen, die im selben Haus lebten, entdeckt wurde. Eine Razzia ... Schreie in der Nacht ... ärgerliches Rufen ... Faustschläge an der Tür ... Gestapostiefel, die durch das Gebäude rannten – diese Erinnerungen würde er niemals auslöschen können.

„Geh, Joseph ... flieh!" rief seine Mutter und deutete auf das Fenster ihrer kleinen Wohnung.

Einen Augenblick zögerte er. Angst, Unsicherheit, Verwirrung, Fragen lagen in seinem Blick. Wenn er mit seinen Freunden sprach, fühlte er sich so erwachsen, doch nun auf einmal war er nur noch klein und furchtsam.

„Geh, mein Sohn ... gehorche deiner Mutter", ertönte die schwache Stimme seines Vaters aus dem Bett.

Es blieb keine Zeit zum Nachdenken. Jetzt mußte er aus dem Impuls und aus Gehorsam heraus handeln, nicht nach reiflicher Überlegung.

Schwere Stiefel waren im Flur zu hören. Sie kamen auf die Wohnung zu. Er gab seiner Mutter und seinem Vater einen Kuß und rannte los.

„Gott sei mit dir, mein Sohn", das waren die letzten Worte, die er hörte.

In wenigen Sekunden war er über die Feuerleiter hinunter auf die Straße geklettert. Er rannte und rannte, wußte kaum, wo er war. Als er schließlich gegen drei Uhr morgens wagte, zu seinem Elternhaus zurückzukehren, wirkte es wie ein Mausoleum. Alle Juden waren abgeholt und fortgebracht worden.

Er weinte alle Tränen, die noch in ihm übrig waren und suchte Zuflucht bei seinen zionistischen Freunden, die noch nicht entdeckt worden waren. So gut es ging erkundigte er sich nach dem Verbleib seiner Eltern. Doch er erfuhr nur, daß alle Juden, die man in dieser Nacht gefangengenommen hatte, nach Treblinka gebracht worden waren.

Er konnte nichts für sie tun und wußte, daß sie bald tot sein würden, falls sie es nicht schon waren.

Mit achtzehn Jahren war Joseph Aviz-Rabin ein Waise, ganz allein in der Welt. Er hatte die Gelegenheit zur Flucht verpaßt … und nun war es zu spät.

Seither hatte er keinen Kontakt mehr zu Rabbi Wissen oder seiner Tochter gehabt. Auch nicht zu irgend jemandem sonst, den er noch von früher her kannte. Er war ganz allein auf der Welt.

39
Ruf zur Wachsamkeit

Joseph betrat die kleine, kalte Wohnung, die er sein Heim nannte, setzte sich auf den verschlissenen Stuhl – das bequemste Möbelstück in dem spärlich eingerichteten Raum – und starrte vor sich hin. Das Nachdenken über die Vergangenheit hatte ihn in eine düstere Stimmung versetzt. Er konnte sich nicht einmal aufraffen, sich etwas zu essen zu machen.

Nicht immer war er so launisch gewesen. Seine Lebensfreude, seine Energie und seine Fähigkeit, alles, was ihm widerfuhr, logisch zu analysieren, hatten ihm immer gute Dienste erwiesen. Sogar die Jahre seiner Haft hatte er so relativ gut überstanden.

Er war kein Gefühlsmensch, sondern handelte verstandesmäßig. Doch er bemerkte, wie er sich langsam veränderte.

Was konnte er mehr verlangen? Die meisten Dissidenten und Gefangenen waren nicht halb so gut dran wie er. Viele starben in Sibirien ... oder verschwanden spurlos.

Doch seit seiner Entlassung aus dem Gefängnis spürte er, wie sich eine Wolke der Bedrückung auf ihn legte, ein beklemmendes Gefühl des Gefangenseins statt der Freude, die er eigentlich hätte empfinden müssen. Was bedeutete *Freiheit* eigentlich – da war es wieder, dieses Wort!

Selten hatte er sich weniger frei gefühlt, als in diesen vergangenen zwei Jahren. Fast alle alten Freunde waren fort. Selbst die zionistische Bewegung, die nun einen großen Teil ihrer Ziele erreicht hatte, war nicht halb so energiegeladen wie früher, wenigstens nicht in Rußland. Diejenigen, die nicht verhaftet worden waren, waren nach Israel ausgewandert.

Für die Juden, denen etwas an ihrem Volk lag, würde es immer etwas zu tun geben. Wie zum Beispiel die Fotos, die er aus dem Land geschmuggelt hatte. Er hatte das gern getan. Wann immer er seinem Volk helfen konnte, würde er es tun.

Doch irgendwie hatte sein Eifer nachgelassen.

Zusammen mit sechs anderen Männern war er 1944 aus Polen nach Rußland geflohen. Er hatte die russische Sprache gelernt und sich ins russische System eingefügt. Er war Leon Tsankow geworden, ein polnisch stämmiger Russe, und er hatte Papiere, die dies belegten.

Nach dem Krieg hatte Stalin dort weitergemacht, wo Hitler aufgehört hatte. Aus den vielen verschiedenen Rassen, die in Rußland lebten, wurden allein die Juden auf grausame Weise verfolgt. Nur bei den Juden wurde die Abstammung auf dem Ausweis vermerkt. Die hebräische Sprache wurde verboten. Während andere Kirchen zugelassen waren, wurden die jüdischen Synagogen geschlossen. Dreißig- bis vierzigtausend der hervorragendsten russischen Juden – Dichter, Gelehrte, Professoren, Schriftsteller, Rabbiner – wurden während der ersten Welle des stalinistischen Holocausts getötet.

Joseph war damals Anfang zwanzig gewesen und hatte für Stojidowitsch gearbeitet. Er wurde einer der führenden jüdischen Untergrundaktivisten gegen diese Greueltaten. Vielen half er, aus Rußland zu fliehen, während er sich gleichzeitig alle seine Kontakte zunutze machte, um etwas über den Verbleib von Rabbi Wissen zu erfahren. Doch er erreichte nichts.

Schließlich wurde seine Untergrundarbeit entdeckt, und er mußte mit acht Jahren seines Lebens dafür bezahlen. Er wußte, er konnte froh sein, daß er überhaupt noch am Leben war. Millionen seiner jüdischen Kameraden hatten nicht so viel Glück gehabt. Nach Stalins Tod im Jahre 1953 ließ die Judenverfolgung allmählich etwas nach, obwohl sie immer noch andauerte.

Doch das kommunistische System tötete die Menschen auf vielerlei Weise.

Es tötete den Intellekt vieler schaffensfreudiger Dichter, Philosophen und religiöser Denker, indem es sie nach Sibirien verbannte. Es tötete Juden auf die altmodische Weise, die Hitler so gemocht hatte – indem sie einfach eliminiert wurden. Und es tötete seine eigenen Bürger, indem es sie empfindungslos machte allem gegenüber, das ihnen Hoffnung und Lebenswillen vermitteln konnte.

„Leben" bedeutete hier nichts weiter als Taubheit, ein mechanisches Fortfahren mit der langweiligen Routine des Alltags. Die Lebenskraft eines Menschen war im Alter von dreißig Jahren erschöpft. Die Augen der Einwohner Moskaus waren leer und ausdruckslos, die Blicke der Vorübergehenden hoffnungslos, gefühllos, tot.

Das Schlimmste war, daß er spürte, wie sich diese betäubende Wolke auch über ihn legte. Doch seltsamerweise besaß er noch genügend Willenskraft, diesem Prozeß zwar nicht zu widerstehen, aber doch wenigstens festzustellen, daß er eingesetzt hatte. *Ich muß mich dem widersetzen, sonst werde ich bald genauso sein wie diese abgestumpften, lethargischen Menschen.*

Er fühlte, daß irgend etwas bevorstand, von dem seine Zukunft abhing. Nicht gerade eine Krise, doch ganz sicher eine Weggabelung, die vielleicht zum letzten Mal in seinem Leben die Gelegenheit zur Wende bringen konnte.

Sein Lebenswille war erlahmt, doch mit dem, was davon noch übrig war, rief er sich zur Wachsamkeit.

Was war nur mit ihm los? Er war doch immer so aktiv gewesen. Er mußte raus aus diesem Trott. Er mußte etwas tun!

Joseph war einsam, und keine verstandesmäßige Analyse konnte dieses Gefühl vertreiben. Es war nicht das erste Mal in seinem Leben, daß er emotional auf seine Lebensumstände reagierte, doch es war das erste Mal, daß er seine Reaktion als solche akzeptierte.

Es reichte nicht mehr aus, nur zu denken und zu rationalisieren. Es reichte nicht mehr aus, für eine Sache zu kämpfen. Er konnte das Unangenehme nicht mehr fernhalten.

Er sehnte sich nach etwas „anderem", nach mehr, nach etwas, das ihm erlaubte zu sagen: „Ich fühle, ich bin glücklich, ich lebe … und das Leben ist gut."

Normalerweise war er in der Lage gewesen, eine solche Zwangslage rational zu betrachten, doch diesmal konnte er sich nicht dazu bringen.

In Wahrheit waren es nicht seine eigenen Gefühle, die ihn so unzufrieden machten. Sie sollten ihn nur aufrütteln, damit er auf die Stimme seines Schöpfers hörte, die zu seiner Seele sprach: „Komm zu mir, mein Sohn. Ich warte auf dich … und nun ist die richtige Zeit."

40

Ein einsamer Entschluß

Als Joseph auf dem Stuhl, auf dem er den ganzen Abend gesessen hatte, aufwachte, war es in seiner Wohnung dunkel geworden.

Mit dem Gedanken an Ursula war er eingeschlafen, und sie war auch in seinen Träumen gewesen. Er starrte vor sich hin in die Dunkelheit, hungrig und angezogen, wie er war, und machte keine Anstalten, sich zu erheben.

Während er reglos dasaß, spürte er etwas – etwas Ungewöhnliches ... etwas, das nicht hierhergehörte. Unbewußt fuhr er sich übers Gesicht. Seine Hand war naß. Sein ganzes Gesicht war tränennaß.

Wo kamen die Tränen her? Seit Jahren hatte er nicht mehr geweint, nicht einmal im Gefängnis.

Die Stimme in ihm sprach auch weiterhin zu ihm. Die sich in ihm ausbreitende Leere machte sich bemerkbar.

Der Wille Joseph Aviz-Rabins lag im Widerstreit mit seinem Leben – sollte er sich vom russischen Stumpfsinn überwältigen lassen ... oder aufstehen, sich zusammenreißen und kämpfen.

Liebe ... Freiheit ... Einsamkeit – alles, was ihm an diesem Tag durch den Kopf gegangen war, überfiel ihn nun.

Was bringt das schon, sagte die eine Stimme. *Gib auf, du kommst nicht dagegen an.*

Was denkst du da gerade? sagte die andere Stimme. Wer dachte denn schon daran, aufzugeben?

Ursula ... Ursula ...

Würde sie sich überhaupt noch an ihn erinnern? Wenn ja, würde sie ihn noch lieben? Was brachte es schon, zu kämpfen – er würde sie ja doch nie finden.

Vielleicht war es das Beste, sie blieb, wo sie war, in einem Winkel seines Herzens. War es nicht besser, sie dort zu behalten, als zu suchen und zu suchen und sie doch nie zu finden, oder zu entdecken, daß sie in einem der Konzentrationslager gestorben war … oder daß sie einen anderen geheiratet hatte?

Nein, er mußte es herausfinden. Er mußte herausfinden, was aus ihr geworden war.

Das war wenigstens etwas, für das es sich zu leben lohnte! Er war kein Russe – er war Pole, Jude, und stolz auf seine Herkunft. Das Blut seiner Vorfahren floß in seinen Adern.

Er wußte, es war an der Zeit, etwas zu unternehmen. Er mußte seiner Verlobten folgen und von hier fliehen. Wenn er nicht bald etwas unternehmen würde, würde es zu spät sein.

Er würde Rußland verlassen – oder bei dem Versuch ums Leben kommen!

Vielen anderen hatte er geholfen, über die Grenze zu kommen. Nun würde er seine Kontakte einmal für sich selbst nutzen.

Gleich morgen würde er mit den Vorbereitungen beginnen!

Nachdem dieser Entschluß gefaßt war, erhob sich Joseph. Sein Lebenswille war neu erwacht. Er zog sich um und legte sich schlafen. Am folgenden Morgen erwachte er erfrischt und mit gutem Appetit.

Er machte sich zur Arbeit fertig und frühstückte zum ersten Mal seit fast einem Jahr wieder mit Genuß.

Viel zu lange hatte er sich treiben lassen. Doch das war nun vorbei!

41

Die drei Kommunisten

Zwar war er erst seit wenigen Monaten wieder in Berlin, doch Andrassi Galanow war seiner Aufgabe bereits gründlich überdrüssig geworden.

Er machte sich auch ein wenig Sorgen. Berlin konnte zu

leicht zu einer Sackgasse für ihn werden, wenn er es zuließ, daß er seine Fähigkeiten hier vergeudete.

Alles, was er tat, war eine endlose Liste von Personen zu befragen. In den letzten Monaten hier hatte er schon an mehr Türen geklopft und mehr Fragen gestellt als während der ganzen Zeit in Moskau.

Und was war dabei herausgekommen?

Gar nichts. Er konnte keinerlei Verbindung herstellen. Nichts über die Leute, die die Bilder gestohlen hatten, nichts über den Rabbi, den sein Onkel so verzweifelt suchte. Wenn sich nicht bald etwas ergab, stand er in der Gefahr, daß Korskajews Zorn sich über ihm selbst entlud, und das wäre seiner Karriere durchaus nicht zuträglich. Auch Schmundt saß ihm im Nacken. Falls es etwas gab, *mußte* er es herausfinden.

Er hatte alle bekannten Christen in der Region befragt, in der sich der Unfall ereignet hatte. Darunter waren einige verdächtige Personen gewesen, doch er war ziemlich sicher, daß sie niemanden versteckten. Es war ihm auch nicht gelungen, sie mit dem Fluchtversuch vor sechs Wochen in Berlin in Verbindung zu bringen. Die Häuser von Dahlmann und Brumfeldt hatte er einige Tage lang überwacht, doch ihm war nichts Ungewöhnliches aufgefallen.

Diese Nachrichten hatten Schmundt wütend gemacht. Auch das Temperament der Deutschen hatte Galanow langsam satt.

Diese Sekretärin wußte besser Bescheid über die Vorgänge als er. Sie war ständig damit beschäftigt, die Berichte für ihren Chef zu sortieren und einzuordnen. Sie schien die Nachforschungen ernster zu nehmen, als er erwartet hätte.

Erst neulich hatten sie sich darüber unterhalten. Er hatte das unbestimmte Gefühl, daß sie mehr über die möglichen Schritte der Flüchtigen wußte als Schmundt oder dieser unfähige Schulte, der auch in die Untersuchungen miteinbezogen war.

Seine Neugier war angestachelt. Aber dann hatte er sich gefragt, was es ihn anging. Er war keinem von ihnen verpflichtet, obwohl ihm die Sekretärin ein wenig leid tat. Zwangsläufig dachte er, daß sie besser dran wäre, wenn sie nicht mehr in Schmundts Nähe arbeiten würde, der sich ihr gegenüber so gefühllos und kalt verhielt.

Aber was ging ihn das an? Sie bedeutete ihm nichts.

*

In der Zwischenzeit bemühte sich Gustav von Schmundt nach Kräften, sich nach dem demütigenden Fehlschlag am Stadtplatz seinen Stolz und seine Würde zu erhalten.

Wie war es nur möglich gewesen, daß sie ihm entkommen konnten?

Den Bäcker hielt er immer noch in einer Zelle in Berlin fest, nur so zu seinem Vergnügen, obwohl er ihn wohl demnächst würde freilassen müssen.

Was bin ich nur für ein Idiot gewesen, beschimpfte er sich wohl zum dutzendsten Mal! Er hatte den Militärlastwagen mit seinen Insassen an sich vorbeifahren lassen! Als er seinen schrecklichen Fehler endlich bemerkt hatte, war der Wagen bereits spurlos verschwunden gewesen.

Doch Galanow und sein loyaler, wenn auch etwas langsamer Assistent Schulte gingen den Spuren nach. Jede Akte der vergangenen zwei Jahre war hervorgeholt worden. Er ließ seine Sekretärin zehn Stunden am Tag daran arbeiten. Sie erledigte alle Telefonanrufe, während er selbst noch einmal die Spur McCallums aufnahm, die ihn nach Magdeburg geführt hatte.

Allmählich fügte sich alles zusammen. Es war wie ein riesiges Puzzle, und irgendwann würde er das letzte Teilchen finden, das ihn zu seinen Gegnern führen würde. An diesem Tag würde er sie endlich in seine Hände bekommen! Er würde in Sabrinas Augen sehen, ihren Blick festhalten und siegesgewiß lächeln. Er würde sich an der Furcht in ihrem Blick weiden. Dann würde sie erkennen, wie dumm es gewesen war, vor ihm davonzurennen. Sie würde auf ihn zukommen und ihn um Gnade anflehen.

Bei dem Gedanken daran mußte er lächeln. Der einzige

Trost nach diesem Reinfall war, daß sie sich immer noch in der DDR aufhielten. Er würde ihr elendes Netzwerk aufdecken, und wenn es das Letzte war, was er in seinem Leben tat!

*

Weiter im Osten setzte unterdessen Emil Korsch seine Suche nach Spuren im Zusammenhang mit dem Verschwinden der Fotos fort. Darin schien er mehr Erfolg zu haben als seine beiden Kollegen.

Die Nachforschungen hatten nichts ergeben. Aber jemand mußte etwas wissen! Es konnte gar nicht anders sein. Die Fotos konnten nicht einfach verschwinden, ohne eine Spur zu hinterlassen. Korsch beschloß, ein Lockmittel einzusetzen. Irgend jemand in der Stadt würde sich schon überreden lassen, Informationen weiterzugeben.

Er rief einen seiner geschicktesten Agenten ins Büro.

„Kapp“, sagte er, „ich möchte, daß eine bestimmte Information die Unterwelt dieser Stadt erreicht.“

„Ich habe Mittel und Wege zur Verfügung, Genosse Korskajew. Welche Information?“

„Ich möchte bekannt werden lassen, daß der KGB gut für Informationen bezüglich gewisser verräterischer Juden bezahlt.“

„Wird das Komitee eine solche –“

„Das lassen Sie nur meine Sorge sein!“ gab Korsch kurz zurück. „Es muß klug angestellt werden, Kapp. Keinesfalls darf man dies in unser Büro zurückverfolgen können. Haben Sie verstanden?“

„Ja.“

„Ich möchte einfach einen größeren Anreiz schaffen, damit diese Mistkerle in Moskau uns bringen, was sie wissen.“

„Ich verstehe, Genosse.“

„Und achten Sie darauf, daß auch unsere sonstigen Informanten das erfahren.“

Kapp nickte, drehte sich um und verließ das Büro. Während er auf neue Ergebnisse wartete, würde Korsch weiterhin alles überprüfen, was er über die Juden in Erfahrung bringen konnte. Irgend etwas würde sich ergeben, da war er sicher.

42
Bayrische Zuflucht

Der Teekessel summte. Seit Monaten hatten Thaddeus McCallum und Ursula Wissen sich nicht mehr an diesem Geräusch so erfreut. Sie saßen im Wohnzimmer und warteten darauf, daß das Wasser im Kessel zu kochen anfing. Sie kannten sich erst seit weniger als einer Stunde und hatten doch schon das Gefühl, langjährige Freunde zu sein.

Thaddeus hatte Ursula mit einem von einem Nachbarn ausgeliehenen Pferdefuhrwerk am Bahnhof in Oberammergau abgeholt und sie die wenigen Kilometer zum Chalet kutschiert.

Noch bevor sie beim Haus angekommen waren, hatten die beiden schon so viel gelacht wie seit Monaten nicht mehr. Der dreiundsechzigjährige Botschafter und die fünfunddreißigjährige Jüdin schlossen schnell Freundschaft.

Thaddeus erhob sich, um nach dem Teekessel zu sehen, doch Ursula hielt ihn zurück.

„Bitte, Thaddeus", sagte sie, während sie sich schnell erhob, „lassen Sie mich das machen."

„Wie kann ich den Gastgeber spielen, junge Dame, wenn Sie sich von mir nicht bedienen lassen?" lachte Thaddeus.

„Indem Sie mir erlauben, Sie zu bedienen", antwortete sie. „Sie kennen doch den Grundsatz – die Ersten werden die Letzten sein und die Letzten die Ersten. Sie erweisen mir eine Ehre, wenn Sie mir gestatten, in diesem Fall Ihre Dienerin zu sein."

„Ich gebe mich geschlagen."

„Es ist so lange her, daß ich das letzte Mal Tee für einen Mann gekocht habe. Sie können sich gar nicht vorstellen –"

Ursula mußte den Blick abwenden. Tränen stiegen ihr in die Augen.

Thaddeus erhob sich und legte ihr väterlich die Hand auf die Schulter. Eine Tochter hatte er nie gehabt, doch seine Frau hatte er innig geliebt, und er wußte, was eine Frau in einer solchen Situation brauchte.

„Sie können sich gar nicht vorstellen, wie einsam ich gewesen bin", beendete Ursula ihren Satz. „Der Tee ... der Geruch ... das Geräusch des Teekessels – das alles hat mich auf einmal überwältigt."

Thaddeus McCallum liebte andere Menschen und stellte sie über sich selbst. Sein Blick war offen für die Nöte anderer, weil sein eigenes Ich ihn nicht verschleierte.

„Ich verstehe, meine Liebe", sagte er. „Auch ich sehne mich danach, denen dienen zu können, die ich liebe."

„Mein Vater liebte Tee", erklärte sie und atmete tief durch. „Meiner Mutter, meiner Schwester und mir hat es immer Freude gemacht, ihn ganz genau so zuzubereiten, wie er ihn mochte."

Sie brach ab und drehte sich lächelnd zu Thaddeus um. Die Tränen glitzerten noch in ihren Augen.

„Es tut mir leid", sagte sie. „Allein der Gedanke an Tee hat mich auf einmal die Fassung verlieren lassen. Nur in Gesellschaft schmeckt Tee richtig gut."

„Nun, dazu sind wir ja hier zusammen – um dem anderen dabei Gesellschaft zu leisten. Es ist mir eine Ehre, mir von Ihnen den Tee zubereiten zu lassen."

Ursula lächelte wieder, ging in die Küche, gab den Tee in die Kanne und goß das kochende Wasser darauf. Nachdem er drei Minuten gezogen hatte, brachte sie das Tablett mit dem Tee, dem Zucker und der Sahne ins Wohnzimmer.

„Sie sind ein sehr netter Mensch", sagte sie, nachdem sie Platz genommen hatte. „Wenn Matthew seinem Vater gleicht, dann kann ich verstehen, warum Sabrina sich in ihn verliebt hat."

Thaddeus lachte.

„Wie lange haben Sie Sabrina schon nicht mehr gesehen?" fragte er.

Ursula erzählte es ihm und erklärte, wie sie sich kennengelernt hatten. Auch Thaddeus erzählte von seinem Aufenthalt im *Lebenshaus,* und als die Teekanne geleert war, hatte jeder seine Geschichte ausführlich erzählt. Thaddeus wußte auch von Joseph.

„Ich bin so froh, daß Sie daran gedacht haben, mir zu schreiben", sagte Thaddeus.

„Ich danke Ihnen für Ihre Einladung", entgegnete Ursula. „Sie können sich gar nicht vorstellen, wie gut das tut, über alles zu sprechen."

„Oh doch, das kann ich."

„Ach ja, Ihnen wird es ja ähnlich gehen wie mir."

Die Unterhaltung wurde fortgesetzt, und der Tag verging schneller, als es ihnen möglich schien. Sie machten einen Spaziergang durch den Wald, eine weitere Kutschfahrt – diesmal hinauf in die Berge in einen Ort mit Namen Ülstenberg, wo Thaddeus ihr eine jahrhundertealte Kirche zeigen wollte – und führten lange, ausführliche Gespräche.

Dann bereiteten sie sich ein Abendessen. Sie saßen draußen auf dem Balkon, von dem aus man hinunter ins Tal blicken konnte. Kühe grasten friedlich auf der Weide, und ihre Glokken läuteten den Abend ein.

Schweigen senkte sich auf sie herab. Beide fühlten sich in der Gegenwart des anderen so wohl, daß es ihnen nicht unangenehm war. Es war ein ausgefülltes Schweigen, kein leeres, unbehagliches. Ursula und Thaddeus waren nun Freunde, und Freunde können auch einmal miteinander schweigen.

Schließlich ergriff Ursula das Wort.

„Darf ich Ihnen eine Frage stellen?" sagte sie. Ihrem Tonfall war zu entnehmen, daß sie lange darüber nachgedacht hatte.

„Natürlich, meine Liebe."

Wieder dauerte es eine Weile, bis sie weitersprach. Thaddeus wartete geduldig ab.

„Wie bringen Sie das Gebot, zufrieden und dankbar zu

sein für das, was man hat, in Einklang mit dem Wunsch, etwas ändern zu wollen, das auch Gott sicher anders haben möchte?"

Thaddeus dachte lange nach, bevor er antwortete.

„Verstehen Sie, was ich meine?" fragte Ursula.

Thaddeus lächelte. „Ich denke schon", sagte er. „Wie kann ich das Gebot, mich in allen Dingen zu freuen und Dank zu sagen, befolgen, wenn ich gleichzeitig eifrig darum bete, daß Matthew zurückkommt, und ich den Eindruck habe, daß dies auch der Wille Gottes ist – haben Sie das gemeint?"

„Genau", erwiderte Ursula.

„Wenn ich danbkar bin und mich freue, warum sollte ich dann dafür beten, daß sich die Umstände ändern?"

„Stimmt."

„Und wenn ich dafür bete, daß die Umstände sich ändern oder eine Not fortgenommen wird, heißt das dann nicht gleichzeitig, daß ich unzufrieden bin mit den Dingen, wie sie im Augenblick sind?"

„Richtig!" stimmte Ursula zum dritten Mal zu. „Ich kann nicht ehrlich sagen, daß ich mit meinem einsamen Leben zufrieden bin. Ich versuche, zufrieden zu sein. Ich versuche, dafür zu danken. Aber tief in meinem Innern, Thaddeus, möchte ich, daß sich etwas ändert. Ich bete dafür, daß es anders wird. Dank zu sagen, ist etwas anderes, als dankbar zu sein. Und ganz sicher freue ich mich nicht besonders."

„Ich auch nicht", lächelte Thaddeus. „Ganz im Gegenteil. In den letzten Monaten bin ich sehr niedergeschlagen und entmutigt gewesen."

„Wie können wir denn aber gehorchen, wenn wir innerlich so zerrissen sind? Wie kann ich wissen, was Gottes Wille für mich ist, was ich in bezug auf Joseph tun soll, wenn ich auf der einen Seite dankbar für dic Trennung bin, mich aber auf der anderen Seite danach sehne, ihn zu finden?"

Beide schwiegen nachdenklich.

„Vielleicht haben Sie gerade eben das Entscheidende gesagt", meinte Thaddeus schließlich. „Vielleicht sollten wir unterscheiden zwischen Dank sagen und dankbar sein, zwischen dem Gefühl der überschäumenden Freude und der bewußten Entscheidung, sich zu freuen. Vielleicht ist es nicht immer möglich, inmitten schmerzlicher Lebensumstände Freude und Dankbarkeit zu empfinden, doch vielleicht können wir ganz bewußt sagen: ‚Ich sage Gott Dank trotz dieser Schwierigkeiten.'"

Ursula dachte eine Weile nach.

„Sie haben recht. Manchmal ist es unmöglich, seine Gefühle in die eine oder andere Richtung zu lenken."

„Und doch, wenn wir aufgefordert sind, uns zu freuen und Dank zu sagen, dann ist das etwas, was wir *tun,* und nicht etwas, was wir *empfinden.* Gott würde uns kein Gebot geben, das wir nicht erfüllen können."

„Wie meinen Sie das?"

„Wenn die Gefühle für uns unkontrollierbar sind, dann kann sich dieses Gebot nur auf den Willen beziehen, auf den Verstand. Dankbarkeit muß dann ein Willensakt sein, nicht eine Frage dessen, was wir fühlen oder nicht fühlen."

„Dann können wir also Traurigkeit und Einsamkeit empfinden ... doch immer noch sagen: ‚Ich will dankbar sein.'"

„Ich denke schon. Wenn ich so darüber nachdenke, wie kann es anders sein? Auch wenn es ein Widerspruch zu sein scheint, können wir sagen: ‚Ich will mich freuen', obwohl wir im Augenblick keine Freude empfinden. Sonst wüßte ich nicht, wie wir diesen Geboten gehorchen könnten. Auch ich habe keine Kontrolle über meine Gefühle. Vielleicht ist das bei einigen Menschen anders, bei mir aber ganz bestimmt nicht. Das einzige, worüber ich wirklich herrsche, ist mein *Wille.* Darum muß der Wille der Ort sein, wo mein Gehorsam entspringt. Wenn uns aufgetragen wird, bestimmte Dinge zu *tun,* dann können wir nur durch unseren Willen gehorchen."

„Wie steht es dann mit dem Gebet um eine Veränderung der Umstände?" fragte Ursula. „Wenn wir uns entscheiden, für unsere *gegenwärtigen* Umstände zu danken, wie können wir dann dafür beten, daß Matthew, Sabrina und Joseph zu uns finden? Bedeutet das nicht, daß unsere Dankbarkeit unvollkommen ist?"

„Hmm … das ist eine schwierige Frage“, meinte Thaddeus lächelnd. „Es scheint ein Widerspruch zu sein.“

„Was ist ein Gebet häufig anderes“, fuhr Ursula fort, „als daß man Gott um eine Veränderung bestimmter Dinge bittet?“

„Ihre Fragen werden immer komplizierter! Aber“, fügte Thaddeus hinzu, „da fällt mir gerade etwas ein. Sehen wir uns doch einmal Jesu Gebet im Garten Gethsemane an. Er bat seinen Vater, daß der Kelch der Kreuzigung an ihm vorübergehen möge. Ganz sicher empfand er in diesem Augenblick keine Dankbarkeit. Er wollte nicht ans Kreuz gehen, und er bat seinen Vater sogar, ihn davor zu bewahren. Und doch schloß er sein Gebet mit dem Satz: *Nicht mein, sondern dein Wille geschehe*. Vielleicht liegt hierin die Antwort, die wir suchen. Als Menschen wünschen wir uns Dinge, von denen wir nicht wissen, ob sie Gottes Wille für uns sind oder nicht. Darum beten wir, sogar für eine Veränderung der Umstände, doch immer mit dem Gedanken: Herr, *dein Wille* geschehe. Ganz bewußt will ich dankbar sein für deinen Willen, wie immer er aussehen mag, und ich will mich freuen, wie immer du mein Gebet auch erhörst.“

„So muß es wohl sein“, seufzte Ursula. „Doch es ist nicht immer leicht, das so zu sehen.“

„Ganz und gar nicht. Auch für Jesus war das nicht leicht. Doch er war uns gegenüber im Vorteil, weil er viel besser wußte, daß die Wege des Vaters für uns immer gut sind. Das ist für uns eigensinnige Menschen, denen es so schwerfällt zu vertrauen, sehr schwer zu lernen.“

Ein langes Schweigen folgte.

Die Dämmerung war schon weit fortgeschritten, und es war kühl geworden.

„Würden Sie mit mir beten, Thaddeus?“ fragte Ursula schließlich. „Ich habe das Bedürfnis, meine Sorgen in die Hände Gottes zu legen.“

„Sehr gern, meine Liebe“, erwiderte Thaddeus ernst.

Sie saßen noch eine Weile schweigend, dann schlossen sie ihre Augen.

„Lieber Gott", betete Ursula, *„ich möchte dir Dank sagen für die Lebensumstände, in die du mich hineingestellt hast, so entmutigend sie von Zeit zu Zeit auch sein mögen. Hilf mir, Herr, doch dankbarer zu sein, und hilf mir, daran zu denken, dir allezeit Dank zu sagen für alles. Ich möchte dir jetzt ganz bewußt Dank sagen."*

Als Ursula fertig gebetet hatte, ergriff Thaddeus das Wort: *„Auch ich, Vater, sage dir Dank. Ich danke dir für diese Zeit der Trennung von Matthew, auch wenn ich im gleichen Atemzug dafür bete, daß du ihn sicher zu mir zurückbringst, zusammen mit Sabrina und ihrem Vater."*

„Amen", fügte Ursula hinzu. *„Beschütze sie, Herr, und wache über ihnen, wo immer sie sein mögen."*

„Und auch Ursulas Verlobten möchten wir dir anbefehlen, Vater", betete Thaddeus. *„Wenn er noch am Leben ist, bitten wir dich, daß du ihn bewahrst und sie durch ein Wunder wieder zusammenführst. Wenn er schon bei dir ist oder du einen anderen Weg für Ursula hast, dann zeige ihr doch, was sie tun soll. Mache es ihr klar, wenn die Zeit für sie gekommen ist, ihre Verlobung als beendet zu betrachten und einen neuen Weg nach deinem Willen zu suchen."*

Während Thaddeus betete, weinte Ursula leise. So lange hatte schon niemand mehr für sie gebetet! Zu wissen, daß sie einem Menschen so wichtig war, daß er für sie betete, war ein unglaubliches Geschenk.

„Gib uns dankbare Herzen, Vater", fuhr Thaddeus fort. *„Gib uns einen dankbaren Willen und dankbare Herzen. Und vor allem vollende deinen Willen in unserem Leben."*

Eine Weile beteten sie noch schweigend weiter.

Mittlerweile war es richtig kalt geworden, und nach einigen Minuten erhoben sich beide und gingen hinein.

„Sie reden fast wie Baron von Dortmann, so wie ich ihn in Erinnerung habe", meinte Ursula lächelnd.

„Ach, meine Liebe", entgegnete Thaddeus, „wie können Sie so etwas sagen? Neben ihm bin ich immer noch ein geistliches Kind!"

„Nicht in meinen Augen. Es ist offensichtlich, daß Gott seit langem bei Ihnen am Werk ist."

„Nun, ich nehme Ihre Worte als ein großes Kompliment.

Obwohl meine Begegnung mit Baron von Dortmann nur von kurzer Dauer war, habe ich ihn die ganze Zeit als meinen geistlichen Mentor betrachtet. Ein Diener kann zwar nicht größer sein als sein Herr, doch ganz sicher wird der Herr in dem Diener zu erkennen sein. Doch jetzt, meine neue und liebe Freundin, ist es spät geworden. So ungern ich Sie ziehen lasse, ich fürchte, es ist an der Zeit, daß ich Sie zu Ihrer Unterkunft im Dorf bringe."

„Oh, Thaddeus", rief Ursula, die Matthews Vater spontan umarmte, „vielen Dank für diesen Tag! Seit langem habe ich mich nicht mehr so wohlgefühlt."

„Ich auch nicht. Und wir haben ja auch noch den morgigen Tag. Ich werde Sie sehr früh abholen und Ihnen Eier à la McCallum servieren!"

„Ich kann es kaum erwarten! Bringen Sie mich schnell zu meinem Quartier, damit ich schlafen und bald wieder aufstehen kann."

„Haben Sie Lust, hinüber zu laufen?" fragte Thaddeus. „Ich glaube, das Mondlicht ist hell genug."

„Oh ja, das klingt herrlich."

Thaddeus holte ihre Mäntel. Als sie das Chalet verließen, hakte sich Ursula bei ihm ein. Von diesem Augenblick an betrachtete der ältere McCallum Rabbi Wissens ältestes Kind als seine inoffizielle Adoptivtochter.

43

Die beiden Ingenieure

Ein solches Gespräch hatte Friedrich Detmold nicht erwartet.

Sein Geschäft waren Gebäude, nicht Verschwörungen. Er war Bauunternehmer, kein Spion. Er ging auch nicht gern ein

Risiko ein. Er war nicht auf der Karriereleiter so hoch geklettert, um dann alles für eine Handvoll Leute aufs Spiel zu setzen, die er nicht einmal kannte.

Zuerst hatte er gedacht, die beiden jungen Ingenieure würden Arbeit suchen. Er hätte eine Personalabteilung für so etwas, sagte er ihnen. Sie sollten ihre Bewerbung dort einreichen.

Sie suchten keine Arbeit, sagten sie – wenigstens nicht im Augenblick. Bei ihrem Anliegen könnte nur er helfen.

„Sie besitzen doch einen kleinen Bauschuppen, nicht wahr?" sagte der junge Mann, der sich als Herr Peters vorgestellt hatte. Er beschrieb das Gebäude ganz genau. „Wir würden diesen Schuppen gern nutzen ... natürlich nur mit Ihrer Erlaubnis."

„Er ist weder zu vermieten noch zu verkaufen", erwiderte Detmold.

„Wir wollen ihn nicht kaufen, auch nicht mieten. Und wir brauchen ihn nur für kurze Zeit."

„Meine Firma nutzt ihn als Lagerraum", wandte Detmold ein. „Im Augenblick habe ich eine Baustelle weniger als einen Kilometer von hier entfernt. Ich kann nicht zulassen –"

„Würden Sie uns wenigstens erst einmal anhören?" unterbrach ihn der andere, ein Bursche mit Namen Kohl.

Detmold war ein bekannter und einflußreicher Geschäftsmann und nur so weit gekommen, weil er zuhören konnte. Er gab jedem eine Chance. Darum lehnte sich Friedrich Detmold auf seinem Stuhl zurück und stimmte zu. Rauswerfen konnte er die beiden immer noch, wenn das, was sie sagten, keinen Sinn machte.

Fünfzehn Minuten später war der erfolgreiche Bauunternehmer sichtlich bewegt. Die Geschichte, die sie ihm erzählt hatten, mußte jeden Mann anrühren, der je eine Frau geliebt hatte.

Wie konnte er ihnen seine Hilfe verweigern, wo es für ihn so leicht war, sie zu gewähren?

„Ich werde mir Ihr Anliegen durch den Kopf gehen lassen",

sagte er am Schluß des Gesprächs und schüttelte den beiden Männern die Hand. „Kommen Sie morgen wieder."

Nach dieser Begegnung war Detmold sehr nachdenklich. Er entdeckte in sich einen lange verborgenen Zorn auf die Russen über das, was sie aus der einst so stolzen deutschen Nation gemacht hatten. Sein Vater war während des Krieges an der russischen Front gefallen, als er versuchte, das Land vor einer russischen Invasion zu beschützen.

Und wofür war er gestorben? Die Russen hatten Polen und den östlichen Teil Deutschlands trotzdem bekommen. Er hatte sie nie gemocht – er mochte sie immer noch nicht, und wenn er jemandem helfen konnte, dem System zu entkommen, dann würde er es tun!

Ja, er würde ihnen helfen!

Auf diese Weise würde er den Tod seines Vaters rächen und gegen diese häßliche Mauer protestieren, die das Recht auf Freiheit verhöhnte.

Als die beiden Männer am folgenden Tag wiederkamen, waren sie hocherfreut. Schon seit Monaten suchten sie das geeignete Gebäude für ihren Plan, und sie hatten gehofft, der Bauunternehmer würde seine Zustimmung geben. Doch nie hätten sie sich träumen lassen, daß der kühle Geschäftsmann, mit dem sie am Tag zuvor gesprochen hatten, jetzt auf einmal so enthusiastisch war.

„Sie können nicht nur meinen Bauschuppen benutzen", sagte Detmold, „ich werde Ihnen auch gern helfen, Ihren Plan durchzuführen, wenn Sie möchten. Ich habe Leute, Ausrüstung ... was immer Sie brauchen."

Kohl und Peters waren außer sich vor Freude und nahmen dieses freundliche Angebot nur zu gern an.

„Es gibt eine Schwierigkeit, für die wir noch keine Lösung gefunden haben", sagte Peters dann.

„Welche?" fragte der Bauunternehmer.

„Wir wissen nicht, wie wir alles mit den Leuten auf der anderen Seite koordinieren sollen. Wir schreiben natürlich, doch die Briefe werden geöffnet und genau überprüft."

„Ich denke, ich kann auch hierbei helfen."

Er erklärte ihnen seinen Vorschlag.

„Ist das denn möglich ... so einfach?“ fragte Kohl erstaunt.

„Das nicht. Aber es läßt sich machen. Ich habe viele Kontakte ... sie würden nie etwas vermuten. Es wird natürlich eine Weile dauern. Aber ich werde noch heute nachmittag alles veranlassen.“

Die drei vereinbarten, sich am folgenden Abend bei Detmold zu Hause zu treffen, wo die beiden jungen Ostdeutschen ihn über alles aufklären wollten, was er wissen mußte.

44
Ein seltsamer Besuch

Wie die Verständigung zustande kam, war und blieb ein Geheimnis.

Alle Beschränkungen der Handelsbeziehungen zwischen der Bundesrepublik Deutschland und der DDR waren beachtet worden. Das Treffen war von mehreren Regierungsbehörden und sogar von der Stasi genehmigt worden. Der Mann erhielt die Erlaubnis, nach Ostdeutschland zu reisen und brauchte erst abends in den Westsektor zurückzukehren. Alles schien in Ordnung zu sein.

Die einzige Frage war ... *warum*?

Warum wollte einer der führenden Bauunternehmer Berlins ihn, Josef Dahlmann, einen einfachen, unauffälligen ostdeutschen Mechaniker sprechen?

Das machte keinen Sinn.

Und doch war es nicht angebracht, zu viele Fragen zu stellen. Er war vorgeladen worden, und man hatte ihm mitgeteilt, daß dem Büro eine Anfrage aus dem Westen zugegangen sei, in dem um eine Unterredung mit ihm gebeten worden sei, und sie hätten zugestimmt. Der Westberliner würde in fünf Tagen zu seinem Haus gebracht werden – natürlich in Begleitung eines Regierungsbeamten.

Während dieser fünf Tage plagte Josef die Frage, ob vielleicht irgend etwas in bezug auf den Fluchtversuch entdeckt worden sei – vielleicht der Lastwagen –, und ob dieses Gespräch vielleicht nicht nur ein Vorwand sei. Vielleicht kamen sie, um ihn zu verhaften? Hatte die Stasi vielleicht das ganze Netzwerk aufgedeckt?

Doch der gute Mann hätte sich keine Sorgen zu machen brauchen. Gegen Mittag kam der Wagen mit dem Beamten der DDR. Er stellte zuerst sich, dann Friedrich Detmold vor.

„Herr Dahlmann", sagte der Bauunternehmer, als die beiden Männer sich die Hände schüttelten. „Zweifellos möchten Sie gern wissen, warum ich gerade Sie ausgewählt habe."

Josef nickte und rechnete schon fast damit, von einem Beamten der Vopo oder Stasi festgenommen zu werden.

„Ich bin Bauunternehmer, wie Ihnen sicher mitgeteilt worden ist", fuhr Detmold fort. „Ich brauche Ihren Rat bei einer großen Baumaschine."

„Bitte, kommen Sie doch herein", sagte Josef.

„Ich würde Ihnen natürlich gerne helfen", sagte er und bot den beiden Gästen einen Platz an, „aber wie … wie haben Sie von mir erfahren? Ich repariere vorwiegend Lastwagen und Autos."

„Und große Landmaschinen, wenn ich recht unterrichtet bin."

„Ja … das, äh, … stimmt, aber –"

„Sehen Sie, Herr Dahlmann", sagte der Bauunternehmer, „ich weiß von Ihnen, und das sollte genügen. Sie gelten bei denen, von denen ich gesprochen habe, als Experte für die Art von Maschine, die im Augenblick nicht funktioniert. Ganz einfach – ich bin gekommen, um mir von Ihnen Rat zu holen, damit ich mein Projekt durchführen kann."

„Ich verstehe zwar immer noch nicht", meinte Dahlmann verwirrt. „Doch … doch selbstverständlich werde ich tun, was in meiner Macht steht, um Ihnen zu helfen."

„Gut … ausgezeichnet!" erwiderte Detmold begeistert.

Er blickte sich im Zimmer um.

„Vielleicht würde unser – äh, Genosse hier", sagte er und deutete auf den Regierungsbeamten, „gern eine Tasse Kaffee oder Tee trinken, während wir die technische Seite der Angelegenheit erörtern."

„Natürlich. Angela!" rief Josef.

Kurze Zeit später erschien seine Schwester. Josef stellte sie den Herren vor. Angela war genauso verwirrt wie ihr Bruder, und sie konnte nicht wissen, daß sie selbst der Grund für diese ganze Scharade war.

„Angela", sagte Josef, „würdest du den Herren wohl Tee und Kaffee kochen?"

Sie nickte und versuchte zu lächeln. Ihre Nervosität war nur allzu offensichtlich. Sie ging in die Küche, um der Bitte nachzukommen.

Detmold zog nun zwei Blätter aus der Tasche. Auf dem einen begann er mit der Zeichnung. Josef verstand nicht das geringste, doch er bemühte sich nach Kräften, den technischen Einzelheiten zu folgen, bis der Tee und der Kaffee serviert wurden.

Während Angela ihre Tassen füllte, schrieb der Bauunternehmer einen Satz aufs Papier. Detmold suchte ihren Blick und wies mit dem Stift darauf: „Bitten Sie ihn in die Küche."

Ein fragender Blick trat in Angelas Augen.

Unmerklich deutete Detmold mit dem Kopf zu dem dritten Mann im Zimmer, der gerade genüßlich seinen Kaffee trank.

„Vielen Dank, mein Fräulein", sagte Detmold betont freundlich. „Wo waren wir stehengeblieben?" fügte er an ihren Bruder gewandt hinzu und fuhr mit seinen Ausführungen fort.

„Bitte, mein Herr", hörten sie Angela zu dem Beamten sagen, „würden Sie so freundlich sein und mir helfen, einige Kekse aus der Küche hereinzubringen?"

„Äh, aber … aber selbstverständlich, mein Fräulein", erwiderte der Mann etwas verwirrt.

Er erhob sich und folgte ihr in die Küche.

Sobald er fort war, begann Detmold zu flüstern.

„Passen Sie gut auf, Dahlmann“, sagte er kaum hörbar, „wir haben nicht viel Zeit. Ich arbeite mit Franz, Ihrem Schwager, zusammen. Die Maschine, die ich gerade beschreibe, soll einen Tunnel graben – verstehen Sie mich?“

Während er sprach, flog sein Bleistift übers Papier, und innerhalb weniger Sekunden war aus den Strichen, die er gezeichnet hatte, eine Karte geworden.

Mit weit aufgerissenen Augen nickte Dahlmann.

In Windeseile vervollständigte Detmold die Karte und fügte die notwendigen Einzelheiten hinzu. In weniger als einer Minute standen auf dem Blatt Datum, Straßennamen und Anweisungen, denen seine Schwester und ihre Freundin folgen sollten. In einer Ecke befand sich die Skizze eines Pflanzenstengels mit winzigen Blättern und Blüten.

Als Detmold Angela und den Beamten zurückkommen hörte, faltete er das Blatt schnell mehrmals zusammen und steckte es Dahlmann zu. Dann fuhr er auf dem zweiten Blatt mit seiner Zeichnung einer großen Raupe fort.

„Ich habe die Erlaubnis, Sie noch einmal zu sehen. Falls es eine Änderung im Zeitplan gibt, werden Sie die Nachricht erhalten, daß die Maschine immer noch nicht richtig arbeitet. Ansonsten läuft alles so, wie ich es aufgeschrieben habe.“

„Da sind auch noch andere“, flüsterte Josef.

„Sie werden warten müssen“, kam die geflüsterte Antwort. „Wenn das gelingt, werde ich Sie benachrichtigen. Wer immer sie sind, sie müssen sich bereithalten.“

45
Vorbereitungen – UdSSR

Er wollte es Stojidowitsch sagen. Der alte Fotograf war immer sehr freundlich zu ihm gewesen. Und sie teilten ein Geheimnis, das sonst niemand auf der Welt wußte.

Doch im Augenblick ist der alte Jude sicherer, dachte Joseph Aviz-Rabin alias Leon Bankow, *wenn er nicht in meine Pläne eingeweiht ist.* Wenn er eines Tages nicht zur Arbeit erschien, würde sein Chef genauso verwirrt sein wie alle anderen. Falls Fragen gestellt wurden, könnte er ganz ehrlich antworten, daß er nichts über das Verschwinden seines Assistenten wußte.

Vielleicht konnte Joseph jedoch einen Weg finden, ihm zu sagen, daß er ihn mochte, auch wenn er ihm nichts von seinen Plänen erzählen konnte.

Der junge Lehrling Paskow könnte mehr Ärger machen.

Er war noch nicht in die Lethargie seiner Landsleute verfallen. Joseph hatte den Blick in seinen Augen gesehen. Er kannte ihn gut, obwohl er Zweifel hatte in bezug auf die Sache, der Paskow sich verschrieben hatte. Joseph wußte, daß der junge Bursche alles andere als begeistert gewesen war, als Stojidowitsch ihn nach seiner Entlassung aus dem Gefängnis wieder eingestellt, und ihn sogar noch über seinen jüngeren Mitarbeiter gestellt hatte.

Seit mehreren Tagen hatte er den Lehrling nun schon nicht mehr gesehen.

Heute sollte er einen Mann treffen, der Menschen in Schwierigkeiten half – Menschen wie Joseph. Er hatte schon mit ihm zusammengearbeitet, doch Einzelheiten über die Arbeit des Mannes kannte er nicht. Er hatte es auch nie wissen wollen.

Das war jetzt anders. Er war derjenige, dessen Flucht vorbereitet werden mußte.

„Sie haben … nichts dagegen, durch Christen hinausgeschleust zu werden?" fragte der Mann, nachdem die wichtigsten Dinge besprochen worden waren.

„Nein, warum sollte ich?" fragte Joseph.

„Ich weiß, daß Sie Zionist sind. Das haben Sie mir früher einmal erzählt. Einige von euch sind, sagen wir, in Glaubensdingen ziemlich radikal eingestellt."

„Ich nehme jede Hilfe in Anspruch, die ich bekommen kann", lachte Joseph.

„Ich bin froh, das zu hören", erwiderte der Mann.

„Außerdem bin ich selbst nicht mehr halb so radikal in meinen Überzeugungen wie früher. Für jeden Menschen kommt einmal die Zeit, wo er seine Ansichten noch einmal ganz neu überdenkt."

Der andere lächelte. „Sie werden vielen Menschen begegnen, bevor Sie am Ziel Ihrer Reise ankommen, Juden, aber auch Menschen ganz anderer Art."

„Warum haben Sie nach Christen gefragt?"

„Es gibt verschiedene Wege und Untergrundverbindungen, die genutzt werden können. Ich habe eine kleine Gruppe von Christen in Polen im Sinn. Ich denke, in Ihrem Fall werden sie am verläßlichsten sein. Ich werde sie sofort benachrichtigen, um zu sehen, ob sie bereit sind zu helfen."

„Ob sie bereit sind?"

„Sie haben teilweise etwas seltsame Vorstellungen. Selbst habe ich noch nie mit ihnen zu tun gehabt, doch ich habe einen Bekannten, der zu ihnen Verbindung aufnehmen kann. Sie sind, wie er sagt, recht heikel in bezug auf die Leute, denen sie helfen. Doch ich bin zuversichtlich, daß das in diesem Fall kein Problem sein wird. Und sie sind unsere besten Leute hier und in Warschau."

„Und danach?"

„Wenn Sie erst einmal bei ihnen angekommen sind, haben wir nichts mehr mit der Angelegenheit zu tun. Ich habe keine Ahnung, was als nächstes geschieht. Sie übernehmen den Transport über die polnische Grenze."

„Dann reichen Ihre Verbindungen also nicht bis nach Deutschland hinein?" fragte Joseph.

„Doch, doch. Unser eigenes Netzwerk hat Verbindungen bis nach Berlin. Doch es ist am besten, die Fluchtrouten immer wieder zu verändern. Seit dem Mauerbau ist die Gefahr viel größer."

„Sie haben mir immer noch nicht den Namen Ihrer Organisation genannt. Ist es die JDC ... oder die Rose?"

Der Mann lächelte.

„Keine von beiden, fürchte ich."

Joseph wartete.

„Ich habe keine Organisation hinter mir", kam schließlich die Antwort.

„Aber ich dachte ..."

„Ich bin allein und versuche, soweit es in meinen Kräften steht, den Kindern Gottes zu helfen. Doch falls Sie irgendeiner dieser Gruppen, die Sie genannt haben, übergeben werden, sind Sie in guten Händen."

„Dann haben Sie also Verbindung zu ihnen?"

„Nur entfernt."

„Ist es möglich, daß ich an sie weitergegeben werde?"

„Natürlich. Alle diese Organisationen, sei es nun die JDC oder die Rose, oder wer auch sonst, stehen miteinander in Verbindung. Viele Menschen, die ihre Häuser zur Verfügung stellen, arbeiten mit allen Organisationen zusammen, die ihre Hilfe brauchen."

„Und Sie ... was ist mit Ihnen? Trotz der ganzen Zeit, in der wir uns nun schon kennen, weiß ich immer noch nicht Ihren Namen."

Wieder lächelte der Mann.

„Vorsicht und Klugheit, Herr Tsankow", sagte er. „Aus demselben Grund kenne auch ich Ihre richtige Identität nicht."

„Nun, ich will es Ihnen sagen", erklärte Joseph. „Ich muß es jemandem sagen, bevor ich gehe ... ich *möchte* es jemandem sagen, und mein Instinkt sagt mir, daß ich Ihnen trauen kann. Ich bin Joseph Aviz-Rabin, Jude vom Stamme Juda. Mit Ihrer Hilfe hoffe ich, das Land meines Volkes zu erreichen."

„Ich werde beten, daß es Ihnen gelingt, Joseph", erwiderte

der andere. „Auch ich fühle mich Ihnen brüderlich verbunden. Sie sollen meinen Namen erfahren, und durch Gottes Gnade werden Sie vielleicht für mich beten, wie ich für Sie bete. Ich heiße Dmitri Rostowtschew. Ich bin Christ."

Er beugte sich vor, nahm Josephs Hand und schüttelte sie herzlich.

„Werde ich Sie wiedersehen?" fragte Joseph.

„Erst am Tag Ihrer Abreise. Können Sie sich heute in vier Tagen bereithalten?"

„Ich werde bereit sein."

„Haben Sie einen Wagen?"

Joseph schüttelte den Kopf.

„Wir werden Ihnen einen besorgen. Wir haben einen, den wir für den Weg zur Grenze einsetzen. Zwar ist er alt, doch ich denke, er wird Sie sicher nach Warschau bringen. Dann werde ich auch alle notwendigen Papiere bereithalten. Sie werden allein nach Polen fahren."

„Und wenn die Christen, von denen Sie gesprochen haben, mir nicht helfen wollen?"

„Dann werde ich andere Vorkehrungen treffen. In jedem Fall seien Sie bereit, und treffen Sie mich hier in vier Tagen. Ich bin zuversichtlich, daß sie Ihnen gern helfen werden."

„Warum?"

„Weil ich ihnen sagen werde, daß es Gottes Wille für Sie ist, sie kennenzulernen."

„Woher wollen Sie das wissen?"

„Gelegentlich habe ich das im Gefühl."

„Sie sind ein faszinierender Mann, Dmitri Rostowtschew."

„Das sagte man mir schon einmal", lächelte Dmitri.

„Ich bin nicht sicher, daß ich Sie verstehe."

„Das auch!"

„In jedem Fall danke ich Ihnen, daß Sie mir helfen wollen. In vier Tagen werde ich hier sein."

„Gott beschütze Sie, Joseph."

46
Vorbereitungen – DDR

Ungläubig starrten Josef und Angela das Papier an, das der Bauunternehmer ihm in die Hand gedrückt hatte.

Konnten sie ihm trauen?

Wenn dies nun eine Falle war? Wenn nun alles mit dem Fluchtversuch, dem Lastwagen und dem Netzwerk zu tun hatte?

Und doch ... wenn sie jemals von hier fliehen wollte, mußte sie Risiken eingehen, sagte sich Angela.

Dahlmann schlug vor, diese Angelegenheit mit Erich zu besprechen. Das taten sie auch. Auch er hatte Vorbehalte. Auf der anderen Seite, hätte Detmold so viel über die Männer gewußt, wenn er nicht wirklich mit ihnen gesprochen hatte?

Am meisten überzeugt hatte sie die Zeichnung von der Pflanze und der Satz, den Detmold daneben geschrieben hatte: „Franz sagte, Sie sollten an den Spaziergang in der Heide denken."

„Niemand sonst kann etwas von diesem Tag wissen", sagte Angela, „und ganz bestimmt kein DDR-Beamter. Die Botschaft *muß* von Franz kommen."

„Bist du bereit, deine Freiheit dafür aufs Spiel zu setzen?" fragte ihr Bruder.

Angela dachte einen Augenblick nach, dann nickte sie.

„Was ist die Freiheit wert, wenn ich nicht bei ihm sein kann?" antwortete sie. „Wie frei bin ich, wenn ich nicht bei meinem Mann sein kann? Ja, ich bin bereit, das Risiko einzugehen."

Sie machte eine Pause, dann lächelte sie.

„Es ist von ihm", fügte sie hinzu und blickte auf das Papier. Sie betrachtete die Zeichnung und dachte an den Tag, den sie zusammen mit Franz verlebt hatte. Diese Zeichnung war fast so gut, als wenn er ihr einen richtigen Heidebüschel gebracht hätte! Ja, dies kam von Franz – wie hatte sie auch nur einen Augenblick daran zweifeln können?

Erich und ihr Bruder konzentrierten sich jedoch auf die Zeichnung der Mauer, den vorgeschlagenen Tunnel und die Instruktionen, die darauf standen. Ganz sicher war dies der ausgefallenste Fluchtplan, von dem sie je gehört hatten!

Wagemutig … sehr riskant … aber einfach genial!

„Der Zeitplan ist das A und O der Sache“, kommentierte Erich. „Nur eine Minute Verzögerung … hmm“, fügte er nachdenklich hinzu. „Vielleicht könnte mein Cousin helfen, wenn sie erst einmal in Berlin sind.“

Ein Lächeln breitete sich auf seinem Gesicht aus.

„So wie ich Hermann kenne, wird er nur allzu gern bereit sein, bei einem so klug ausgedachten Plan mitzuhelfen, vor allem nach dem letzten Fehlschlag. Die Vopos zu überlisten, bereitet ihm immer ein ganz besonderes Vergnügen.“

Damit hatte Erich das größte Risiko angesprochen. Alles würde direkt unter den Augen der Grenzposten vonstatten gehen! Es war so verrückt, stellte Dahlmann fest, nachdem sie die Einzelheiten des Plans studiert hatten, daß es tatsächlich funktionieren konnte.

„Wir dürfen dieses Blatt nicht behalten“, sagte Erich. „Ich schlage vor, wir lesen es noch einmal genau durch, damit wir genau wissen, was Angela und ihre Freundin zu tun haben, lernen es auswendig … und verbrennen es dann. Es aufzuheben wäre zu gefährlich. Wir dürfen diesen Burschen vom KGB nicht vergessen, der hier herumschnüffelt. Immerhin werden wir immer noch überwacht.“

Die beiden anderen waren einverstanden, und am Ende des Tages existierte das Papier nur noch in ihren Köpfen.

Nachdem Angela ihre anfängliche Zurückhaltung überwunden hatte, konnte sie es kaum erwarten, Martins Frau zu besuchen und ihr die Neuigkeiten mitzuteilen. Dann mußte sie nach Kehrigkburg, um mit ihrer neuen Freundin Sabrina zu sprechen. Denn falls der Plan gelang, wäre der Inhalt des Papiers auch für sie wichtig.

Aufgeregt unterhielten sich die beiden eine Zeitlang.

Sabrina freute sich unsagbar für Angela. Sie wußte nur zu gut, was es bedeutete, von dem Mann, den man liebte, getrennt zu sein.

„Ich möchte zu gern wissen, warum euer Spaziergang in der Heide für Franz und dich so wichtig ist", sagte Sabrina.

„Es war der Tag, an dem er mich gebeten hat, ihn zu heiraten", lächelte Angela.

„Wie romantisch – stand die Heide in Blüte?"

„Ja, alles war violett. Es war ein so wunderschöner Tag. Wir sind stundenlang spazierengegangen."

„Weißt du deshalb, daß die Nachricht des Bauunternehmers von ihm stammt?"

„Niemand sonst weiß etwas davon. Aber ...", fügte sie hinzu, „da war noch etwas anderes."

„Was?" fragte Sabrina.

„An diesem Tag sagte Franz, falls wir jemals getrennt würden – er sagte, in diesen Zeiten wüßte man nie, was passierte ... es ist fast so, als hätte er die Ereignisse vorausgeahnt ..."

Angela unterbrach sich und seufzte nachdenklich. Sabrina wartete geduldig ab.

„Er sagte, falls irgend etwas passieren sollte, würden wir uns gegenseitig einen Büschel Heidekraut schicken, als Zeichen unserer Liebe. Ich glaube, er war damals einfach nur romantisch ... doch jetzt sind wir tatsächlich getrennt, und dann kommt eine seltsame Nachricht von einem Mann, den wir überhaupt nicht kennen ... und er sagt mir, ich solle an den Spaziergang in der Heide denken. Das muß von Franz stammen!"

Sabrina lächelte. Auch sie hatte ähnliche Erinnerungen.

Sie unterhielten sich noch ein wenig, doch schon bald war es Zeit für Angela, nach Großbeeren zurückzukehren.

„Du mußt meine Freundin benachrichtigen", sagte Sabrina, als sie sich trennten.

„Ich verspreche es", erwiderte Angela. „Sie wird die erste sein, die ich anrufe."

47
Kriecher

Das Geschäft mit dem Verrat war in den Ländern, die im Einzugsbereich der Sowjetunion lagen, sehr weit verbreitet und sehr lukrativ. Informationen waren die Handelsware. Voraussetzung für den Erfolg war die rücksichtslose Bereitschaft, die Geheimnisse all derer zu verraten, an denen die Behörden interessiert waren. Ein waches Auge für Einzelheiten und persönliche Gewohnheiten war sehr hilfreich.

Zam Paskow, der Lehrling des Fotografen, wußte genau, welche Art von Informationen gut bezahlt wurde. Schon mit sechzehn Jahren hatte er angefangen, sich etwas Geld nebenher zu verdienen, indem er seine Augen und Ohren offenhielt. Es gab etwa ein Dutzend KGB-Agenten der unteren Ebene, mit denen er in Verbindung stand, und etwa zwei oder drei andere Regierungsbeamte. Wenn er sagte, er hätte etwas, würden die meisten von ihnen alles stehen und liegen lassen, um ein Treffen mit ihm zu vereinbaren. Gewöhnlich brachten seine Informationen nur wenige Rubel. Doch er lernte hinzu und füllte allmählich seine Taschen mit dem Geld, das er für seine Informationen erhielt.

Es war ein gefährliches Spiel, und Paskow wußte das. In diesem Teil der Welt gab es nur einen Zaun, und der hatte nur zwei Seiten. Die auf der einen Seite würden nie etwas erreichen, nie etwas haben. Das war kein Leben für ihn. Wenn man auf der Seite des Zauns leben wollte, wo die Chancen lagen, mußte man sehr vorsichtig sein. Man stand immer in der Gefahr, selbst verraten und verkauft zu werden.

Als in der vergangenen Woche die Nachricht verbreitet wurde, daß der KGB auf Informationen aus war, kam ihm wieder etwas in den Sinn, das auf der Arbeit passiert war. Je mehr er darüber nachdachte, desto mehr wurde ihm klar, daß dies vielleicht genau das war, wonach der KGB suchte.

Seine Information konnte ihm den Weg ebnen zur nächsten

Stufe auf der Leiter des Erfolgs, dachte Paskow, als er zu dem Treffen ging, das er für diesen Abend verabredet hatte.

Diesmal mußte er allerdings sehr vorsichtig vorgehen. Nicht, daß seine Arbeit schlecht gewesen wäre, selbst wenn er diesem Tsankow unterstellt war. Wenn sich nun beide gegen ihn wandten und hinauswarfen? Ohne Arbeit dazustehen, war bestimmt kein guter Tausch. Er mußte sichergehen, daß er weiterbeschäftigt würde, und daß er genug Geld bekam, um auch eventuelle Schwierigkeiten bewältigen zu können.

Auf der anderen Seite – wenn die beiden fort waren, könnte er vielleicht sogar aufsteigen; vielleicht übertrug man ihm sogar die Verantwortung für den ganzen Bereich.

Solchen Gedanken nachhängend erreichte er den Eingang zum Gorkogo-Park, wo er sich auf die vereinbarte Bank setzte. Er brauchte nicht lange zu warten.

„Sie sagten, Sie hätten Informationen, Paskow?“ fragte ein Mann, als er herankam. Sie brauchten sich nicht zu bemühen, ihr Gespräch geheimzuhalten, wie sie es vielleicht in Washington, London oder sogar Berlin getan hätten. Sie waren in Moskau, und der Mann gehörte dem KGB an. Er hatte keine Angst vor einem Niemand wie Paskow.

„Was ich habe, ist für Ihre Leute sehr wichtig, Kapp. Es ist eine Menge wert.“

„Sie werden bezahlt wie immer.“

„Ich habe in Erwägung gezogen, die Information Korskajew persönlich zu überbringen.“

„Ha!“ lachte der andere. „Sie würden nie vorgelassen werden. Wenn Sie das täten, würden Sie auf der Stelle verhaftet werden.“

„Nicht bei dem, was ich habe.“

„Sie kennen Korskajew nicht so gut wie ich.“

„Ich erwarte eine gute Bezahlung.“

„Feilschen Sie nicht mit mir, Paskow, sonst schneide ich Ihnen die Kehle durch“, gab der Mann mit Namen Kapp kurz zurück.

„Wieviel?“ fragte der junge Möchtegern-Spion und trat

unwillkürlich einen Schritt zurück. Es war nicht gut, den Mann zu verärgern.

„Zehn Rubel."

„Zehn! Meine Information ist zehnmal mehr wert."

„Das sagen Sie. Ich werde Ihnen zwanzig geben."

„Fünfzig", handelte Paskow. „Falls ich Sie beschwindelt habe, können Sie mir die Kehle durchschneiden. Wenn es so ist, wie ich sage, dann geben Sie mir die hundert, die ich gefordert habe."

Der Agent beäugte ihn skeptisch, jedoch mit der Andeutung eines Lächelns. Der Bursche war mutig! Für jemanden, der so jung war, hatte er schnell gelernt, wie die Männer des KGB zu denken. Er war geneigt, das Angebot anzunehmen. Er mochte Menschen wie ihn.

„Mit dreißig bin ich einverstanden", sagte Kapp.

„Es hat vielleicht mit den Fotos zu tun, die ihr sucht", bemerkte Paskow bedeutungsvoll. „Mit den *verschwundenen* Fotos ... von Juden."

„Woher wissen Sie davon?" fragte der Agent ärgerlich.

„Ich habe so meine Quellen, genau wie der KGB", erwiderte Paskow. Tatsache war, daß er überhaupt keine Quellen hatte. Ein anderer, dem er gelegentlich Informationen verkaufte, war auf ihn zugekommen und hatte ihn gebeten, seine Ohren offenzuhalten. Es ging um Fotos, die wahrscheinlich vom jüdischen Untergrund gestohlen worden waren. Er hatte zwei und zwei zusammengezählt und hoffte, daß es da eine profitable Verbindung gab. Kapps Reaktion zeigte ihm, daß er recht gehabt hatte, und daß die Entscheidung, ihm seine Informationen zu verkaufen und nicht dem anderen, klug gewesen war. Der andere hätte bestimmt nicht mehr als fünfzehn Rubel bezahlt.

„Falls das, was Sie sagen, stimmt", gab der Agent zurück, „werde ich fünfzig Rubel bezahlen. Denken Sie nur an den anderen Teil unseres Abkommens."

„Das ist mir gut in Erinnerung geblieben – weitere fünfzig, wenn alles, was ich sage, stimmt."

„Seien Sie nicht zu gierig; das ist ungesund, Paskow", entgegnete der andere. „Ich meinte die andere Hälfte unseres Abkommens – das, was ich mit Ihnen tun werde, wenn Sie mich angelogen haben."

„Dann haben wir also ein Abkommen?"

„Ja."

„Dann zeigen Sie mir die fünfzig Rubel."

Kapp zog ein Geldbündel aus der Tasche. Es war mehr Geld, als Paskow je auf einmal zu Gesicht bekommen hatte. Nur mit Mühe riß er sich von diesem Anblick los.

Mit vor Gier zitternder Hand nahm er das Geld und versteckte es in seiner Tasche.

Dann zog er einen Zettel aus der Tasche und reichte ihn Kapp.

„Was ist das?" fragte Kapp.

„Etwas, das ich an meinem Arbeitsplatz im Papierkorb gefunden habe."

Die Augenbrauen des Mannes zogen sich zusammen; fragend blickte er seinen Informanten an.

„Was ist das, Paskow – wollen Sie, daß ich Ihnen die Kehle durchschneide? Das ist doch nur das Gekritzel von jemandem, der gerade nichts besseres zu tun hatte."

„Das ist die Handschrift meines Chefs", erklärte Paskow, als würde diese Tatsache Licht auf die ganze Angelegenheit werfen.

„Was hat das denn damit zu tun?"

„Erkennen Sie denn nicht dieses Emblem da, auf der rechten Seite?"

Der Mann blinzelte wieder.

„Ein ... Stern."

„Ein Davidsstern", sagte Paskow.

„Hmm ... ja, das ist interessant", gab der Agent zu. „Ja, das haben Sie gut gemacht, Paskow. Sie haben die Identität Ihres Chefs aufgedeckt", fügte er verständnisvoll hinzu. „Sie denken, er ist Jude?"

„Ich denke, daß es sehr wahrscheinlich ist."

Auf einmal änderte sich der Tonfall des Mannes abrupt. „Und wenn schon?" brüllte er und packte den jungen Mann beim Kragen. „Haben Sie das noch nicht mitbekommen – Generalsekretär Chruschtschow mag die Juden. Sie werden nicht mehr verhaftet. Wir entlassen sie jetzt sogar aus dem Gefängnis! Sie Idiot! Wofür halten Sie mich denn? Das ist gar nichts! Lassen Sie ihn doch Jude sein – wen interessiert das schon? Geben Sie mir das Geld zurück! Vielleicht schneide ich Ihnen dann die Kehle nicht durch!"

„Bitte ... bitte – das ist ja noch nicht alles", krächzte Paskow.

Kapp lockerte seinen Griff.

„Natürlich, ich ... ich weiß, daß das allein betrachtet gar nichts zu bedeuten hat", stotterte der Lehrling. „Aber ... aber ich ... ich habe vor einigen Tagen ... ich habe gehört, wie er mit dem anderen Mann, der dort arbeitet ... sie haben geflüstert ... sie wußten nicht, daß ich sie hören konnte."

„Der andere Mann ... wie heißt er?"

„Tsankow."

„Weiter, Paskow ... weiter", sagte der Agent, dessen Interesse wieder geweckt war.

Paskow entspannte sich, atmete tief durch und fuhr dann fort.

„Ich war etwa eine Woche nicht auf der Arbeit gewesen. Als ich zurückkam, schickte der alte Mann mich in die Dunkelkammer. Er wird alt ... ich glaube, er vergaß, daß ich dort war. Dann kam Tsankow herein – das ist der andere Mann in der Abteilung, ein Jude, wie er im Buche steht. Er war draußen gewesen. Er wußte nicht, daß ich da war. Er begann zu sprechen ... sie sprachen zwar leise, doch ich hörte, wie er sagte, er hätte Stojidowitsch sehr gern und würde niemals vergessen, was er für ihn getan hätte."

„Warum hat er das gesagt?"

„Ich weiß es nicht."

„Was noch?"

„Sie flüsterten weiter ... es hörte sich so an, als würden sie Abschied nehmen, aber warum weiß ich nicht. Es steht keine geschäftliche Veränderung bevor. Und dann sagte der alte Mann – mittlerweile stand ich an der Tür zur Dunkelkammer und hörte aufmerksam zu, ich habe mich also bestimmt nicht verhört – ich hörte ihn also sagen: ‚Was ist mit den Fotos?' Tsankow erwiderte etwas, doch er stand mit dem Rücken zur Tür, und ich konnte ihn nicht verstehen. Dann sprach der Alte wieder. ‚Hast du sie in sichere Hände übergeben?' und ... ‚Hast du noch etwas davon gehört?'"

Paskow brach ab. „Das ist alles", sagte er. „Ich glaube, daß Tsankow gemerkt hat, daß ich da war, denn er sagte nichts mehr. Sie machten mit ihrer Arbeit weiter, und ich schlich mich zurück an meinen Platz. Das war vor zwei Tagen. Gestern abend habe ich Sie angerufen."

„Warum haben Sie nicht sofort Verbindung zu mir aufgenommen?" fragte Kapp ärgerlich.

„Ich ... ich habe es ja versucht", log Paskow, „aber ich konnte Sie nicht erreichen." Tatsächlich hatte er einen Tag gebraucht, um zu überlegen, wie er diese Information am besten verwerten konnte.

Der Agent hatte sich wieder beruhigt. Ihm war klargeworden, daß die Information, die er gerade erhalten hatte, genau das war, was sein Vorgesetzter schon seit fast einem Jahr suchte. Wenn er derjenige war, der das fehlende Puzzleteilchen einfügen konnte ...

Seine Gedankengänge wurden durch Paskows Stimme unterbrochen.

„Ist diese Information nicht hundert Rubel wert?" fragte er.

Kapp blickte ihn mit einer Mischung aus Verachtung und ungläubigem Respekt an.

„Keine Sorge, Paskow", sagte er. „Falls dies uns zu den Fotos führt, werden Sie die anderen fünfzig bekommen."

48

Vater und Tochter

Vom Fenster ihres Zimmers aus hatte Sabrina ihren Vater durch die Felder wandern sehen.

Früher war er immer ein Frühaufsteher gewesen, doch hier bei den Mennoniten war er noch nie so früh aufgestanden.

Sie sah, daß er tief in Gedanken versunken war … oder ins Gebet. Er mochte älter geworden sein, doch vieles, was sie an ihm so sehr liebte, würde sich niemals ändern. Sie merkte sofort, wenn ihn etwas beschäftigte.

Den ganzen Morgen über hielt er sich von den anderen fern, und auch beim Mittagessen war er noch auffallend zerstreut.

Sabrina wußte, daß sie mit ihm reden mußte, allein, unter vier Augen. Als sie ihn am Nachmittag auf die Wiese hinter der Scheune zugehen sah, entschuldigte sie sich bei Frau Möller und lief hinter ihm her.

„Hallo, Papa", sagte sie, als sie ihn eingeholt hatte.

„Ah, Tochter!" rief der Baron erfreut und drehte sich zu ihr um. „Ist es nicht wundervoll, wieder einmal über Gras und Erde zu gehen!"

„Das ist es, Papa."

Zusammen gingen sie weiter. Der Baron begann leise zu lachen.

„Was ist los, Papa?"

„Ich dachte gerade an einen Spaziergang, den wir beide vor vielen Jahren gemacht haben."

„Wir haben viele Spaziergänge gemacht."

„Ich habe an einen bestimmten gedacht – wir haben uns über die Erde unterhalten."

„Ich kann mich noch gut daran erinnern", meinte Sabrina lächelnd.

„Was habe ich gesagt?"

„Daß Leben und Geheimnis in diesem Ding, das wir Erde

nennen, verborgen liegen, daß dieses alltägliche Ding alle Pflanzen auf Gottes Erdboden zum Leben erweckt."

Nun mußte der Baron wirklich herzlich lachen.

„Was für ein Gedächtnis du hast! Das hört sich tatsächlich so an, als hätte ich es gesagt."

„Das hast du auch. Das waren deine Worte, Papa. Ich habe diesen Spaziergang nie vergessen. Du hast mit mir über Rosen und Erde und Eidotter und die Wahrheit gesprochen."

„Es ist schön, daß du dich noch daran erinnerst. Mehr noch, du ehrst mich, indem du dich daran erinnerst."

„Ich habe immer große Ehrfurcht vor deinen Worten gehabt, Papa. Darum sind sie mir auch im Gedächtnis geblieben. Was ich vom Leben, der Wahrheit und unserem Vater im Himmel weiß, habe ich von dir gelernt. Du hast mir das kostbarste Geschenk gemacht, das jemand von einem anderen bekommen kann."

„Was ist das, Sabrina?" fragte ihr Vater ernst.

„Das Leben ... und die Wahrheit. Die Wahrheit darüber, wer der himmlische Vater ist und wie er im Leben seiner Kinder Raum gewinnt. Sicher weißt du, was ich meine, Papa."

„Ich denke schon. Doch jeder drückt solche Dinge anders aus, und ich möchte hören, was du darüber sagst."

„Von dir habe ich gelernt, hinter alles zu blicken, hinter die Lebensumstände, hinter jede Blume, jeden Sonnenuntergang, jeden Augenblick, jede Notsituation und vor allem hinter das Äußere eines Menschen – um nach Beweisen für Gottes schöpferische Gegenwart zu suchen. Der göttliche Fingerabdruck, wie du das so gern genannt hast."

Eine Weile gingen sie schweigend weiter. Jeder dachte auf seine Weise an die Vergangenheit. Es war jedoch die Zukunft, die auf ihnen beiden lastete.

„Worüber hast du heute nachgedacht, Papa?"

„Wie kommst du darauf, daß ich über etwas nachgedacht habe?"

„Ich weiß es, Papa."

Der Baron lächelte. „Mit jedem Jahr bekommst du mehr

Ähnlichkeit mit deiner Mutter", sagte er. „Sie konnte auch in mir lesen wie in einem Buch."

Sabrina lächelte und wartete ab. Der Baron wußte, daß sie nicht lockerlassen würde.

„Willst du, daß ich versuche, meine eigene Frage zu beantworten?" fragte Sabrina schließlich vorsichtig.

„Kennst du mich wirklich so gut?"

„Dir gefällt es hier", sagte Sabrina. „Diese Leute, bei denen wir leben, die Arbeit auf den Feldern, die Wiesen, durch die du wandern kannst, die Erde, die du dir durch die Finger rinnen lassen kannst – irgend etwas sagt mir, daß dir der Gedanke an die Flucht zu schaffen macht, Papa."

Der Baron seufzte. Seine Tochter war wirklich eine gescheite Frau! „Dies ist meine Heimat, Sabrina", sagte er. „Ostdeutschland – diese Erde, diese Felder. Seit jener Nacht, als wir aus unserem geliebten *Lebenshaus* geflohen sind, habe ich mich nicht mehr so zu Hause gefühlt."

„Und du denkst darüber nach hierzubleiben, nicht wahr, Papa?"

„Was bedeutet mir schon die Politik? Ich weiß, für Matthew ist das sehr wichtig, doch ich bin ein alter Mann, Sabrina. Mein Leben ist fast vorbei. Solange ich meinen Vater im Himmel lieben kann, bin ich überall zufrieden. Und ..." fügte er hinzu, „Arndt hat mir angeboten, mich hier in ihrer kleinen Gemeinschaft aufzunehmen."

„Ich wußte es, Papa", sagte Sabrina.

„Er sagt, ich würde hier in Sicherheit sein, und ich würde sogar ein Stück Land bekommen, das ich selbst bearbeiten könnte."

„Ich bin sicher, du würdest dabei sehr glücklich sein."

„In den letzten Tagen muß ich immer wieder an Dietrich Bonhoeffer denken, der nun bei unserem himmlischen Vater ist. Während des Krieges sagte ich ihm einmal, daß ich nicht das Gefühl hätte, ich sei dazu berufen, mich gesellschaftlich oder politisch zu engagieren. Ich frage mich nun, ob ich nicht wirklich hierbleiben sollte, anstatt Asyl im Westen zu suchen, weil dort größere politische Freiheit herrscht."

„Ich verstehe, Papa. Doch ich würde denken, daß die Familie Vorrang hat vor einer solchen Überzeugung."

„Vielleicht hast du recht. Um deine Frage von eben zu beantworten, genau damit habe ich heute zu kämpfen – ich wäge diese Faktoren gegeneinander ab."

Sabrina nickte.

„Würdest du sehr schlecht von mir denken, wenn ich dir sagte, daß ich nicht in den Westen fliehen möchte?"

„Natürlich nicht. Es wäre für mich nur sehr schwer."

„Das weiß ich, und das macht mir den größten Kummer."

„Auch wenn dir politische Freiheit nichts bedeutet, Papa, die schreckliche Mauer, die sie errichtet haben, trennt unser Volk für immer. Wie kann ich zulassen, daß wir auf eine solche Weise auseinandergerissen werden?"

„Aber Sabrina", sagte der Baron, „*du* darfst nicht darüber nachdenken, hierzubleiben. Dein Platz ist jetzt bei Matthew."

„Und auch bei dir, Papa."

„Mann und Frau *verlassen* ihre Eltern und werden eins miteinander."

„Ich habe zu lange gewartet und dich gesucht, um dich jetzt so bald wieder verlassen zu können."

„Ach, Tochter", seufzte der Baron, „du machst mir die Entscheidung noch schwerer! Nie könnte ich den Gedanken ertragen, der Grund für eine Trennung zwischen Matthew und dir zu sein. Du hast auf ihn gewartet, sogar noch länger als auf mich! Es ist nur, ich habe Angst –"

Der Baron brach ab und wendete sich seufzend ab. Das hatte er nicht sagen wollen. Er kannte Sabrinas Antwort schon im voraus, und er wollte weder sie noch Matthew vor eine solche Situation stellen.

„Wovor hast du Angst, Papa?" hakte Sabrina nach. „Du mußt es mir sagen."

Wieder seufzte der Baron.

„Ich habe Angst, daß eure Fluchtpläne durch mich erschwert werden", sagte er schließlich resignierend, „daß ihr durch mich vielleicht sogar in Gefahr geratet."

„Oh, Papa, daran darfst du nicht einmal denken –"

„Bitte, Sabrina", unterbrach sie ihr Vater, „du bist klug genug zu erkennen, daß zwei junge Leute wie du und Matthew eine größere Chance haben, in die Freiheit zu gelangen, wenn ihr euch nicht noch um einen alten Mann wie mich Gedanken machen müßt."

„Dieser Gedanke ist mir nicht einmal gekommen."

„Es hätte mich erstaunt, wenn es anders gewesen wäre. Ihr beide seid freundlich und großzügig und selbstlos. Doch die Tatsache, daß ihr noch nie darüber nachgedacht habt, ändert nichts daran, daß es stimmt, was ich sage. Du und Matthew, ihr seid einfach besser dran ohne mich. Du weißt, daß ich in dem Rohr der Langsamste war, und wenn ich nicht dagewesen wäre, wäre der Militärlastwagen nie gesichtet worden. Ich kann nicht zulassen, daß so etwas noch einmal passiert."

„Und wenn wir dann sicher auf der anderen Seite wären, würden wir dann *glücklicher* ohne dich sein?"

„Vielleicht nicht, doch ihr würdet frei sein."

„Und was ist mit dir, Papa – würdest du auch frei sein?"

„Ich würde dich schrecklich vermissen, aber ich würde zufrieden sein ... vor allem, wenn ich wüßte, daß mein Zurückbleiben dir und Matthew ermöglicht hat, im Westen zu leben."

Wieder schwiegen beide.

„Papa", sagte Sabrina nach einer Weile, „du mußt die Entscheidung treffen, von der du meinst, daß sie Gottes Wille für dich ist. Ich würde nie versuchen, dich gegen deine Überzeugung zu irgend etwas zu überreden. Du weißt, daß ich dich genauso liebe und respektiere, wenn du dich entschließt, hierzubleiben. Ich weiß, daß es Matthew genauso geht. Und doch glaube ich ganz fest, daß dein Platz bei uns ist. Wir möchten dich bei uns haben, unter allen Umständen. Ich habe dich schon einmal zurückbleiben sehen, Papa. Du hast dich damals für Mama, mich und die anderen geopfert. Ich weiß, daß du es aus Liebe getan hast. Und doch ... und doch glaube ich, daß ich es nicht noch einmal zulassen würde. Vielleicht ist es jetzt an mir, ein solches Opfer zu bringen."

„Was ... was für ein Opfer?“ fragte der Baron. „Du meinst doch nicht ... daß du zurückbleiben willst ... mit mir?“

„Ich weiß es nicht, Papa“, sagte Sabrina ernst. „Vielleicht müssen wir alle darum beten, daß Gott uns seinen Willen offenbart.“

An so etwas hatte Baron von Dortmann natürlich nicht gedacht. Er hatte nur versucht, die Dimensionen des Opfers herauszuarbeiten, welches er für seine Tochter und ihren Verlobten bringen wollte. Daß sie vielleicht ebenfalls den Wunsch hatten, ihre Zukunft, ihr Glück, sogar ihre Freiheit für *ihn* zu opfern ... das hatte er nicht einmal entfernt in Betracht gezogen. Als seine Tochter das Wort wieder ergriff, sprach sie genau diese Möglichkeit an.

„Vielleicht“, fuhr Sabrina fort, „mußt du jetzt uns erlauben, ein Opfer zu bringen. Wenn, wie du sagst, deine Anwesenheit die Gefahr erhöht, mußt du uns vielleicht erlauben, daß wir uns *für dich* dieser Gefahr stellen ... wie du dich damals den Nazis gestellt hast für uns.“

Der Baron blieb stehen und wendete sich seiner Tochter zu.

„Auf eine Tochter wie dich kann jeder Vater nur stolz sein, Sabrina“, sagte er.

„Was immer du in mir siehst, Papa“, gab sie zurück, „ist nur eine Widerspiegelung von dir selbst. Auf einen Vater wie dich kann jede Tochter stolz sein.“

Einen Augenblick standen sie sich gegenüber und blickten sich an, dann umarmten sie sich. Sabrina legte den Kopf an die Schulter ihres Vaters.

„Ich liebe dich, meine Tochter“, flüsterte der Baron schließlich. „Du bist wirklich eine Frau nach Gottes Herzen.“

„Und ich liebe dich, Papa.“

Teil V

Dieter Palacki

August 1962

49
Verrat und Verhaftung

Die Nachforschungen gingen viel zu langsam voran. Vielleicht hätte er seinen Neffen nicht nach Deutschland zurückschicken sollen, bevor er das Netzwerk auf dieser Seite geknackt hatte.

Doch wenigstens war es nicht ganz umsonst gewesen, dachte Waslaw Korskajew, als er durch den langen Flur hastete. Endlich hatten sie eine Spur der Fotos gefunden. Er wußte nun definitiv, wie er schon vermutet hatte, daß die Männer, die er nach Israel geschickt hatte, nichts finden würden. Die Fotos befanden sich noch auf dem Kontinent, dessen war er sicher. Doch seine Männer sollten trotzdem in Palästina bleiben und versuchen, den Rabbi ausfindig zu machen.

Sein kleines Spielchen mit Kapp hatte sich ausgezahlt! Diese Information war ihr Geld wert.

Die Juden, so schien es, hatten sich überall eingeschleust, sogar in die Kellerräume des Kreml!

Dieser Mann hatte ihm so viel Kummer bereitet, und nun, da der KGB endlich wußte, wo das Loch zu suchen war, würde der Kerl den Tag verfluchen, an dem er die Führer seines Landes verraten hatte, aus welchem Grund auch immer.

Ohne stehenzubleiben platzte er in den Kellerraum. Innerhalb weniger Minuten hatte er die halbe Dunkelkammer samt Ausrüstung zerstört.

„Bitte ... bitte ... was wollen Sie?“ flehte der alte Fotograf.

„Sie werden für Ihren Verrat bezahlen, Sie semitischer Dummkopf!“ brüllte Korskajew, der sich dem zitternden Mann näherte und ihn grob beim Kragen packte.

„Bitte ... bitte, ich heiße Stojidowitsch.“

„Pah! Sie heißen genausowenig Stojidowitsch wie ich Jakob. Sagen Sie mir, wo sie hingekommen sind!"

„Ich weiß nicht, wovon Sie –"

Mit voller Wucht schlug Korsch dem alten Mann ins Gesicht. Er taumelte, Korsch konnte ihn jedoch festhalten.

„Wo die Fotos hingekommen sind!"

„Welche ... Fotos?" keuchte der Mann, dem vermutlich bereits dämmerte, daß er so gut wie tot war.

„Die Fotos, die Sie im letzten Jahr hier entwickelt haben, mein guter *Stojidowitsch*, von einigen Ihrer Volksgenossen –", während er sprach, breitete sich ein bösartiges Grinsen auf seinem Gesicht aus, – „die, sagen wir, in demselben Zustand waren, in dem Sie bald sein werden ... *falls Sie meine Fragen nicht sofort beantworten!"*

„Ich ... ich sage doch ... ich weiß nicht, von welchen Fotos Sie sprechen ... ich ... entwickle nur die Negative, die mir gebracht werden –"

Der Schlag, der ihn ins Gesicht traf, schickte den alten Juden zu Boden.

Korsch kniete sich neben ihn hin.

„Wir wissen über die Abzüge Bescheid! Sie haben einen jungen Kerl, der für Sie arbeitet. Für ein paar Extra-Rubel plaudert er sehr gern ein wenig. Er weiß, was Sie getan haben. Er sagt, er sei durch einen gewissen Burschen ersetzt worden, dessen Abstammung genauso dubios sei wie Ihre."

„Tsankow war ein fähiger Assistent", sagte der Mann leise. „Ich ... ich habe ihn wieder eingestellt, als er nach Moskau zurückkam."

„Von wo?"

„Ich ... ich weiß es nicht ... er war fort."

„Im Gefängnis!" brüllte Korsch. „Weil er versucht hat, die Regierung zu unterminieren."

Er nahm das nur an, denn der Bursche, der ihnen die Informationen gegeben hatte, wußte recht wenig. Er glaubte, der Mann sei Zionist und anscheinend im jüdischen Untergrund engagiert gewesen. Einmal hatte er einen Teil einer Unterhaltung gehört, in der das Gefängnis erwähnt worden war.

Kein Laut kam von dem Mann auf dem Boden.

„Ach ja, mein bemitleidenswerter Freund, wir wissen alles über Ihren Freund Tsankow, wie immer sein wirklicher Name sein mag. Wo ist er übrigens?"

„Ich ... ich habe ihn schon seit einigen Tagen nicht mehr gesehen."

„Natürlich nicht – er ist fort! Und ich möchte von Ihnen wissen, wohin!"

Wieder schwieg Stojidowitsch.

„Sie haben Tsankow die Fotos gegeben, nicht wahr?"

Keine Antwort.

Ein brutaler Tritt in die Rippen ließ den alten Mann vor Schmerz aufschreien.

„Er ist Führer in diesem Untergrundspionagering, stimmt es nicht?"

„Wir ... wir sind keine Spione", wimmerte der alte Mann auf dem Boden.

„Das ist doch egal. Gerade im Augenblick ist ein Mann auf dem Weg in Tsankows Wohnung. Er wird verhaftet sein, bevor der Tag noch zu Ende ist."

Er drehte sich um und verließ hastig das verwüstete Studio.

Jedoch ließ er die Tür einen Spalt offen. Korsch schlich leise zurück und stellte sich vor die Tür.

Er konnte hören, wie Stojidowitsch sich aufrappelte und zum Telefon schleppte. Wie erwartet nahm er den Hörer ab. Nach einer Weile hörte er, wie er die Telefonnummer nannte, die Korskajew zur Vervollständigung seiner Akten noch fehlte.

Endlich hatten sie den Anführer des jüdischen Untergrundes eingekreist. Innerhalb von einer halben Stunde würde er die genaue Adresse haben. Lächelnd drehte er sich um und verließ das Gebäude.

Jetzt würde er wirklich jemanden zu der Wohnung des Verräters schicken, genau wie er versprochen hatte.

Allerdings durfte er nicht vergessen, vorher jemanden zu beauftragen, den jüdischen Fotografen zu erledigen.

50
Ein Telefongespräch

Das Telefongespräch am folgenden Morgen verlief nicht gerade friedlich.

„Wann ist das passiert?“ fragte er.

Ein Augenblick gespannter Stille folgte.

„Sie – was? Kapp, Sie Dummkopf!“

Die Stimme aus dem Hörer klang hoch und angespannt.

„Haben Sie die Wohnung durchsucht?“

Eine kurze Antwort.

„Sie hatten jemanden auf ihn angesetzt?“

Eine kurze Pause.

„In welche Richtung?“

Er wartete.

„Haben Sie unsere Leute in diesem Sektor alarmiert?“ fragte er mit verhaltenem Zorn.

Eine weitere Pause.

„Und dann?“ brüllte er.

Die Antwort, obwohl er sie erwartet hatte, versetzte ihn erneut in Wut.

„Ihn verloren … Das hätte ich mir denken können!“

Einige gestammelte Worte der versuchten Erklärung.

„Wo wurde er zuletzt gesehen?“

„Sie sind sicher … nach Bialystok?“

Diesmal folgte eine längere Pause. Der Zuhörer nahm die Information zuerst mit einem amüsierten Lächeln auf, doch dann verfinsterte sich sein Gesicht zusehends.

„Nichts weiter?“

Die Antwort fiel kurz aus.

Angewidert warf Emil Korsch alias Waslaw Korskajew den Hörer auf die Gabel. Er war kein sehr geduldiger Mensch.

Diese Narren hatten seine Pläne zum letzten Mal durchkreuzt! Warum hatte er die Überwachung nicht persönlich in die Hand genommen? Die Tatsache, daß Kapp eine nützliche

Information beschafft hatte, bedeutete noch lange nicht, daß er auch erfolgreich eine ganze Untersuchung leiten konnte. Er hätte selbst zu der Wohnung des Juden fahren sollen.

Weder dieser Dummkopf Schmundt noch sein eigener Neffe schienen die Flüchtigen in Deutschland auftreiben zu können. Und nun schien es auch noch, als würde ihnen dieser Jude in den Westen entkommen, und seine eigenen Leute in Moskau hatten ihn durch die Finger schlüpfen lassen!

Er sprang auf und rannte zu seinem Aktenschrank. Er riß ihn so heftig auf, daß fast die ganze Schublade auf den Boden gefallen wäre.

Der Name der polnischen Stadt war ihm schon einmal begegnet, vor mehreren Jahren, in einer Akte über den polnischen Aufstand von 1956. Der fragliche Bericht war nur kurz gewesen, zwei Seiten insgesamt und eigentlich ohne große Bedeutung. Doch er hegte eine große persönliche Antipathie gegen geistlichen Fanatismus jeglicher Art, und darum hatte er ihn sich mit größerem Interesse durchgelesen, als seine Kollegen das vermutlich getan hatten. Auf einmal fiel ihm wieder die Überschrift ein:

Christliche Organisationen – möglicherweise Unterstützung des Aufstands.

Beigefügt waren Listen von Namen, Kirchen, verschiedenen Orten, überwiegend in Polen. Damals hatte es für ihn keine Bedeutung gehabt, und er hatte nicht einmal etwas Bestimmtes gesucht.

Doch auf einmal erinnerte er sich wieder daran, daß er auf einer dieser Seiten den Namen Bialystok gelesen hatte. War es möglich ... konnte es da eine Verbindung geben?

Während er in den Akten den betreffenden Bericht suchte, dachte er darüber nach, daß er seine gegenwärtige Position nur erreicht hatte, weil er Dinge entdeckt hatte, die anderen, weniger wachsamen Blicken entgangen waren.

Da war es: *Polnischer Aufstand.* Quer über den Aktendeckel waren die Worte gedruckt: „NUR FÜR KGB-ZWECKE".

Er öffnete die Akte und blätterte fieberhaft die verschiedenen Vorgänge durch. Alles war darin enthalten, von Informationen über Arbeiterunruhen bis hin zu Dossiers über hochgestellte polnische Regierungspersönlichkeiten.

Nachdem er etwa die Hälfte der Vorgänge durchgeblättert hatte, hielt er inne. Da war es, was er suchte. Er nahm es heraus und überflog die Seiten ... genau wie er es in Erinnerung hatte – *Bialystok/Krynk!*

Langsam ging er den Bericht noch einmal durch.

Er war nur kurz und bot nicht viele Informationen. Doch in diesen Dingen besaß er einen siebten Sinn. Ein Gefühl sagte ihm, daß er auf etwas Wichtiges gestoßen war – wenn er es nur entschlüsseln könnte!

„Kleine Gemeinde polnischer Christen", lautete die Eintragung, „wird verdächtigt, Beziehungen zum sowjetischen jüdischen Untergrund zu haben ... (Informant siehe Akte: Grazinski, Ladislas), werden verdächtigt, an zwei Fluchtversuchen in die BRD beteiligt gewesen zu sein. Keine bekannten Verbindungen zu revolutionären oder nationalistischen Gruppen. Keiner Kirche angeschlossen. Beteiligung am Aufstand: unbekannt und unbestätigt."

Mehrere polnische Namen waren aufgeführt: Chmielnicki, Kerwnow, Rydz, Laski und Palacki, sowie der sowjetische Beamte, der die Informationen beschafft hatte: Leonid Bolotnikow.

Korsch kannte diesen Bolotnikow. Er war ein junger Offizier in der Sowjetarmee, der rasch auf der Karriereleiter aufstieg. Korsch hatte sogar Gerüchte gehört, Bolotnikow sei auf *seine* Stellung aus.

Aber darüber würde er sich im Augenblick keine Gedanken machen.

Aufsteiger und Opportunisten waren im Sowjetsystem so zahlreich wie die Schneeflocken in Sibirien. In diesem Regime mußte man sich beweisen; man mußte schlau sein, und Erfahrung wog in der Regel immer noch mehr als Jugend ... so lange man sich nicht behaglich und selbstzufrieden zurücklehnte. Und diese Absicht hatte Korsch keinesfalls.

Wenn Bolotnikow mehr darüber wußte, was die Christen in Polen trieben, dann würde er es ihm entlocken!

Auch würde er seinen Neffen nach Moskau zurückrufen. Er hatte schon in diese Richtung ermittelt, bevor Korsch ihn nach Berlin geschickt hatte. Sie waren der Spur nicht weiter nachgegangen, weil sie sich vollkommen auf den jüdischen Zweig konzentriert hatten. Aber vielleicht arbeiteten die beiden Gruppen ja zusammen!

Mit den Papieren in der Hand ging er zu seinem Schreibtisch zurück, nahm den Hörer auf und brüllte etwas hinein.

Während er ungeduldig wartete, blickte er auf seine Uhr. In Berlin war es noch sehr früh, er würde ihn sicher noch in seiner Wohnung erreichen.

Es dauerte zehn Minuten, bis die Verbindung zustande kam.

„Andrassi“, sagte er, ohne sich mit Höflichkeitsfloskeln aufzuhalten. „Nimm den nächsten Flug nach Moskau. Ich möchte, daß du sofort herkommst.“

Am anderen Ende der Leitung sprach Galanow kurz.

„Du kannst mir hier über alles berichten – vielleicht fliege ich selbst nach Berlin. Doch wir sind hier weitergekommen. Ich brauche jemanden in Moskau, auf den ich mich verlassen kann. Du mußt dem christlichen Netzwerk auf die Spur kommen – hast du nicht schon früher in diese Richtung ermittelt?“

Korsch wartete die Antwort ab.

„Ja ... ja, ich wußte, daß du schon einige Kontakte geknüpft hast. Es scheint, als gäbe es eine engere Verbindung zwischen diesen Christen und den Juden, als wir gedacht haben. Ich möchte, daß du diese Spur weiterverfolgst.“

Wieder sprach Galanow.

„Ja, das stimmt. Ich werde wahrscheinlich schon fort sein, wenn du ankommst. Arbeite über mein Büro, wie früher. Ich werde in Kontakt mit dir bleiben. Ich möchte, daß du alles über das christliche Netzwerk in Moskau herausfindest, was herauszufinden ist. Ich selbst habe keine Zeit – ich muß einer anderen Spur nachgehen. Wir werden unsere Bemühungen koordinieren. Halte dich bereit, damit ich dich jederzeit erreichen kann.“

Er legte den Hörer auf.

Falls es eine Verbindung hier in Moskau geben sollte, würde Galanow sie schneller als Kapp oder irgendeiner der unfähigen Agenten seines Büros aufdecken.

In der Zwischenzeit würde er diesem Bolotnikow einen Besuch abstatten.

Er drehte sich um, die beiden Seiten immer noch in der Hand haltend, nahm seinen Mantel und stürmte aus seinem Büro.

Er spürte, daß er mit dem, was er gerade entdeckt hatte, den Verräter in Polen aufspüren würde.

Dann würde er selbst nach Bialystok reisen ... und bis nach Berlin, falls die Spur dorthin führen sollte!

51

Der Kontakt

Der Mann, der in Rußland und Polen unter dem Namen Leon Tsankow bekannt war, verringerte die Geschwindigkeit des Wagens, mit dem er durch halb Rußland gefahren war – von Moskau über Smolensk nach Minsk, von da nach Brest und nun zurück in sein Heimatland, das er seit Jahren nicht besucht hatte.

Nachdem er die Grenze überschritten hatte, war er wieder in Richtung Norden gefahren, obwohl das abseits des Weges zu liegen schien. Als die Dämmerung hereinbrach befand er sich irgendwo zwischen Bialystok und der weißrussischen Grenze.

Zuerst war ihm jemand gefolgt, da war er sicher. Wieso er ihm nachgefahren war und wer im Wagen gesessen hatte, wußte er nicht. Doch er hatte ihn abgeschüttelt, allerdings hatte ihn das eine Stunde gekostet. Und jetzt war er allein.

Er bog von dem Feldweg ab und näherte sich einer anscheinend verlassenen Scheune. Suchend blickte er sich nach dem Baum mit dem abgebrochenen Ast um. Rostowtschew hatte ihm nur spärliche Informationen gegeben, doch das mußte die richtige Stelle sein.

Ja, das war die Scheune.

Er stellte den Motor ab und stieg aus. An dem Gebäude entlang tastete er sich zur Hintertür, dann schlüpfte er hinein. Die Tür war unverschlossen, genau wie man ihm gesagt hatte. Von innen öffnete er das große Tor, stieg wieder in seinen Wagen und fuhr ihn ins Innere der Scheune.

Er stellte den Motor ab, stieg wieder aus und schloß das große Tor.

Nun stand er im Innern der Scheune. Es war fast vollkommen dunkel. Er wartete einen Augenblick, bis sich seine Augen an die Dunkelheit gewöhnt hatten, dann tastete er sich zu der offenen Wagentür, ließ sich auf den Sitz gleiten und wartete.

Nach etwa vierzig Minuten hörte er draußen Schritte. Er hatte keinen Wagen oder irgendein anderes Fahrzeug gehört. Einen Augenblick später öffnete sich das große Tor, und die Gestalt eines Mannes erschien in dem Spalt.

„Sind Sie hier, Tsankow?“ fragte eine Stimme auf Polnisch.

„Ja, hier“, gab er zurück und stieg aus.

„Mein Name ist Waclaw. Kommen Sie mit.“

Er gehorchte und trat ins Freie, während der andere die Tür verschloß.

„Wir werden zu Fuß gehen“, sagte sein Besucher. „Bleiben Sie ganz in meiner Nähe; es wird bald dunkel sein.“

52
Geheime Aktivitäten

In der Zwischenzeit fand in einem kleinen umgebauten Kellerraum, etwa zehn Kilometer außerhalb der polnischen Stadt Bialystok, ein höchst ungewöhnliches und geheimes Treffen statt.

Es war nicht das erste Treffen dieser Art und würde auch nicht das letzte sein. Die Gruppe von Männern, die sich im Laufe des Nachmittags und Abends zusammengefunden hatten, trafen sich schon seit Jahren. Immer kamen sie einzeln, nacheinander, auf verschiedenen Wegen, damit sie bei Nachbarn oder Passanten nicht den leisesten Verdacht erregten.

Sobald beschlossen wurde, daß sie Gäste bei sich aufnehmen würden, wurden die Mitglieder verständigt, damit sie sich auf die Ankunft des Gastes oder der Gäste vorbereiten konnten. Gewöhnlich wußten alle, wie sie helfen konnten – mit Nahrung, Kleidung, Unterkunft, Geld, Transportmöglichkeiten.

Die Gruppe dieser hingebungsvollen Männer war nicht groß. Sie hatten keine finanzkräftige Organisation hinter sich, sondern waren einfache Männer, vorwiegend Bauern und Fabrikarbeiter, und sie waren alle arm. Ihre Arbeit hatte ihren Ursprung in gehorsamem Glauben und wurde vom Gebet getragen ... vom Gebet allein.

Menschen mit so radikalen geistlichen Überzeugungen wurden in diesem Land nicht gern gesehen. Die meisten dieser Männer lebten in einem Umkreis von hundert Kilometern der sowjetischen Grenze, eine ständige Erinnerung an den riesigen atheistischen Schatten, der sich über ihr geliebtes Polen und das ganze östliche Europa gelegt hatte.

Im Laufe der etwa vierzehn Jahre ihrer Tätigkeit hatten sie Menschen, die aus politischen oder religiösen Gründen fliehen mußten, Unterschlupf gewährt und sie in den Westen gebracht. Nach und nach war ihre Arbeit bei anderen Untergrundorganisationen in Rußland, Polen und Deutschland bekannt geworden. Obwohl sie keiner dieser Organisationen angeschlossen waren, arbeiteten sie doch mit anderen zusammen, die besser helfen konnten als sie, und aufgrund ihrer geographischen Lage dienten sie häufig als „Untergrundmittelsmänner“ zwischen Rußland und den Ländern, die weiter im Westen lagen.

Jedoch ließen sie es nicht zu, daß sich alle automatisch ihrer Hilfe bedienten. Sie waren sehr darauf bedacht, ihr Geheimnis zu wahren. Sie würden es nicht zulassen, daß Unkraut auf die Felder gesät würde, die in ihre Obhut gegeben worden waren.

Darum hatten sie sich aus den Fluchtversuchen gewisser hochangesehener politischer Dissidenten herausgehalten – gelegentlich zum großen Ärger jener Individuen und Gruppen, deren Bitten sie abschlagen mußten.

Der ältere von ihnen war von Anfang an dabeigewesen. Der jüngere übernahm nach und nach die Führung und Verantwortung. Beide vertraten die Meinung, daß die Arbeit von Gebet begleitet und unterstützt werden mußte.

Sie waren heute zusammengekommen, um sich betend auf die Ankunft eines neuen Gastes vorzubereiten.

Diese Gebetstreffen hatten keinen bestimmten Ablauf; sie öffneten ihre Herzen, damit der Geist Gottes wirken konnte. Sie hörten auf die Stimme Gottes in ihrem Herzen. Sie seien ungebildete Männer, erklärten sie einstimmig. Wie konnten *sie* den Willen Gottes kennen? Sie wollten offen sein, damit er durch sie wirken konnte.

Kein Mensch, davon waren sie überzeugt, kam zu ihnen, wenn er nicht von Gott geschickt war, damit er von ihnen etwas empfing. Ihre erste Aufgabe war es nicht, den Menschen bei der Flucht zu helfen, sondern sie nahmen diese Gelegenheit zum Anlaß, ihnen von Gott und seiner Liebe zu erzählen.

*

Ihre Gebete wurden heute für den Flüchtling gesprochen, der seinem schweigsamen Anführer gerade durch Felder und Wälder folgte. Er hatte keine Ahnung, daß so intensiv für ihn gebetet wurde.

Und er konnte auch nicht wissen, daß nach diesem Abend sein Leben nie wieder dasselbe sein würde.

53

Ladislas Grazinski

Emil Korsch haßte Polen genauso wie Christen, Deutsche und Juden, obwohl seine eigene Abstammung ziemlich unklar war. Den Gedanken, daß auch er sehr gut polnisches oder jüdisches Blut in sich haben konnte, ließ er nicht an sich herankommen.

Er nahm einen Schluck aus dem Glas, das vor ihm stand, dann blickte er sich in dem düsteren Lokal um.

Wer immer dieser Ladislas Grazinski auch war, er hatte hoffentlich einen guten Grund dafür, daß er ihn warten ließ.

Seine Gedanken wanderten zurück zu dem Gespräch mit Bolotnikow zwei Tage zuvor. Der Offizier war ein kräftiger, gutaussehender junger Mann. Kein Wunder, daß er der Militärelite im Kreml ins Auge gefallen war. Korsch hatte in seinem Verhalten etwas entdeckt, das ihn vorsichtig sein ließ. Ganz sicher war dies ein ehrgeiziger junger Mann. Er würde aufpassen müssen, daß er ihn nicht ausstach!

„Ich brauche Informationen über bestimmte polnische Christen“, hatte er gesagt.

„Warum kommen Sie damit zu mir?“ fragte Bolotnikow skeptisch. Auch er war wachsam. Das Wort ‚Vertrauen‘ war in der Sowjetunion nur wenig bekannt, im KGB schon gar nicht.

„Ihr Name stand auf dem Bericht, der mir in die Hände gefallen ist“, erwiderte Korsch. „Im Zusammenhang mit dem Aufstand.“

„Ich weiß nur sehr wenig darüber.“

„Warum haben Sie die Untersuchungen geführt?“

„Ich hasse die Christen.“

„Warum?“

„Ich habe meine Gründe“, erwiderte der junge Offizier ausweichend.

Korsch nahm die Information teilnahmslos auf. Er würde nichts preisgeben, doch hier hatte er vielleicht später noch einen Ansatzpunkt.

„Dann war Ihnen der Fall zugeteilt worden?“

„Ich hatte mich freiwillig gemeldet.“

„Haben Sie weitere Nachforschungen angestellt?“

„Seit dem Aufstand bin ich nicht mehr in Polen gewesen. Ich führe Akten über christliche Organisationen, das ist alles.“

„Wie steht es mit den Juden?“

„Ich habe einige Informationen, aber nicht viele.“

„Es bestehen Verbindungen, müssen Sie wissen.“

„Ich weiß, doch das gehört nicht unbedingt zu meinem Aufgabenbereich. Ich gehöre dem Militär an.“

„Was ist mit diesem Grazinski?“ fragte Korsch.

Nichts in seinem Gesichtsausdruck ließ darauf schließen, daß er den Namen kannte.

„Was soll mit ihm sein? Ich kenne niemanden dieses Namens.“

„Er ist in Ihrem Bericht als Informant genannt – Ladislas Grazinski.“

Die Andeutung eines Lächelns umspielte die Mundwinkel des jungen Mannes.

„Ach ja – ein kleines polnisches Wiesel … ich erinnere mich jetzt.“

„Was können Sie mir über ihn sagen?“

„Nicht viel – nur, daß er, wenn der Preis stimmt, sogar seinen eigenen Bruder verraten würde. Sie kennen diese Sorte Leute.“

Korsch nickte. In seinen KGB-Akten gab es eine Liste solcher Menschen in fast jeder Stadt Europas. Ohne diese Informationsquellen wäre der KGB machtlos.

„Das ist auch einer der Gründe, warum ich das, was er mir erzählte, in Zweifel zog", fuhr Bolotnikow fort.

„Was war das?"

„Er erzählte alle möglichen Geschichten über verschiedene Subversive in der Region –"

„Christen?" unterbrach ihn Korsch.

„Einige, aber nicht alle."

„Sie haben nicht geglaubt, was er Ihnen erzählte?"

„Ich war der Meinung, daß einige Christen etwas im Sinn hatten, doch ich konnte eine direkte Verbindung zu dem Aufstand nicht nachweisen."

„Ja, das ist Ihrem Bericht zu entnehmen. Die Zeiten haben sich jedoch geändert. Ich habe Grund zu der Annahme, daß sie in eine nicht minder verräterische Angelegenheit verwikkelt sind. Können Sie mir sagen, wie ich mit diesem Grazinski in Kontakt treten kann?"

Bolotnikow hatte Korsch alles erzählt, was er über diesen Polen wußte, und nun wartete der Agent ungeduldig auf sein Erscheinen.

Eine Minute später öffnete sich die Tür. Ein kleiner, nervöser Mann kam herein. Nach Bolotnikows Beschreibung erkannte Korsch ihn sofort.

Der Bursche blickte sich suchend um.

„Grazinski", sagte Korsch leise, „hierher – ich bin der Mann, nach dem Sie suchen."

Der Pole kam heran. Korsch deutete auf einen Stuhl. Grazinski nahm Platz, und Korsch zeigte ihm seinen Ausweis. Falls der kleine Mann dadurch eingeschüchtert war, so zeigte er es jedenfalls nicht.

„Ich brauche Informationen."

„Bezahlt der KGB gut für das, was Sie wollen?"

„Der KGB *bekommt,* was er will", entgegnete Korsch drohend.

„Meine Dienste kosten etwas", sagte der Pole, der sich

nicht unterkriegen ließ. Ganz offensichtlich hatte der Mann mehr Mut, als Korsch ihm zugetraut hätte.

„Nur ruhig, mein Freund – Sie werden bezahlt werden, falls sich das, was Sie mir geben, als nützlich erweist. Ich brauche Informationen über bestimmte Individuen, alles, was Sie über ihre gegenwärtigen Aktivitäten wissen und wie sie aufzufinden sind."

„Haben Sie Namen?"

Korsch zog ein Stück Papier heraus und schob es über den Tisch.

Grazinski überflog es und nickte leicht.

„Ja, ich kenne einige von ihnen – vor allem Palacki wird in einigen Kreisen in Polen immer bekannter."

„Kreisen?" fragte Korsch.

„Unerlaubte kirchliche Gruppen ... möglicherweise der christliche Untergrund."

„Und die anderen auf dieser Liste?"

„Ich kenne nicht alle Namen. Palacki macht den Behörden am meisten zu schaffen. Doch ich glaube, die anderen sind nicht weniger in diese Angelegenheit verwickelt."

„Können Sie mich zu ihnen führen?"

Er runzelte die dunklen Augenbrauen über seinen tiefliegenden Augen.

„Vielleicht kann ich Ihnen zeigen, wo Sie mit Ihrer Suche beginnen müssen."

„Ich kenne mich in diesem Land und dieser Region nicht aus. Ich brauche Informationen und einen Ortskundigen."

Grazinski nickte, als ob er das erwartet hätte.

„Heute abend."

„Sie erwähnten ... eine Bezahlung?" Er wirkte wirklich wie ein Wiesel. Boltonikow hatte ihm den richtigen Namen gegeben.

„Man wird Ihnen geben, was Ihnen zusteht", erwiderte Korsch ausweichend.

54
Worte aus der Dunkelheit

Der Raum, in den Joseph Aviz-Rabin gebracht wurde, war dunkel, obwohl er sofort spürte, daß Menschen darin waren. Den Mann, der in den vergangenen drei Stunden sein Anführer gewesen war, konnte er kaum sehen. Er blieb nun stehen und forderte ihn auf, sich auf den Boden zu setzen.

Joseph kam der Aufforderung nach und hörte, wie die Tür ins Schloß fiel.

Furcht beschlich ihn. Zuerst dachte er, daß er vielleicht verraten worden war und daß der Raum voller KGB-Agenten war. Doch diese Furcht verschwand sofort, als die ersten Laute an sein Ohr drangen.

Einige Stimmen begannen leise und melodisch vorzutragen:

„Wer unter dem Schirm des Höchsten sitzt und unter dem Schatten des Allmächtigen bleibt …“

Die tiefen Männerstimmen erinnerten ihn an früher, wenn die Rabbis das *Sh'ma Israel* rezitierten.

„Der spricht zu dem Herrn“, fuhren die Stimmen fort, *„meine Zuversicht und meine Burg, mein Gott, auf den ich hoffe. Denn er errettet dich vom Strick des Jägers und von der verderblichen Pest. Er wird dich mit seinen Fittichen decken und Zuflucht wirst du haben unter seinen Flügeln. Seine Wahrheit ist Schirm und Schild, daß du nicht erschrecken mußt vor dem Grauen der Nacht, vor den Pfeilen, die des Tages fliegen …“*

Erst nach einiger Zeit wurde Joseph klar, daß dies die Worte des einundneunzigsten Psalms waren, den er gut kannte.

Als Junge hatte er diesen Psalm einmal auswendig gelernt, doch nun mußte er feststellen, daß er die Hälfte wieder vergessen hatte. Leise stimmte er, so weit er sich erinnern konnte, in die Worte mit ein.

„Wenn auch tausend fallen zu deiner Seite und zehntausend zu deiner Rechten, so wird es doch dich nicht treffen. … Denn er hat

seinen Engeln befohlen über dir, daß sie dich behüten auf allen deinen Wegen ...“

Als der Psalm zu Ende war, hatte Joseph auch seine Furcht überwunden.

55

Eine seltsame Versammlung

Es war still in dem Raum. Dann ertönte eine Stimme aus der Dunkelheit heraus.

„Willkommen, Bruder Tsankow. Sie befinden sich unter Freunden.“ Eine Kerze wurde angezündet.

Joseph blickte sich um. Er saß in einem Kreis, zusammen mit sechs oder acht Männern im Alter von Anfang Zwanzig bis etwa Sechzig. Ein Junge von zehn oder zwölf Jahren war auch mit dabei. Wie er selbst saßen alle auf dem Boden. Nicht ein Möbelstück war in diesem Raum zu finden. Die Kerze, die angezündet worden war, stand einfach auf dem Boden.

„Willkommen!“ wiederholte die Stimme. Sie gehörte zu einem jungen Mann, den Joseph auf Ende Zwanzig oder Anfang Dreißig schätzte. Der junge Mann erhob sich und streckte ihm die Hand entgegen.

Joseph ergriff sie, und die beiden Männer begrüßten sich.

„Ich freue mich, daß Sie mit uns zusammen Davids Psalm beten konnten. Ich habe Ihre Stimme herausgehört.“

„Ich fürchte, ich habe einen großen Teil davon wieder vergessen“, gestand Joseph.

„Die meisten unserer Gäste haben überhaupt keine Ahnung davon. Doch wenn Gott uns jemanden schickt, so beginnen wir unser Zusammentreffen immer mit diesem Psalm. Wir nehmen diese Verheißung des Schutzes sehr ernst und haben bisher noch niemanden verloren.“

„Ich bin sehr froh, daß Sie mir helfen wollen", sagte Joseph, während er sich umblickte. „Aber ... wer sind Sie? Man hat mir nichts gesagt, nur wo wir hingehen und daß jemand mich in Empfang nehmen und zum nächsten Kontaktmann bringen würde. Ich ... ich habe nicht erwartet ... ich weiß nicht einmal, wie ich es nennen soll – keine solche *Versammlung*."

Der junge Mann lächelte.

„Ja, viele unserer Besucher sind überrascht, wenn sie zu uns kommen", sagte er. „Sie sind nicht der erste, der diese Frage stellt."

Er blickte sich im Kreis seiner Kameraden um. Einige nickten und lächelten, während er sprach.

„Ich will es Ihnen erklären", sprach er weiter. „Als erstes möchte ich uns Ihnen vorstellen. Ich heiße Dieter Palacki. Zwar gehöre ich zu den Jüngeren, doch ich bin der Pastor einer kleinen Gruppe von Gläubigen in Bialystok und in der näheren Umgebung. Die meisten von ihnen gehören nicht zu dem Kreis, in dem Sie sich im Augenblick befinden. Uns, die wir hier versammelt sind, ist es ein Anliegen, Menschen in Not zu helfen."

„Gläubige?" wiederholte Joseph unsicher.

„Ach ja – verzeihen Sie. *Christliche* Gläubige. Sie sind, wie ich gehört habe, Jude?"

Joseph nickte.

„Bitte entschuldigen Sie – ich wollte durch den Begriff ‚Gläubige' niemanden ausschließen. Natürlich glauben auch Sie auf Ihre Weise an vieles, was zu unserem Glauben gehört."

„Einen solchen Satz hört man nicht oft aus dem Mund eines Christen", meinte Joseph mit einer Mischung aus Skepsis und Erstaunen. „Auch werden Juden nicht häufig *Bruder* genannt."

Wieder lächelte Palacki.

„Sicher haben Sie recht. Trotzdem habe ich das ganz bewußt so gesagt. In unserer kleinen Gemeinschaft werden Sie erkennen, daß wir nicht so denken wie viele, die unseren Glauben teilen. Doch wir werden später noch Zeit haben, uns darüber zu unterhalten. Zuerst möchte ich Ihnen die anderen vorstellen."

Der junge Pastor machte mit dem Mann zu seiner Linken weiter.

„Neben mir sitzt Michael Malik ..."

„Seien Sie uns willkommen", sagte Malik.

„Der Mann zu Maliks Rechten ist mein Vater Andrasz Palacki ..."

Die beiden Männer nickten sich zu und lächelten sich an.

„... Kochow Rydz ..."

„Willkommen, Bruder Tsankow", sagte Rydz, der ganz eindeutig der jüngste der Erwachsenen dieser Gruppe war. Er schien höchstens dreiundzwanzig oder vierundzwanzig Jahre alt zu sein.

„... Karl Laski ..."

Wieder ein Kopfnicken.

„... Jakob Kerwnow ..."

„Willkommen."

„... Wazlaw Mikolajzyk, der Sie hierhergebracht hat ... Laszlo Gomulka ... und noch Georg Chmielnicki und sein Sohn Wazlau."

„Vielen Dank, vielen Dank Ihnen allen", sagte Joseph. „Ich kann das alles immer noch nicht so richtig einordnen. Doch Sie wollen mir helfen und haben mich so herzlich willkommengeheißen – das ist sehr viel. Vielen Dank dafür."

„Ihnen zu helfen ist unser Ziel", sagte Palacki.

„Ich muß zugeben, daß ich seit meiner Abreise aus Moskau sehr allein gewesen bin. Das ist zwar erst einige Tage her, doch es tut gut, unter Freunden zu sein ... wenn ich Sie auch gerade erst kennengelernt habe."

„Nun habe ich Ihre Frage beantwortet", sagte Palacki. „Lassen Sie mich nun Ihnen eine Frage stellen – haben Sie Hunger? Haben Sie irgendeinen Wunsch?"

„Nun, da Sie es sagen, ich glaube, ich habe tatsächlich Hunger", lachte Joseph, der sich allmählich entspannte. „Ich hatte gar nicht daran gedacht. Doch noch mehr, glaube ich, brauche ich Schlaf."

Palacki nickte dem Mann mit Namen Kerwnow zu, der sich erhob. Palacki blies die Kerze aus. Joseph hörte, wie sich die Tür öffnete und wieder schloß. Schweigend warteten sie ab. Wieder öffnete sich die Tür, Kerwnow kam zurück, und wieder wurde die Kerze angezündet. Kerwnow setzte sich und stellte ein Tablett mit einem großen Laib schwarzen Brotes, einer Flasche Wein und mehreren Gläsern auf den Boden in die Mitte des Kreises.

„Ja, es ist spät geworden", sagte Palacki, indem er den Faden der Unterhaltung wieder aufnahm. „Wir werden Sie nicht mehr lange aufhalten, bevor wir Sie zu Ihrem Quartier bringen, wo Sie sich ausruhen können. Doch bitte nehmen Sie von unserem bescheidenen Mahl. Es ist nicht viel, doch das Brot wird Ihren Hunger stillen und der Wein Ihren Magen wärmen und vorbereiten auf den Schlaf."

„Vielen Dank", erwiderte Joseph. Der Geruch von Brot und Wein stieg ihm in die Nase und machte ihm klar, wie hungrig er war. Er beugte sich vor und brach sich ein großes Stück Brot ab. Dann schenkte er sich ein Glas des dunkelroten Weines ein.

Einige der anderen taten es ihm gleich und dankten schweigend für Brot und Wein.

56

Neugierige Augen

Noch während die kleine Gruppe gemeinsam betete, fand auf der anderen Seite von Bialystok ein Treffen ganz anderer Art statt.

„Sind Sie sicher, daß wir hier richtig sind?"

„Die Christen versammeln sich hier", erwiderte Grazinski. „Ich habe sie gesehen."

„Nun, in mehr als einer Stunde habe ich noch keinen gesehen", brummte Korsch.

„Sie sind sehr gerissen. Man braucht Geduld."

„Wenn Sie mich umsonst hierher gebracht haben, wird dies Ihr letzter Auftrag im KGB sein ... und möglicherweise überhaupt Ihr letzter Auftrag!"

„Sie haben auch noch andere Orte, wo sie sich treffen."

„Warum haben Sie mir das nicht gleich gesagt?"

„Weil dies hier der wahrscheinlichste ist."

„Pah! Hier ist doch nichts."

„Beruhigen Sie sich. Wenn sie nicht kommen, bringe ich Sie woanders hin. Ich kenne die meisten ihrer Anführer. Wenn es sein muß, statten wir allen, deren Namen ich Ihnen gegeben habe, einen Besuch ab."

„Ich habe genug von diesem Ort. Bringen Sie mich zum nächsten."

Korsch holte die Liste hervor, beleuchtete sie mit einer kleinen Taschenlampe und versuchte die Namen und Orte zu entziffern, die das Wiesel ihm gegeben hatte.

„Wenn sie sich heute abend treffen, müssen wir bei jeder einzelnen dieser Adressen vorbeischauen. Wir können hier nicht den ganzen Abend vertrödeln. Ich habe keine Zeit zu vergeuden!"

In der Zwischenzeit beschäftigte sich Gustav von Schmundt mit einer Karte und einer Liste von Namen. Zum hundertsten Mal ging er die vielen Strecken durch, die er gefahren war, als er diesen McCallum verfolgt hatte.

Es war schon spät am Abend, doch warum sollte er nach Hause gehen? Dort wartete niemand auf ihn. Doch die Zeit würde kommen, wo sich das ändern würde. Aber zuerst mußte er dieses Puzzle lösen.

Er war in seiner Erinnerung bis zu jenem Tag zurückgegangen, als er den Dortmannschen Besitz besucht hatte. Jeden Kilometer, den er seither gefahren war, hatte er auf der vor ihm liegenden Karte eingezeichnet.

Wo immer sie sich im Augenblick auch versteckten, es mußte eine Verbindung zu dem Netzwerk der Christen in

Großbeeren geben. Dessen war er sicher. Magdeburg war auch eine Möglichkeit, doch er bezweifelte, daß sie sich dort verkrochen hatten. Er und Schulte waren in den vergangenen drei Wochen zu oft dort gewesen, und ihre beharrlichen und wiederholten Besuche bei Kameraden des toten Postbeamten hatten keinen außergewöhnlichen Aufruhr verursacht. Galanow hatte sich in Großbeeren und der näheren Umgebung umgesehen. Verflucht seien die, die ihn gerade in dem Augenblick nach Moskau zurückgerufen hatten, wo er ihn hier am dringendsten brauchte! Sein eigener Agent Schulte war zwar älter als Galanow, doch nicht halb so gerissen.

Wieder blickte er auf die Karte.

Drei Orte waren ihm von der Irrfahrt her in Erinnerung geblieben. Ein Gefühl sagte ihm, daß die Flüchtigen sich vielleicht in einem von ihnen versteckt hielten.

Der erste war Niedersdorf. Obwohl es aus dieser Region keinen möglichen Fluchtweg gab, war es doch vorstellbar, daß Baron von Dortmann den Wunsch hatte, sein Gut noch einmal zu sehen. Auch war denkbar, daß er noch alte Freunde dort hatte, die bereit waren, sie zu verstecken.

Diesen Ort kreiste er auf der Karte rot ein.

Der zweite Ort war Kehrigkburg, wo er eine scheußliche Nacht verbracht hatte. Der Bauer und seine Kühe hatten ihn verärgert, doch wenigstens hatten er und sein dämlicher Freund für ihre Dummheit bezahlt. Doch sie hatten etwas von Magdeburg gewußt, und vielleicht wußten sie noch mehr, als gut für sie war.

Ein zweiter roter Kreis wurde auf der Karte eingezeichnet.

Schließlich war da noch Halle, weiter südlich in der Nähe von Leipzig. Dort würde es schwieriger sein, sie aufzuspüren, denn Halle war eine große Stadt. Doch es lag näher an der westdeutschen Grenze als jeder andere Ort, in den McCallums Irrfahrt ihn geführt hatte. Und dort war McCallum auch länger geblieben als in den meisten anderen Orten. Allerdings hatte er ihn zeitweise auch aus den Augen verloren. Gustav hatte das vage Empfinden, daß auch in Halle, ähnlich wie in Magdeburg, ein Untergrundnetzwerk bestehen könnte.

Als dritte Stadt wurde Halle rot eingekreist.

Es blieb ihm nichts anderes übrig, als seine Leute in alle drei Städte zu schicken. Nach Halle würde er ein ganzes Team von Stasi-Agenten schicken. Es würde eine Weile dauern, bis man dort alle Namen überprüft hatte.

Schulte würde er nach Kehrigkburg schicken. Er sollte sich mit einem Fernglas und viel Kaffee vor den Häusern der beiden Bauern postieren und beobachten.

Er selbst würde nach Niedersdorf fahren. Auch hier in Berlin hatte er eine Reihe von Informanten, die Augen und Ohren offenhalten würden für den Fall, daß seine Nachforschungen in den drei Städten nichts ergaben.

Bevor er in sein Heimatdorf aufbrach, würde er sich mit ihnen in Verbindung setzen.

Zufrieden knipste er die Lichter aus und verließ sein Büro.

57

Ein Abendessen und viele Fragen

Während Joseph und seine Gastgeber zu Abend aßen, erzählte ihm Palacki einiges über ihre Gruppe.

„Wir sind keine Organisation", sagte der junge Pastor. „Wir nennen uns eine *Bruderschaft*. Wie wir zusammengefunden haben, ist eine lange Geschichte. Die Verbindungen zwischen uns haben verschiedene Wurzeln."

„Sind das alle?" fragte Joseph.

„Es gibt noch andere, doch wir, die wir im Augenblick hier sind, sind der sogenannte Kern der Bruderschaft."

„Was ist Ihre Aufgabe?"

„Wir helfen denen, die in Not sind ... beten für unser Land und alle anderen Länder, die unter dem Kommunismus leiden ... und verbreiten die gute Nachricht, daß Gott allen Menschen Freiheit in ihren Herzen schenken will, trotz der Ketten und Mauern, mit denen Menschen ihre Mitmenschen ihrer Freiheit berauben."

„Sie sind eine so kleine Gruppe, doch Sie haben hochgesteckte Ziele."

„Gott kann vieles bewirken, was der Mensch aus sich heraus niemals schaffen könnte."

„Was ist denn das Ziel Ihrer Bruderschaft?"

„Den Willen Gottes zu tun."

„Das scheint mir ein noch ehrgeizigeres Ziel zu sein."

„Das stimmt."

„Ich könnte sagen, daß meine zionistischen Freunde sowohl in Rußland, woher ich komme, als auch in Israel, wo ich hoffe hinzukommen, dasselbe Ziel haben."

„Viele haben den Wunsch, den Willen Gottes zu tun, das stimmt. Auf der einen Seite ist das sicherlich ein ehrgeiziges Ziel. Auf der anderen Seite jedoch ist es das demütigste und anspruchsloseste Ziel, das ein Mensch im Leben haben kann, jedoch nur, wenn es richtig verstanden wird."

„Wieso?"

„Weil nichts Eigensüchtiges darin liegt. Es gibt kein eitles Streben nach irgend etwas, das man sein *eigen* nennt."

Joseph dachte eine Weile nach und versuchte, die einfache und doch so tiefgehende Wahrheit zu verarbeiten. „Wenn es so viele Menschen gibt, die danach trachten, den Willen Gottes zu tun, was macht Sie hier dann so einzigartig?" fragte er, während er an seinem Brot kaute.

„Es tut mir leid – habe ich angedeutet, daß wir einzigartig sind? Das wollte ich nicht. Wir vergleichen uns nicht mit anderen. Vor einigen Jahren, es war kurz nach dem Krieg, haben wir begonnen, uns zu treffen – mein Vater und einige der älteren und wir von der jüngeren Generation –, als offensichtlich war, daß man uns unsere religiöse Freiheit nehmen und uns verfolgen würde. Wir kamen zusammen, um zu beten und nach dem Willen Gottes zu fragen. Wir sind einzigartig nur in dem Sinn, daß wir zufällig *hier* sind, *zu diesem Zeitpunkt,* in Polen. *Alle* Kinder Gottes sind in diesem Sinne einzigartig, weil Gott für jedes von ihnen ein bestimmtes Ziel hat. Das Gebet um Führung Gottes ist die Basis unserer Bruderschaft und all dessen, was wir tun."

„Und Sie glauben, Sie hätten die Antwort auf diese Frage gefunden?"

„Wir glauben, daß wir sie jeden Tag neu entdecken. Darum kommen wir zusammen, so wie heute, bei jeder neuen Gelegenheit, bei jedem neuen Menschen, den Gott uns schickt, damit wir ihn nach seinem Willen fragen."

„Ihn *fragen* ... wie meinen Sie das?"

„Beten, Herr Tsankow – wir müssen beten und fragen, was der Wille Gottes für uns in bezug auf *Sie* ist. Wir sind schon mehr als eine Stunde hier zusammen und beten genau darum, schon vor Ihrer Ankunft. Wir haben Gott gefragt, wie wir Ihnen helfen und dienen können, welches Ihre Bedürfnisse sind, und was wir Ihnen sagen, was wir für Sie tun können, das Ihnen Gottes Willen für *Ihr* Leben zeigt."

Joseph hörte nachdenklich zu. Es war ihm auf einmal peinlich, daß diese Gruppe von Männern nur zusammengekommen war, um für ihn zu beten.

Er nahm einen Schluck Wein.

„Das war meine nächste Frage", sagte er schließlich. „Was haben Ihre Bruderschaft und der Wille Gottes mit mir zu tun? Es scheint, als hätten Sie meine Frage beantwortet, bevor ich sie noch gestellt habe. Ich muß gestehen, daß ich noch nie jemanden kennengelernt habe, der das Gebet so persönlich nimmt, obwohl es ja auch im jüdischen Glauben einen hohen Stellenwert einnimmt."

„Ja, Sie haben recht. Wir glauben, daß das Gebet außerordentlich wichtig und persönlich ist."

„Wie sind Sie zu einer solchen Sichtweise gekommen?" fragte Joseph.

„Wie ich schon sagte, ist uns vor Jahren klargeworden, daß das Volk Gottes in diesem Teil der Welt Verfolgung erleiden würde. Davon brauche ich Ihnen nichts zu sagen, denn Ihr Volk ist mehr als jedes andere auf der Erde verfolgt worden. Und diese Verfolgung dauert immer noch an, wie Sie wissen."

„Natürlich“, sagte Joseph.

„Die Kommunisten haben auch die Situation der Christen sehr schwierig gemacht“, fuhr Palacki fort. „Schon 1946 begann die Regierung, den Besitz von Katholiken zu beschlagnahmen. Diese restriktiven Maßnahmen haben sich zunehmend auf alle religiösen Gruppen ausgedehnt, die, wenn sie nicht gerade pro-sowjetisch sind, als verräterisch gelten. Tausende von Pastoren, Priestern und Kirchenführern sind im Laufe der Jahre verhaftet worden. Wir als ernsthafte Christen hatten daher eine Entscheidung bezüglich unserer Haltung zu treffen.“

„Ich vermute … alles, was Sie tun“, sagte Joseph und deutete in den Raum hinein, „ist Ihre Reaktion.“

„Unsere Haltung ist die des friedlichen, betenden Untergrund-Widerstandes gegen die Sowjetisierung der religiösen Institutionen Polens“, erklärte Palacki, „sowie die Hingabe an die Aufgabe, dem Volk Gottes zu helfen, soweit es in unserer Macht steht. Dieses erste Ziel erreichen wir durch Gebet allein. Wir würden uns niemals aktiv gegen die Regierung stellen. Doch wir beten für die Kirche, für das Volk Gottes und für die Freiheit. Während wir gebetet haben, sind immer häufiger Menschen in Not zu uns gekommen.“

„Aber warum sind Sie alle hier? Ich bin doch allein. Das alles ist doch gar nicht nötig. Warum der kahle Raum, die Kerze … und wieder, warum so viele von Ihnen, wenn Sie mich doch nur für eine Nacht aufzunehmen und morgen weiterzuschicken brauchen?“

„Sie stellen viele Fragen“, lächelte Palacki.

„Ich bin fasziniert.“

„In Ihren Augen ist das vielleicht alles nicht nötig, wie Sie sagen. Doch wir versuchen, den göttlichen Plan hinter allem zu sehen. Vielleicht gibt es einen tieferen Grund, aus dem Sie hierhergekommen sind.“

„Ich … ich bin nicht sicher, ob ich Sie verstehe“, stotterte Joseph verwirrt.

„Der Wille Gottes, Herr Tsankow. Ihn suchen wir, nicht unseren … nicht einmal den Ihren.“

„Aber warum all … all dies?“ fragte Joseph und blickte sich um.

„Was den kahlen Raum und die Kerze betrifft –“

Auf einmal brach er ab, beugte sich vor und blies die Kerze aus.

„Über uns sind Schritte zu hören“, flüsterte er. Alle verhielten sich still in dem kleinen Raum. Tatsächlich waren gedämpfte Schritte über ihnen zu vernehmen. Es dauerte nur vier oder fünf Sekunden, dann waren sie fort.

„Papa?“ flüsterte Palacki.

„Ich weiß nicht, wer das ist, mein Sohn. Es ist spät. Eigentlich sollte niemand mehr draußen sein.“

Sie warteten noch einige Zeit, dann fuhr Dieter fort.

„Wie Sie sehen, wollen wir uns immer daran erinnern, daß wir Pilger in einem fremden Land sind. Gefahr lauert um uns herum. Wir treffen viele Vorsichtsmaßnahmen und kommen immer nur abends zusammen. Spionierende Augen sind überall. Gott kann unser Gebet um Bewahrung nicht erhören, wenn wir dumm und unvorsichtig sind. Wir nehmen nichts als selbstverständlich hin. So etwas wie gerade eben kann jederzeit passieren.“

„Ich verstehe.“

„Wir wollen auch unsere Vorfahren in Ägypten nicht vergessen – Ihre und unsere. Hier gibt es keine Möbel; keine Stühle, der Boden ist kahl. So erinnern wir uns an das, was Gott zu den Kindern Israel sagte, als er ihnen auftrug, bittere Kräuter zu essen, daß nämlich die Zeit der Sklaverei und des Exils keine Zeit des Luxus für das Volk Gottes ist. Wenn Ihr Volk jedes Jahr zum Passahfest zusammenkommt, fragen die kleinen Kinder die Männer, was das alles bedeutet. Die Antworten sind immer dieselben: ‚Wir sollen uns an die Zeit der Sklaverei in Ägypten erinnern, aus der Gott unsere Vorväter geführt hat.‘ Auch uns ist es wichtig, uns zu *erinnern*. Freiheit darf nicht als selbstverständlich hingenommen werden. Es stimmt, dies sind vielleicht äußere Zeichen, und ich versichere Ihnen, daß das Bett, in das Sie sich nachher legen können, sehr bequem sein wird. Doch diese äußeren Zeichen halten unseren Blick auf die Ernsthaftigkeit unserer Aufgabe gerichtet."

„Und die Kerze?"

„Auch eine Erinnerung an unsere Vorfahren in allen Zeitaltern, die verfolgt worden sind, an die Menschen, die bei Kerzenlicht in den Katakomben unter den Straßen Roms gesessen haben, an jene, die sich während des schrecklichen Krieges in Kellerräumen und auf Dachböden und in unterirdischen Bunkern verstecken mußten."

Joseph dachte daran, daß auch er sich mehr als einmal in der Dunkelheit nur bei Kerzenschein hatte verstecken müssen.

„Vor allem aber", fuhr Palacki fort, „erinnert uns die Kerze an das Licht der Wahrheit Gottes, die, obwohl sie schließlich über die Dunkelheit siegen wird, doch vorsichtig gehegt und gepflegt werden muß, damit die Dunkelheit in der Welt sie nicht auslöschen kann. Die Kerze erinnert uns daran, daß wir nur als kleine Flamme in großer Dunkelheit leuchten, daß wir aber deshalb um so heller scheinen müssen."

„Ihre Erklärungen machen Sinn, und doch machen sie das Geheimnis nur noch größer."

„Nicht alle, die hierherkommen, haben den Wunsch, unsere Bewegungsgründe zu verstehen."

„Ich habe schon immer nach der Wahrheit gesucht."

„Viele atheistische Philosophen sagen dasselbe. Die Wahrheit zu suchen bedeutet, nur einen Schritt von ihr entfernt zu sein."

„Ich sehe, Sie sind nicht nur ein Theologe, sondern auch ein Philosoph", sagte Joseph lächelnd. „Lassen Sie mich hinzufügen, daß ich die Wahrheit suche, die im Gesetz Gottes und in der Heiligen Schrift verwurzelt ist."

Nun lächelte Palacki. „Ich sehe, daß Sie ein geistlicher Mann sind", sagte er.

„Auf meine Weise suche ich den Willen Gottes, genau wie Sie."

„Es macht uns glücklich, das von Ihnen zu hören. Wenn Sie wirklich mehr über unser Geheimnis, wie Sie es nennen, hören wollen, würden wir Ihnen gern mehr darüber erzählen.

Doch der Abend ist weit fortgeschritten, und wir wollen Sie jetzt nicht länger aufhalten. Sie haben einen langen Fußmarsch und eine noch längere Autofahrt hinter sich gebracht."

„Sie haben recht, ich bin wirklich müde. Aber ich bin auch neugierig. Ich habe in Rußland selbst vielen Untergrundorganisationen angehört, großen und kleinen. Doch einer solchen wie Ihrer bin ich noch nie begegnet. Darum ... ja, ich würde gern noch mehr erfahren. Der Schlaf kann warten; doch manche Gelegenheiten nicht."

„Gut, wie Sie möchten."

Palacki machte eine Pause, dann blickte er seinen Vater an.

„Papa, würdest du unserem Gast von den Anfängen der Bruderschaft erzählen?"

Der alte Mann nickte.

58

Ein Anruf zu später Stunde

Als dritte war auf Grazinskis Liste ein älteres Ehepaar aufgeführt, dessen einziger Sohn bei ihnen lebte.

„Hier wohnen die Palackis", flüsterte Grazinski, als sie langsam mit abgeschalteten Scheinwerfern stehenblieben. „Der junge Bursche ist der Pastor, von dem ich Ihnen erzählt habe."

„Sie Dummkopf! Warum sind wir nicht zuerst hierhergekommen!"

„Er ist selten hier. Ihre Versammlungen werden nicht hier abgehalten."

Korsch blickte sich um.

„Was ist das für ein Gebäude da hinten?" fragte er.

„Direkt hinter dem Haus befindet sich ein Stall. Früher war das hier ein großer Hof mit vielen Milchkühen."

„Wird er noch benutzt?"
„Ich glaube nicht."
„Ein idealer Ort für Versammlungen, meinen Sie nicht? Wie kommt man hinein?"
„Ich weiß es nicht. Ich habe noch nicht die Gelegenheit gehabt, mir diesen Ort genauer anzusehen."
„Vielleicht hätten Sie das tun sollen, Sie Schwachkopf", fauchte Korsch. „Ich will hinein."
Er stieg aus, schloß leise die Tür hinter sich und schlich hinter das Haus. Im Innern war nur ein Fenster erleuchtet, doch das Zimmer schien leer zu sein. Grazinski folgte ihm; keiner sprach ein Wort.
Sie gingen hinter das Haus. Der große Stall war nur wenige Meter von der Hintertür des Hauses entfernt. Sie schlichen zu dem großen Gebäude. Korsch holte seine Taschenlampe heraus, knipste sie an, suchte die Tür und ging vorsichtig hinein.
Mit seiner Taschenlampe leuchtete er das Innere des Stalles aus. Ein Blick genügte, um zu sehen, daß er seit Jahren ungenutzt war. Alte Landmaschinen und undefinierbare Gerätschaften rosteten vor sich hin und waren dick mit Staub und Spinnweben bedeckt.
Korsch machte einige Schritte in die dunkle Halle hinein, dann blickte er sich noch ein zweites Mal um und wendete sich zum Gehen.
„Hier ist nichts", sagte er.
Sie gingen zurück, um das Haus herum und zurück zur Straße. Grazinski öffnete die Wagentür und stieg ein. Korsch blieb neben dem Wagen stehen. Er betrachtete die stille Straße, das Haus, in dem nur ein Fenster erleuchtet war und den verlassenen Stall dahinter.
Abwesend griff er in seine Tasche und zog ein Päckchen Zigaretten heraus, steckte sich eine zwischen die Lippen und zündete sie an.
Irgend etwas ist hier seltsam, dachte er.
Er wußte nicht, was, doch er konnte etwas spüren. Offensichtlich fand keine Versammlung statt, es sei denn vielleicht im Innern des Hauses.

Dieses seltsame Gefühl hatte er schon einmal gehabt, und es machte ihn nervös. Es erinnerte ihn an seine beiden Begegnungen mit Baron von Dortmann.

Er nahm einen langen Zug von seiner Zigarette und dachte nach.

„Sie bleiben hier", sagte er nach einer Weile durch das offene Wagenfenster hindurch. Er drehte sich um, ging zum Haus und klopfte an die Tür.

Im Innern des Hauses sprang Frau Palacki erschrocken aus dem Sessel auf, in dem sie eingedöst war. So gut es ging, versuchte sie sich zu beruhigen, während sie zur Tür ging.

„Guten Abend", sagte sie, wobei sie sich bemühte, ihre Furcht zu unterdrücken.

„Es ist spät", sagte der seltsam aussehende Mann vor ihrer Haustür in gebrochenem, jedoch verständlichem Polnisch, „und doch sind Sie immer noch auf."

„Ich … ich habe gelesen."

„Und Ihr Mann liest wohl auch noch, ja?"

„Nein, er … äh, er geht früher schlafen als ich."

Während er ihr Fragen stellte, spähte der Mann an ihr vorbei in die kleine Wohnung, als suche er etwas.

„Sie haben auch einen Sohn, wie ich gehört habe?"

„Das stimmt", antwortete sie. Ihre Angst um die Männer, die in dem Geheimraum unter dem Stall versammelt waren, stieg von Sekunde zu Sekunde.

„Er legt sich wohl auch früh schlafen, nehme ich an?"

„Ja … er arbeitet in der Fabrik. Mein Mann und mein Sohn gehen sehr viel früher zu Bett als ich."

„Doch wie ich schon sagte", beharrte der Eindringling, „es ist schon spät. Vielleicht erwarten Sie Besuch?"

„Nein … nein, ganz bestimmt nicht. Ich konnte nur nicht schlafen. Darum habe ich noch etwas gelesen und bin ein wenig eingedöst, bevor Sie kamen."

Der Mann blickte sich immer noch um.

„Holen Sie sie", befahl er schließlich.

„Wen?"

„Ihren Mann und Ihren Sohn, wen sonst?" gab er zurück.

„Aber … aber sie –“

„Ich bin vom KGB!“ unterbrach sie Korsch, der allmählich die Geduld verlor. „Holen Sie sie … sofort.“

„Sie haben einen tiefen Schlaf. Es … es wird einige Zeit dauern, bis sie wach sind … und sich angezogen haben“, versuchte sie, Zeit zu schinden.

„Ich werde warten.“

Trotz ihrer Furcht gelang es ihr, die Tür zu schließen und den Mann draußen stehen zu lassen. Sie eilte durch das Haus zur Hintertür, die sie lautlos öffnete und hinter sich wieder schloß.

So schnell sie konnte rannte sie zum Stall hinüber. Glücklicherweise konnte sie vom Wagen aus nicht gesehen werden. Schnell öffnete sie eine große Falltür, deren Scharniere immer gut geölt waren, stieg die schmale Treppe hinunter und rüttelte leise an der Tür.

Als sie geöffnet wurde, nahm sie Kerzengeruch wahr.

„Andrasz … Dieter – kommt … *kommt schnell!* Da ist ein Mann an der Tür – ein böser Mann!“

59

Unerwartete Unterbrechung

Wir sind ein Volk“, hatte nur Minuten zuvor der ältere der Palackis mit seiner Geschichte begonnen, „das dem Land sehr ergeben ist, ein bodenständiges Volk. Unsere Familien leben schon seit Generationen hier in Polen. Wir lieben dieses Land, dieses Volk. Darum kann uns nicht gefallen, was aus ihm geworden ist, was Hitler aus ihm gemacht hat und die Kommunisten ihm immer noch antun.“

Er machte eine Pause und blickte sich langsam in dem Raum um. Joseph hörte aufmerksam zu.

„Einige dieser Männer hier kenne ich schon mein ganzes Leben lang. Dies ist keine Bruderschaft, der man angehört, solange es einem gefällt. Wir sind einander verpflichtet. Die Bindung ist lebenslang. Doch ich weiche ab. ... Mein Sohn hat mich gebeten, Ihnen von den Anfängen unserer Gemeinschaft zu erzählen." Wieder unterbrach er sich kurz.

„Kurz nach dem Krieg hatten sich einige von uns hier aus der Nähe von Bialystok, vorwiegend Bauern, Brüder in Christus, getroffen. Dieter war damals noch ein Kind –"

„Ich war dreizehn, Papa", unterbrach ihn Dieter, „und ich erinnere mich sehr gut an diesen Tag."

„Ach ja, dreizehn", sagte der ältere Mann. „Ich fürchte, mein Gedächtnis läßt nach. Auf jeden Fall war Karl da –", er blickte zu Laski hinüber, der kaum merklich nickte „– Georgs Bruder, der sich nun unglücklicherweise auf der anderen Seite der russischen Grenze befindet und nur selten bei uns sein kann. Auch zwei oder drei andere, die schon tot sind ... Jakobs Vater ..."

„Und meiner", fügte der junge Kochow Rydz hinzu.

„Ja, natürlich, Ernst Rydz – ja, ich glaube, das waren alle. Später wußten wir nicht zu sagen, warum wir an diesem Tag eigentlich zusammengekommen waren. Es war ein Sonntag. Wir hatten den Gottesdienst besucht und uns hinterher noch unterhalten. Ernst lud uns alle zu sich nach Hause ein, damit wir die Unterhaltung fortsetzen konnten. Erinnerst du dich noch daran, Kochow?"

„Nur vage", antwortete der junge Rydz. „Mein Vater hat häufig davon gesprochen, bis zu seinem Tode. Doch ich war damals erst vier oder fünf."

„Unsere Frauen gingen nach Hause, und wir trafen uns bei Ernst. Ich glaube, noch während wir dorthin auf dem Wege waren, befiel uns eine Vorahnung, daß dies mehr als ein gewöhnliches Sonntagnachmittag-Beisammensein werden würde. Als wir uns niedersetzten, schwiegen wir alle eine Weile, es war ein feierliches, ernstes Schweigen. Wir wollten uns unterhalten, doch auf einmal fehlten uns die Worte. Nach einer Weile –"

Er wurde von dem Klopfen seiner Frau an der Tür unterbrochen.

Sofort wurde die Kerze gelöscht. Die beiden Männer erhoben sich und folgten ihr zum Haus.

„Er ist vom KGB und stellt viele Fragen", flüsterte sie, als sie die Stufen hochstiegen. „Er steht im Augenblick an der Vordertür. Er denkt, daß ihr geschlafen habt. Geht in euer Schlafzimmer, zerwühlt eure Betten, eure Haare und eure Kleidung, und dann kommt schnell!"

Leise stahlen sich die drei durch die Hintertür ins Haus. Die beiden Männer folgten ihren Anweisungen, und etwa eine Minute später kamen sie verschlafen von oben herunter und gingen durch das Wohnzimmer zur Vordertür.

Frau Palacki öffnete die Haustür.

„Die beiden Schläfer sind also aus ihrem Schlummer erwacht", sagte Korsch verächtlich. Er ärgerte sich nicht nur darüber, daß diese Kerle Christen waren, sondern auch, daß sie offensichtlich mit der Flucht des Juden, den er verfolgte, nichts zu tun hatten.

Es machte ihm Freude, ihnen Unannehmlichkeiten zu bereiten, eine Freude, die durch die Furcht, die er in den Augen der alten Polin erkennen konnte, noch gesteigert wurde. Der junge Mann jedoch schien keinerlei Angst zu haben. Er wirkte bemerkenswert wach dafür, daß er angeblich aus tiefstem Schlaf gerissen worden war. Korsch ärgerte sich über sein selbstbewußtes und ruhiges Auftreten.

Der Russe wandte sich ihm zu.

„Sie sind, wie ich annehme, der Pastor mit Namen Palacki?"

„Ja, mein Name ist Dieter Palacki."

„Hat in Ihrer Gemeinde heute abend eine Versammlung stattgefunden?"

„Nein."

„Ich suche einen Mann, einen Kriminellen, und ich habe Grund zu der Annahme, daß er Ihre Gemeinschaft aufsuchen wird."

„Ich habe von einem solchen Mann nichts gehört."

„Es hat bei Ihnen also keine ungewöhnlichen Vorkommnisse gegeben?“

Palacki schüttelte den Kopf. „Ich habe wie gewöhnlich den ganzen Tag in der Fabrik gearbeitet und bin dann nach Hause gekommen.“

„Und abends sind Sie nicht mehr fortgegangen?“ fragte Korsch skeptisch.

„Nein.“

„Sie haben keine Gäste gehabt, kein Treffen?“

Dieter blickte unschuldig zu seinen Eltern hinüber. Alle drei schüttelten den Kopf.

„Seit mehr als einer Woche haben wir keine Gäste gehabt. Sie können gern hereinkommen und unser Haus durchsuchen, wenn Sie möchten. Wir haben nichts zu verbergen.“

„Ich habe keine Zeit, Ihr Haus zu durchsuchen, Sie Idiot! Wissen Sie denn nicht, daß ich Sie ins Gefängnis werfen lassen könnte?“

„Aus welchem Grund, wenn ich fragen darf?“

„Sie geben zu, Pastor zu sein!“

„Die kleine Gruppe von Gläubigen, der ich vorstehe, bricht keine Gesetze.“

„Jetzt habe ich genug von Ihrer Unverschämtheit! Ihr Fanatiker bildet euch ein, heiliger als alle anderen zu sein!“

Korsch blickte den jungen Mann wütend an. Eine Zeitlang wurde kein Wort gesprochen.

Als Korsch sich abwandte, hatte er das unbehagliche Gefühl, von einer Macht überwältigt worden zu sein, gegen die er nicht ankam.

„Sie werden unter Beobachtung gestellt, Palacki!“ rief er, als er die Treppen hinunterstürmte.

Als er zum Wagen zurückging, schwor er sich, daß er einen Vorwand finden würde, um diesen jungen Burschen ins Gefängnis zu bringen.

Die drei Hausbewohner sahen ihm nach, dankbar, daß sie verschont geblieben waren. Doch wieder einmal wurde ihnen bewußt, wie groß die Gefahr war, in der sie sich befanden.

Fünf Minuten später war das einzige Licht im Haus gelöscht worden. Frau Palacki saß in der Dunkelheit und behielt die Straße im Auge.

Als sie sicher waren, daß keine Gefahr mehr bestand, schlichen die beiden Männer wieder zum Stall, wo ihre Kameraden auf sie warteten.

60

Die Bruderschaft von Bialystok

Nachdem Dieter den Grund für die Störung erklärt hatte, wollte ihr Gast die Geschichte der Bruderschaft weiter hören.

„Kochow", sagte Dieter. „Würdest du nach oben gehen und im Haus Wache halten? Dann kann meine Mutter ins Bett gehen. Haltet alle Lichter ausgeschaltet. Wenn du irgend etwas bemerkst, komm herunter, dann werden wir sofort auseinandergehen. Ich bezweifle, daß der Mann heute abend zurückkommt, doch wir dürfen kein Risiko eingehen."

Der junge Mann gehorchte und verließ den Raum.

André Palacki erzählte weiter.

„Wie ich eben schon sagte, wir saßen zusammen, und noch bevor wir wußten, wie uns geschah, beteten wir miteinander. Wir beteten mehr als eine Stunde lang, für unser Land, für unser Volk ... und vor allem für das Volk Gottes in der ganzen Welt. Wir beteten, daß wir Werkzeuge Gottes sein möchten, die das Evangelium weitertragen in alle Welt, ja, aber vor allem in unsere Region hinein. Wir beteten dafür, daß Gott uns Menschen schicken möge, die hungrig waren nach dem Wort Gottes.

Wir wußten, daß wir gegen den Kommunismus nicht ankämpfen konnten, doch wir konnten Werkzeuge in den Händen Gottes sein, die größere Freiheit – die Freiheit des menschlichen Geistes – in das Leben der Menschen bringen."

Er brach ab und atmete tief durch. Die Erinnerung an diesen Tag bewegte ihn tief.

„Ich erinnere mich noch gut an diesen Tag", warf der junge Pastor ein. „Dieser Tag hat auch mein Leben für immer verändert. Ich habe dieses Erlebnis nie vergessen."

„Als wir aufhörten zu beten", erzählte nun Karl Laski, ein Mann, der bereits graue Haare hatte, jedoch um einiges jünger war als der ältere Palacki, „begannen wir über die Veränderungen zu sprechen, die wir auf uns zukommen sahen. Viele Menschen in unserem Land dachten, mit dem Krieg sei auch der Faschismus vorbei. Doch wir wußten, daß die kommunistische Bedrohung auf ihre Art vielleicht sogar noch viel schlimmer sein würde. Wir sprachen an jenem Tag über viele Dinge. Und am Ende des Tages hatten wir das Gefühl, daß Gott uns aus einem bestimmten Grund zusammengestellt hatte. Es war ein Gefühl, das wir alle teilten."

Er brach ab.

„Und das", fügte nun der Vater des Pastor hinzu, „war der Beginn der Bruderschaft."

„Sie haben eine Untergrundorganisation gegründet?" fragte Joseph fasziniert.

„Nein. Wir haben einfach auch weiterhin gebetet, daß Gott uns zeigen möge, was sein Wille für uns war."

„Und Sie", fragte Joseph an den jüngeren Palacki gewandt. „Sie scheinen jetzt der Sprecher der Gruppe zu sein."

„Nur weil die anderen mich dazu gemacht haben", antwortete Dieter lächelnd. „Ich werde immer zu meinem Vater und Karl um geistliche Führung aufblicken. Doch vielleicht repräsentiere ich in gewisser Weise die jüngere Generation, die unter Hammer und Sichel aufgewachsen ist. Schon von klein auf wollte ich Pastor werden. Ich stehe einer kleinen Gemeinschaft von zwanzig oder dreißig Gläubigen vor, die sich sonntags in Bialystok versammeln. Durch die Gnade Gottes sind wir bisher noch der Aufmerksamkeit der Behörden entgangen."

Joseph schwieg. Er war sich der trennenden Mauer zwischen Judentum und Christentum auf einmal voll bewußt.

Palacki spürte, was er dachte. „Als ich Sie eben Bruder nannte", sagte er, „habe ich das auch so gemeint. Sie und ich haben denselben Vater – Jahwe, den allmächtigen Gott. In bezug auf Jesus gehen unsere Ansichten zwar auseinander – ich nenne ihn den Christus; Sie nennen ihn Rabbi – doch das bedeutet nicht, daß einer von uns die Wahrheit kennt und der andere nicht; es bedeutet nur, daß wir Gläubige sind, die in einem Punkt nicht übereinstimmen."

„In einem ziemlich wichtigen Punkt, meinen Sie nicht?" fragte Joseph.

„Vielleicht. Das kann ich nicht beurteilen. Nur Gott weiß es. Aber vielleicht hat Sie ja unser gemeinsamer Vater zu uns geschickt, damit Sie Jesus als den Christus kennenlernen, so wie wir ihn kennen."

„Ich denke, ich bin hierhergeschickt worden, damit Sie mir helfen, nach Berlin zu kommen", entgegnete Joseph.

„Das stimmt", erwiderte Palacki lächelnd. „Doch vielleicht ist das nicht der einzige Grund."

„Sie sind wirklich sehr direkt", lachte Joseph.

Palacki lächelte. „Das sagen meine Freunde auch immer. Sie sind der Meinung, das würde mich eines Tages noch ins Gefängnis bringen. Und wenn nicht das, dann würde ich sicherlich irgendwann in eine hitzige Auseinandersetzung mit anderen Christen geraten."

„Erschreckt Sie die erste Möglichkeit nicht?"

„Sie meinen das Gefängnis?"

Jospeh nickte.

„Ich glaube nicht. Wir alle leben damit und kalkulieren diese Möglichkeit ein. Wenn man in Osteuropa als Christ lebt, hat das seinen Preis. Zweifellos ist auch Ihnen dieser Gedanke nicht fern."

Jospeh lächelte.

„Sie haben recht. Ich habe bereits acht Jahre meines Lebens in einem sowjetischen Gefängnis verbracht."

Diese Aussage machte die anderen betroffen.

„In dieser Beziehung können wir anderen nicht mithalten. Sie haben unseren Respekt."

„Es war alles andere als angenehm. Und dieser Aufenthalt hat jede Möglichkeit zunichte gemacht, meine Verlobte jemals wiederzusehen."

„Das tut mir leid. Ist sie in Israel?"

„Ich weiß es nicht. Seit dem Krieg habe ich sie nicht mehr gesehen. Es ist so viel Zeit vergangen, ich habe jeglichen Kontakt zu ihr und ihrer Familie verloren."

„Dann werden wir auch dies zu unserem Gebetsanliegen machen, neben Ihrer Sicherheit ... und daß die *letztgültige* Wahrheit Ihrem nach Wahrheit suchenden Herzen offenbart werden möge."

Schweigen senkte sich auf den Raum.

„Ich denke, es ist Zeit zu beten", sagte der ältere Palacki.

Schweigend gingen die Männer auf die Knie.

„Ich weiß, daß es eine ausgesprochen christliche Sitte ist", fuhr André nun an ihren Gast gewandt fort, „doch ich hoffe, Sie erlauben uns, Ihnen die Hände aufzulegen und ganz speziell für Sie zu beten."

„Natürlich", erwiderte Joseph unsicher, jedoch ohne Widerwillen.

Die anderen kamen näher und legten ihm eine Hand auf.

„Unser Vater", begann der ältere Palacki, *„wir befehlen dir unseren Freund und Bruder an. Beschütze ihn, wache über ihm, führe ihn jeden Schritt. Zeige uns, wie wir ihm nach deinem Willen helfen und dienen können."*

„Amen", flüsterten zwei oder drei Stimmen.

„Vielen Dank für deine Bewahrung heute abend. Wache auch weiterhin über der Bruderschaft."

„Amen ... Amen."

„Schenke uns dienende Hände, Herr", betete Laski. *„In allem zeige uns, was wir tun sollen, und gib uns den Mut und die Demut, dir zu gehorchen."*

„Wir beten für jene, denen unser Freund Tsankow unterwegs begegnet ist", fügte Malik hinzu. *„Möge sein Leben ihres berühren. Führe ihn zu denen, die du dazu bestimmt hast. Laß jede Begegnung auf seiner Reise zu dem ihm von dir bestimmten Ziel vorbereitet sein."*

„Laß ihn den Weg in das Gelobte Land seines Volkes finden", fügte Gomulka hinzu. *„Bewahre ihn auf seinem Weg nach Westdeutschland."*

„Wir bitten dich auch darum, daß er seine Verlobte wiederfindet", fügte Dieter noch hinzu. *„Du kannst Wunder tun, Vater, und die beiden wieder zusammenführen, selbst nach all diesen Jahren. Wir bitten dich auch für die Frau, obwohl wir sie nicht kennen, daß die Jahre der Trennung sie einander nicht entfremdet haben."*

In ähnlicher Weise beteten sie noch eine Weile weiter.

Als sie sich schließlich erhoben, die Kerze ausbliesen und sich einer nach dem anderen verabschiedete, hatte Joseph so viele neue Eindrücke gewonnen, daß er sich fühlte wie ein Schlafwandler.

Er kannte viele treue Juden, die beteten, und er selbst hatte schon häufig an Gebetsgottesdiensten teilgenommen. Doch so etwas hatte er noch nie erlebt.

Als er später im Bett lag, konnte er lange nicht einschlafen.

61

Eine bedeutungsvolle Befragung

Während Joseph noch fest schlief, ging die Sonne über Moskau auf.

Andrassi Galanow war erst seit weniger als achtundvierzig Stunden zurück in der sowjetischen Hauptstadt, doch in dieser kurzen Zeit war er nicht untätig gewesen. Er hatte gute Gründe anzunehmen, daß das Gespräch an diesem Morgen ihn einen entscheidenden Schritt weiterbringen würde.

Als sein Onkel ihn Ende des vergangenen Jahres nach Hause gerufen hatte, war er zuerst verärgert gewesen. Doch dieses Mal kam es ihm sehr gelegen. Dieser Ruf hatte ihm geschmeichelt, denn die Worte seines Onkel waren unmißverständlich gewesen: „Ich brauche jemanden in Moskau, auf den ich mich verlassen kann."

Damit hatte er ihm ganz klar das Vertrauen ausgesprochen, wenn vielleicht auch unbeabsichtigt. Wenn er seinen Onkel zufriedenstellen konnte, würde das bedeuten, daß seine Zukunft gesichert war. Dies war die Gelegenheit, zu beweisen, was er konnte. Zudem würde er nicht unter der direkten Aufsicht seines Onkels arbeiten müssen. Korskajew hatte bereits Kapp und zwei andere Agenten – alle drei älter als er selbst – unter seinen Befehl gestellt.

Sein Onkel hatte ihm nur geraten, sich mit Bolotnikow in Verbindung zu setzen, da dieser vielleicht Informationen über die Christen besaß. Doch er hoffte, nicht noch jemanden mit hineinziehen zu müssen. Er wollte es allein schaffen. Da sein Onkel selbst sich nicht einmal in Moskau aufhielt, hatte Galanow ziemlich freie Hand, und je mehr er erreichte, ohne nach Hilfe zu schreien, desto besser würde sich das in den KGB-Akten machen.

Diese Macht würde er den Mann spüren lassen, dem er im Augenblick folgte.

In der nächsten Straße holte er ihn ein.

„Genosse Rostowtschew", sagte Galanow und hielt ihn fest, „ich möchte mich Ihnen vorstellen. Ich bin Andrassi Galanow vom KGB. Ich beschäftige mich mit der Gruppe von Christen, der Sie angehören."

„Ich freue mich, Ihre Bekanntschaft zu machen, Genosse", erwiderte der andere, ein junger Mann von vielleicht Ende Zwanzig.

Er ließ den Mann los und betrachtete ihn aufmerksam.

„Sie sind", sagte Galanow mit triumphierender Stimme, „nehme ich an, der Führer dieser kleinen christlichen Gemeinschaft, deren verräterische Komplotte ich gerade untersuche."

„Das habe ich nie behauptet."

„Sie haben das nicht behauptet – ich behaupte es!" gab der Agent zurück. Er haßte die Christen zwar nicht so fanatisch wie sein Onkel, doch Feiglinge mit einem losen Mundwerk wie dieser Mann hier brachten ihn in Rage. „Sie geben also nicht zu, ein Christ zu sein?“ fügte er sarkastisch hinzu.

„Das würde ich nie tun.“

„Was nicht tun?“

„Mich weigern, mich zu meinem Glauben zu bekennen. Natürlich bin ich Christ.“

„Eine mutige Aussage vor dem KGB. Sie würden das nicht einmal leugnen, um Ihr Leben zu retten?“

„Selbstverständlich nicht.“

„Hmm“, überlegte Galanow. „Sie sind ein größerer Dummkopf, als ich gedacht habe, Rostowtschew.“

Der andere lächelte seltsam. Er schien nicht im mindesten verletzt zu sein. „Ich weiß von keinem Verrat, den wir begangen haben sollen.“

„Sie machen sich öffentlich über den Kommunismus lustig.“

„Ich mache gar nichts lächerlich“, sagte Rostowtschew leise, doch fest und entschlossen.

„Sie bekennen sich zum Glauben an Gott. Unsere Führer sagen, daß es keinen gibt. Das ist Verrat.“

„Glaubt Ihre Mutter an Gott, Genosse Galanow?“

„Das hat gar nichts zu tun mit Ihrem Verrat!“

„Vielleicht nicht“, erwiderte Rostowtschew lächelnd. „Doch es zeigt, daß es unmöglich ist, per Gesetz vorzuschreiben, was die Menschen glauben sollen.“

„Sie reden Unsinn!“

„Der stille Glaube älterer Leute hat vielleicht mehr zu sagen über die Wahrheit als all die Manifestationen unserer Führer zusammengenommen.“

„Das ist eine weitere verräterische Aussage, für die ich Sie festnehmen könnte. Doch Sie haben meine Frage immer noch nicht beantwortet, und ich werde dieser Debatte langsam überdrüssig.“

„Es tut mir leid. Wie war Ihre Frage?“

„Sie sagten, Sie würden keinen solchen Anspruch erheben. Sagen Sie mir noch einmal, welchen Anspruch Sie nicht erheben.“

„Ich bin nicht der Führer irgendeiner Gemeinschaft."

„Aber Sie sind Christ?"

Rostowtschew nickte.

„Wer ist denn dann Ihr Führer?"

„Jesus Christus."

„Pah! Ich meinte eine Person, keine mystische Gestalt!"

„Entschuldigen Sie, Genosse Galanow. Jesus ist eine Person."

„Ersparen Sie mir Ihre Predigten, Rostowtschew! Ich will wissen, wer der Führer Ihrer Gruppe ist."

„Und ich habe es Ihnen gesagt."

„Ich meine Ihren Führer hier – jetzt, in Moskau! Spielen Sie doch nicht den Einfaltspinsel. Ich weiß sehr gut über Ihre Aktivitäten Bescheid. Welche Verbindung haben Sie zum jüdischen Untergrund?"

„Keine."

„Ich glaube Ihnen nicht. Leugnen Sie, daß Sie Verbindung zu Juden haben?"

„Juden und Christen haben häufig enge Verbindungen zueinander."

„Im Untergrund!" gab Galanow wütend zurück. Er verlor allmählich die Geduld.

Der Christ antwortete nicht.

„Ich habe Informationen, daß Sie – ja *Sie,* Rostowtschew! – bei der Flucht von Verrätern aus der Sowjetunion mitgeholfen haben. Leugnen Sie das?"

„Ich weise niemanden ab, der bei mir Hilfe sucht", antwortete Rostowtschew ruhig.

„Ist Ihnen klar, daß ich Sie auf der Stelle verhaften lassen könnte?"

„Ja."

„Macht Ihnen das keine Angst?"

„Nicht im geringsten."

Galanow war noch keinem Menschen begegnet, der eine solche Ruhe ausstrahlte. Diese Worte hatten ihn einfach sprachlos gemacht. In den KGB-Handbüchern stand nichts darüber, wie man mit einem Menschen umging, der so wenig

Furcht zeigte. Seine einzige Waffe war ihm aus der Hand genommen.

Auf einmal zog er seine Pistole und hielt sie dem Mann an die Brust.

„Ich könnte Sie nicht nur verhaften, Sie Fanatiker! Ich könnte Sie auf der Stelle töten. Sie haben offen einen Verrat zugegeben! Sie sind ein Feind des Landes."

„Sie werden nicht schießen."

„Aber ich könnte. Wenn die Aussicht auf das Gefängnis Ihnen keine Angst macht, dann wird Ihnen vielleicht meine Pistole ein wenig Vernunft eintrichtern."

„Das bewirkt nur, daß ich noch mehr für Sie bete, Genosse."

„Für mich beten! Ich will nicht, daß Sie für mich beten! Wenn Sie Ihren Mund auch nur noch einmal öffnen, dann schwöre ich, werde ich abdrücken!"

Dieses Gespräch verlief überhaupt nicht so, wie Galanow gehofft hatte! Noch bevor er wußte, wie ihm geschah, hörte er die geflüsterten Worte von dem Mann, den er immer noch mit seiner Pistole bedrohte:

„Herr Jesus, ich bitte dich, offenbare dich diesem Mann und liebe ihn mit einer Liebe, die nur du –"

„Halten Sie den Mund!" brüllte Galanow. Er nahm seine Pistole weg, schlug ihm jedoch damit gegen den Kopf. Das Gebet verstummte, doch ansonsten sagte der Mann nichts.

Er hatte genug von diesem Geplänkel.

„Ich suche einen Mann mit Namen Tsankow", sagte er hart. „Ich weiß, daß Sie vor wenigen Tagen Kontakt zu ihm hatten. Ich befehle Ihnen zu sagen, was Sie von ihm wissen."

„Von einem Mann mit Namen Tsankow habe ich nie gehört."

„Sie lügen!" rief Galanow, und ging drohend auf ihn zu. Rostowtschew war jedoch sehr viel größer als er, darum überlegte er es sich schnell anders. Mittlerweile hätte er jedoch wissen müssen, daß dieser Mann sich nie selbst verteidigen würde, doch eine unsichtbare Macht hielt ihn davon ab, weitere Gewalt anzuwenden.

„Man sagte, daß er das Land verlassen hat", fuhr der Agent fort. „Ich befehle Ihnen, mir zu sagen, was Sie über diese Angelegenheit wissen."

„Ich sage die Wahrheit", sagte der Christ, der Galanow direkt in die Augen blickte. „Ich habe keine Ahnung, wo der Mann ist, den Sie suchen."

In diesem Augenblick fühlte Galanow genau das, was auch sein Onkel schon bei mehreren solcher Gelegenheiten erlebt hatte – eine Macht, die stärker war als alles, was er kannte. Der Mann hielt seinen Blick gefangen, und Andrassi Galanow konnte sich ihm nicht entziehen.

„Ich sage die Wahrheit, Genosse Galanow", wiederholte Rostowtschew, der ihn immer noch in seinem Bann hielt. „Und nun befehle ich Ihnen im Namen Jesu Christi, von der Suche nach diesem Mann abzulassen und nicht mehr weiter nach ihm zu fragen. Der Gott, der Sie geschaffen hat, liebt Sie mit der Liebe eines Vaters, und ich werde solange ich lebe nicht aufhören, für Ihre Errettung zu beten."

Er drehte sich um und ging fort. Der KGB-Agent blieb wie betäubt zurück.

Als Galanow wieder zu sich kam, war der Mann verschwunden.

Auf einmal wurde ihm klar, daß er von dem Willen eines anderen überwältigt worden war, noch dazu von einem Christen. Mit dieser Erkenntnis wurde der Haß in ihm so stark, daß nur die Stimme Gottes allein seiner würde Herr werden können.

Im Augenblick konnte Galanow jedoch nichts mehr über das Verschwinden eines gewissen Leon Tsankow erfahren, und so sehr er sich später auch bemühte, er konnte nicht eine einzige Spur mehr aufnehmen, die ihn entweder zu dem Juden oder diesem Christen führte, in dessen Blick keine Furcht gelegen hatte.

62
Licht im hintersten Winkel

Es war schon spät am Vormittag, als der Gast der Palackis endlich aus dem einfachen Gästezimmer herunterkam, das eigentlich das Zimmer des unverheirateten Dieter im Haus seiner Eltern war. Herzlich wurde er von den beiden älteren Leuten begrüßt. Sie erklärten ihm, daß Dieter in der Fabrik arbeite und erst am Abend nach Hause kommen würde.

„Und die anderen?“ fragte Joseph, als er am Tisch saß. Frau Palacki stellte einen Teller mit Brot und Käse vor ihn hin und schenkte ihm eine Tasse Kaffee ein.

„Sie haben alle in ihren eigenen Betten geschlafen“, erwiderte Palacki. „Doch Kochow werden Sie wiedersehen. Er wird Sie zu Ihrem nächsten Ziel bringen, heute nacht. Wir hatten gehofft, daß Sie ein paar Tage hier bei uns bleiben könnten. Doch nach dem gestrigen Besuch des KGB müssen Sie sofort weiter.“

Joseph nickte. Er verbrachte den Tag im Haus und genoß es, sich mit den beiden älteren Leuten zu unterhalten. Er fühlte sich bei ihnen sehr wohl.

André achtete darauf, daß Joseph von niemandem gesehen wurde. Nach dem Abendessen unterhielten sich Vater und Sohn mit ihrem Gast wieder über ernstere Themen.

„Etwas, das Sie gestern abend gesagt haben, ist mir durch den Kopf gegangen“, sagte Joseph. „Vielleicht könnten Sie mir erklären, was Sie damit meinen.“

„Sicher, wenn ich kann“, erwiderte Dieter.

„Sie sprachen von dem Unterschied zwischen ‚die Wahrheit suchen‘ und ‚die letztgültige Wahrheit finden‘. Was ist denn die letztgültige Wahrheit, von der Sie sprechen?“

„Sie stellen wirklich schwierige Fragen.“ Der junge Pastor lächelte. „Möchten Sie wirklich, daß ich Ihnen darauf antworte?“

„Warum nicht?“

„Viele Menschen stellen Fragen und denken über bestimmte Themen nach, aber im Grunde genommen wollen sie die Antwort gar nicht wissen."

„Da haben Sie recht", meinte Joseph.

„Was ich jedoch faszinierend finde, ist, daß das auch bei jenen zu finden ist, die sich ‚nach der Wahrheit Suchende' nennen."

„Wie meinen Sie das?"

„Sie denken vorwiegend über das nach, was sie *Wahrheit* nennen, doch Wahrheit als intellektuelles System."

„Und Sie sehen das anders?"

„Aber ja."

„Wie sehen Sie denn die Wahrheit?"

„Als ein intellektuell konsistentes System des Glaubens, nach dem *gelebt werden kann* und *nach dem Menschen leben*. Wenn die Wahrheit, an die ein Mensch glaubt, keine Auswirkung hat auf seinen Lebensstil und auf das, was er denkt, dann sucht er in meinen Augen nicht wirklich nach der Wahrheit."

„Wie läßt sich diese Sichtweise auf das anwenden, was Sie vorher gesagt haben?"

„Wir sprachen über Fragen in bezug auf die Wahrheit. Was passiert, wenn die Wahrheit auf einmal tiefer geht und persönlich wird? Jene, die in meinen Augen nicht wirklich nach der Wahrheit suchen, empfinden das als unangenehm. Sie gehen gegen denjenigen an, der ihnen die Wahrheit bringt und beschäftigen sich gar nicht erst mit dieser Wahrheit. Für mich suchen sie nicht wirklich nach der Wahrheit, weil sie nur die intellektuelle Wahrheit suchen und nicht selbst wahrhaftig sein wollen."

„Vielleicht sollte ich Sie dann fragen, was einen Menschen in Ihren Augen zu einem wirklich Suchenden macht?"

„Ein wirklich Suchender sucht vor allem nach Fehlern in seinem eigenen Charakter. Sich ein intellektuell konsistentes Glaubenssystem auszudenken, ist diesem ersten Ziel untergeordnet. Ein nach der Wahrheit Suchender muß bei sich selbst beginnen und sich über seine eigenen Fehler und Schwächen klarwerden. Man kann kein intellektuelles Glaubenssystem aufstellen, wenn man sich nicht zuerst um die Grundlage kümmert."

„Viele würden mit dieser Meinung nicht übereinstimmen."

„Im Laufe der Jahre habe ich gelernt, daß die Menschen manchmal einer solchen persönlichen Wahrheit gegenüber gar nicht so offen sind, wie sie meinen."

„Dann sind Sie also als Überbringer der Wahrheit schon angegriffen worden?"

„Bei vielen Gelegenheiten", erwiderte Palacki, der wieder lächelte.

„Warum?"

„Gott hat mir Augen gegeben, damit ich bestimmte Dinge sehe."

„Und Sie sagen den Leuten, was Sie sehen?"

„Wenn mir klar wird, daß ich es tun soll."

„Eine ziemlich mutige Feststellung für einen so jungen Mann wie Sie."

„Da haben Sie recht. Doch man muß wahrhaftig und treu mit den Gaben und dem Ruf umgehen, die Gott uns zuteil werden läßt, auch mit den Gaben, die nicht in schönes Geschenkpapier eingepackt sind und den Empfänger glücklich machen."

„Machen Sie sich keine Gedanken darum, daß Ihre eigenen Fehler, vielleicht sogar Ihr Stolz, Ihnen den Blick trüben könnten? Der Rabbi Jesus, den Sie so hochschätzen, hat doch gesagt: ‚Richtet nicht.'"

„Das hat er tatsächlich gesagt, doch damit meinte er richten im Sinne von *verdammen*, denke ich. Er hat auch gesagt, daß er richten kann, weil sein Richten, wie er hinzufügt, gerecht ist."

„Und Sie glauben, das könnten Sie auch von sich sagen?"

„Wenn es von Gott kommt, ja. Jesus ist nicht der einzige, dem Gott ein klares Urteilsvermögen gegeben hat. Meiner Überzeugung nach will Gott, daß sein Volk ein solches Unterscheidungsvermögen hat. Natürlich will ich nicht sagen, daß das bei mir immer so ist, oder daß mein Stolz und meine sonstigen Fehler, wie Sie sagen, mir nicht manchmal in die Quere kommen."

„Ich glaube, ich verstehe jetzt in etwa, was Sie meinen."

„Ich bin", fuhr Palacki fort, „wie alle Menschen ein zerbrochenes und unvollständiges Gefäß. Doch selbst ein Krug mit einem Sprung kann noch Wasser halten, und auch mit diesem Wasser kann Gott dasselbe tun wie mit dem Wasser eines klaren Gebirgsbaches. Kein Mensch, der Wasser braucht, wird das Wasser zurückweisen, nur weil der Krug einen Sprung hat."

„Dann verteilen Sie das Wasser also an die Menschen in Ihrer Umgebung?"

Der junge Pastor nickte. „Es wäre genauso töricht, diese Wahrheit nicht mehr weiterzugeben, nur weil ich Fehler habe. Wenn ein Mensch vollkommen sein muß, um die Wahrheit sagen zu dürfen, dann würden nur sehr wenige sprechen. Ich suche nicht nach dem, was ich sagen könnte, ich sage nur, was ich gezeigt bekomme. Und sehr oft erlebe ich, daß Gott mich mit solcher Macht drängt, etwas zu sagen, daß ich gar nicht anders handeln kann."

63

Ungewöhnlicher Einblick

Ein nachdenkliches Schweigen entstand. Joseph blickte André Palacki an, der dem Gespräch aufmerksam gefolgt war.

„Und Sie stimmen mit dem, was Ihr Sohn gesagt hat, überein?"

„Vollkommen. Ich traue seiner Einsicht, denn ich kenne ihn besser als irgend jemand sonst. Ich habe ihn aufwachsen sehen. Ich weiß, welcher Geist in ihm wohnt. Und ich weiß, daß er sich sehr gut selbst einschätzen kann. Das ist die Voraussetzung für seine ungewöhnlichen Einsichten. Er kennt sich. Das ist es, was ihn trotz seiner mutigen Worte demütig bleiben läßt."

Joseph nickte.

„Ja, ich vertraue ihm", fügte der Vater hinzu. „Um so mehr, als ich miterlebt habe, daß er wirklich im Gebet darum ringt, daß Gott fortnehmen möchte, was ihm an ihm nicht gefällt und was ihn hindert, der Mensch zu sein, den Gott haben möchte. Ja, er ist mein Sohn und noch sehr jung, doch ich habe selten einen Menschen gesehen, der so hungrig danach ist zu wachsen und der anderen gegenüber so selbstlos ist."

„Sie müssen zugeben, daß eine solche Antwort von einem Vater einzigartig ist. Sie wissen, was der Rabbi Jesus in bezug auf den Propheten in seiner eigenen Heimatstadt gesagt hat."

„Bei uns ist das nicht so. Wir wissen die Arbeit unseres Sohnes zu schätzen."

Joseph nahm diese Bemerkung kommentarlos hin und wendete sich wieder dem jüngeren der beiden zu.

„Wie bekommen Sie die Gelegenheit, mit Menschen zu sprechen?"

„Ich beschäftige mich mit Menschen. Gott schickt mir Männer und Frauen in den Weg, die bestimmte Nöte haben. Ich liebe die Menschen. Ich sehne mich nach Wachstum, und ich wünsche mir so sehr, daß die Menschen das werden, wozu Gott sie bestimmt hat."

Er unterbrach sich kurz, dann fügte er hinzu: „Und da gibt es noch einen weiteren Grund."

„Und der ist?"

„Ich bete für die Menschen. Ich bete für jeden, den ich kennenlerne. Ich bete darum, im Leben der Menschen gebraucht zu werden. Ich erzähle weiter, was Gott mir klargemacht hat, von Wachstum, Wahrheit und Gottes Liebe zu uns Menschen. Darum schickt Gott Menschen zu uns – Menschen wie Sie –, und ich frage ihn unablässig, was ich tun und sagen soll, wie ich mich verhalten soll. Keine Begegnung geschieht zufällig, und ich nehme jede Begegnung, jede Beziehung als eine von

Gott gegebene Gelegenheit, von der Wahrheit zu erzählen, damit Menschen zu Gott finden.

Vielleicht wird er mir eines Tages die Gelegenheit geben, zu Tausenden zu sprechen –" Er brach ab. „Und wer weiß", fügte er lächelnd hinzu, „vielleicht werden sie sich dann durch meine Offenheit verletzt fühlen. Vielleicht will er aber auch, daß ich, wie schon andere vor mir, ihm in einem kommunistischen Gefängnis diene – das ist eigentlich egal. Ich werde auch weiterhin beten und die Wahrheit weitersagen, die er mir offenbart."

„Haben Sie bei mir Hemmungen, offen zu sprechen?" fragte Joseph.

„Ich weiß nicht – sollte ich?"

„Wenn ich nun, wie ich es eben schon einmal getan habe, frage, was Sie mit der letztgültigen Wahrheit meinen, so denke ich, daß ich offen bin, Ihre Antwort zu hören."

„Wenn meine Antwort nun persönlicher und schärfer ist, als Sie erwartet haben? Wenn nun –"

Sie wurden durch die Mutter des Pastors unterbrochen.

„André, Dieter", sagte sie. „Ich glaube, das Haus wird beobachtet. Ich habe einen Mann gesehen, der schon mehrmals hier vorbeigegangen ist."

„Ist er mit dem Wagen da?"

„Nein, zu Fuß. Doch er geht besonders langsam und scheint hierher zu sehen."

„Kannst du erkennen, ob es derselbe Mann ist wie gestern abend?"

„Es ist ein anderer."

Die beiden dachten einen Augenblick nach.

„Wir wollen hoch in mein Zimmer gehen, nur zur Sicherheit", sagte Dieter. „Mutter, würdest du uns sagen, wenn er gerade nicht in Sicht ist, damit wir hochgehen können, ohne einen Schatten zu werfen?"

Sie kehrte zum Fenster zurück und bedeutete ihnen, daß die Luft rein war.

Kurze Zeit später saßen sie nicht sehr bequem in dem größeren der beiden Schlafzimmer.

„Ist die Gefahr immer so nahe?“ fragte Joseph. „Als Jude bin ich daran gewöhnt, doch ich muß zugeben, mir war gar nicht klar, daß es bei den Christen genauso ist.“

„Es ist auch nicht immer so. Es gibt Zeiten, wo wir ziemlich in Ruhe gelassen werden. Doch die politische Stimmung schlägt ohne Vorwarnung um. Im Augenblick habe ich jedoch das Gefühl, daß es um Sie geht und um den Mann, der Sie gestern abend gesucht hat. Gut, daß Sie bald aufbrechen. Ich hoffe, daß er Ihre Spur verliert. Es tut mir leid, daß wir Sie vielleicht in Gefahr gebracht haben.“

„Ich bin derjenige, dem es leid tut“, entgegnete Joseph. „Wenn der Mann mir gefolgt ist, dann bin ich es, der Sie in Gefahr gebracht hat.“

„Das ist eigentlich egal. Wir werden auch weiterhin um Bewahrung beten, und Gott wird sich uns allen als treu erweisen.“

„Bitte fahren Sie doch fort mit dem, was Sie eben begonnen haben.“

„Wenn Sie möchten. Aber, wie ich gerade sagte, wenn ich Ihnen nun Dinge sage, die Sie nicht hören wollen? Schmerzliche Dinge, vielleicht ein Wort, das Ihnen unangenehm ist?“

„Ich denke, ich habe kein Recht, Sie um Ihre Meinung zu bitten, wenn ich nicht zuhören und sie nicht ertragen kann.“

„Sie sprechen wie ein kluger Mann.“

„Dann fahren Sie nur fort. Sagen Sie, was Sie auf dem Herzen haben. Ich hoffe doch, daß ich während der acht Jahre Gefängnis gelernt habe, so etwas auszuhalten.“

„In Ordnung. Dann will ich Sie beim Wort nehmen.“

Joseph nickte zustimmend.

64
Türen des Widerstands

„Für jeden Menschen", begann der junge Pastor nach einer Weile, „hat das Wort *letztgültig* eine besondere Bedeutung. Gibt es überhaupt so etwas wie eine letztgültige Wahrheit? Es ist zweifelhaft, außer natürlich, daß in Gott alle Wahrheit verborgen liegt, doch so meine ich das nicht."

Er unterbrach sich und fuhr sich nachdenklich übers Kinn.

„Ich will es einmal so ausdrücken", fuhr er dann fort. „In jedem von uns gibt es Türen, die wir unbewußt vor dem Eindringen der Wahrheit verschließen. Wir sind Meister der Selbsttäuschung. Wir nehmen an, sie seien allem Guten gegenüber offen, und geschlossen für alles, was schlecht ist. Ich bezweifle, daß je ein Mensch in den Spiegel gesehen und gesagt hat: ‚Ich bin engstirnig.' In dieser Beziehung täuschen wir uns alle selbst. Stimmen Sie mir zu?"

„Ich habe zwar noch nie darüber nachgedacht, doch für den Augenblick gebe ich Ihnen recht."

„Da es in jedem von uns vielleicht viele solcher Türen gibt, würde ich sagen, daß wir zwei große davon noch fester verschlossen halten als die anderen. Sie liegen ganz tief im Unterbewußtsein und schützen uns vor Charakterzügen, auf die wir nicht aufmerksam werden wollen – dunkle Flecken, die nicht beleuchtet werden sollen.

Genau dort wird der Schlüssel zu unserem persönlichen Wachstum aufbewahrt. Genau das sind die Türen, durch die das Licht und die Wahrheit dringen müssen, wenn wir gesunde und vollkommene Menschen werden wollen. Wenn wir die tiefste Wahrheit kennen und die tiefste Gemeinschaft mit Gott erleben wollen, müssen wir diese ganz fest verschlossenen Türen öffnen, durch die unsere Gedanken, Meinungen, Gefühle fließen … und durch die die Wahrheit uns erfüllen wird."

Wieder unterbrach er sich und betrachtete seinen Gast eindringlich. Innerlich betete er um die richtigen Worte, um fortzufahren.

Der ältere Palacki hatte sich auf seinem Stuhl zurückgelehnt und schien zu schlafen. Doch tatsächlich betete auch er für diesen eifrigen Juden, betete, daß die Saat, die in diesem Augenblick ausgesät wurde, auf fruchtbaren Boden fallen und Frucht bringen möge.

65
Der zweite rote Kreis

Am Morgen desselben Tages hatte Lola Reinhardt die Tür zu ihrem Büro aufgeschlossen, um mit ihrer Arbeit zu beginnen, während der flüchtende Jude noch geschlafen hatte.

Die Entdeckung, die sie in den folgenden fünf Minuten machte, und das, was daraus entstand, sollte ihr Leben für immer verändern.

Die Tür zum Büro des Bezirksleiters stand offen. Sie wußte, daß er noch nicht da war. Ganz in Gedanken versunken ging sie hinein, um wie gewöhnlich die Rollos hochzuziehen und das Licht anzumachen.

Auf dem Schreibtisch lag noch die Karte, die Schmundt am Abend zuvor studiert hatte. Langsam ging sie darauf zu, betrachtete die schwarzen Linien, die er darauf eingezeichnet hatte. Ihr war sofort klar, daß er versucht hatte, die Stationen des Amerikaners nachzuvollziehen, denn erst gestern hatten sie davon gesprochen.

Aber was bedeuteten die roten Kreise? fragte sie sich. Die waren neu.

Sie beugte sich vor, um sie sich genauer anzusehen ... zwei kleine Dörfer und die Stadt Halle. Das nördlichste Dorf kannte sie gut, dort lag das ehemalige Gut der von Dortmanns. Auch das andere Dorf kannte sie, obwohl sie noch nie dort gewesen war. Während ihrer eigenen Nachforschungen war sie darauf gestoßen, und auf einmal wurde sie von einer Vorahnung erfaßt.

Ohne konkrete Beweise zu haben, wußte sie, daß ihr Chef kurz davor stand, den Aufenthaltsort der Flüchtlinge auszumachen.

Sie hörte die Tür zum Vorzimmer aufgehen, drehte sich schnell um und verließ das Büro. Warum war sie auf einmal nur so nervös, als ob sie den Schlüssel zu einem großen Geheimnis entdeckt hatte, den sie nicht hätte entdecken sollen?

„Guten Morgen, Herr Bezirksleiter", sagte sie betont fröhlich.

Gustav antwortete mit einem kühlen Nicken, dann fragte er, ob Schulte an diesem Morgen schon aufgetaucht sei.

Lola erwiderte, dies sei nicht der Fall. Sie spürte, wie eine verlegene Röte ihre Wangen überzog. Hoffentlich war ihm das nicht aufgefallen.

„Nun, es wäre besser für ihn, wenn er bald käme", brummte Gustav. „Ich habe einen wichtigen Auftrag für ihn. Ich selbst werde eine Weile abwesend sein, Fräulein Reinhardt", fügte er hinzu.

„Wohin fahren Sie denn, wenn ich fragen darf?" meinte sie beiläufig.

„Nach Polen. Ich werde eine oder zwei Wochen fort sein. In verschiedenen Teilen des Landes werden wichtige Observierungen vorgenommen werden, Fräulein Reinhardt. Falls eine Nachricht für mich kommt, müssen Sie sie sofort an mich weitergeben. Ich werde Sie benachrichtigen, wo ich zu erreichen bin. Äußerst wichtige Angelegenheiten stehen an."

„Jawohl, Herr von Schmundt."

Aus seinem Tonfall schloß Lola, daß die Flüchtigen noch nicht entdeckt worden waren.

Und doch machte sie sich Sorgen.

Wußte er wohl, fragte sie sich, daß sie die roten Kreise auf seiner Karte gesehen hatte?

Den ganzen Tag dachte sie darüber nach, was ihre Entdekkung zu bedeuten hatte, und als sie zu Bett ging, lag sie bis tief in die Nacht hinein wach und überlegte, was sie tun sollte.

66

Die Freiheit der letztgültigen Wahrheit

Während Lola zu schlafen versuchte, wurde die ernste Unterhaltung zwischen dem polnischen Christen und dem russischen Juden fortgeführt.

„Als ich sagte, ich hätte es mir zum Gebetsanliegen gemacht, daß Ihnen die letztgültige Wahrheit offenbart werden möge", fuhr Dieter ruhig fort, „meinte ich, daß Sie das Ziel und den Höhepunkt erkennen, auf die Ihre Religion, Ihre Geschichte und Ihre Identität als Volk Gottes hindeutet. Ich glaube, daß unser himmlischer Vater Sie aus genau diesem Grund hierhergeschickt hat, damit Sie auf den Ruf reagieren und in die Familie eintreten, mit der Sie bereits so eng verbunden sind."

„Sie versetzen mich immer wieder neu mit Ihrer Offenheit in Erstaunen. Aber ich kann nicht sagen, ich sei nicht gewarnt gewesen!"

Palacki lächelte.

„Ich habe ein- oder zweimal miterlebt", fuhr Joseph fort, „wie Ihre Leute versucht haben, andere zu bekehren. Es war jedesmal eine sehr unangenehme Erfahrung. Ich konnte nichts von der Liebe spüren, von der sie geredet haben."

„Ich habe nicht die Absicht", erwiderte Palacki, „irgend jemanden zu meiner eigenen Denkweise zu *bekehren.* Ganz bestimmt nicht."

„Und doch sagen Sie, daß sie evangelisieren."

„Ja, damit die Menschen *frei* werden – frei, die Wahrheit zu verstehen, frei, sich selbst kennenzulernen, frei, ihren Vater im Himmel kennenzulernen! Das ist ein ganz anderer Auftrag als sogenannte ‚Bekehrte' zu sammeln. Nichts könnte mir ferner liegen."

„Was ist in Ihren Augen denn Freiheit?" fragte Joseph.

„Das ist eine sehr gute Frage ... und eine sehr wichtige."

Dieter dachte einen Augenblick nach. „Freiheit ist vermutlich das, was den Menschen zu allen Zeiten am allerwichtigsten war. Alle Menschen wollten frei sein. Und doch scheint die irdische Freiheit in Gottes Augen nicht so wichtig zu sein. Er möchte, daß die Menschen *in ihren Herzen* frei sind, wie immer ihre äußeren Lebensumstände auch sein mögen."

„Was ist denn die Freiheit des Herzens?"

„Die Freiheit von der Sklaverei und Tyrannei des eigenen Ich. Das menschliche Ich ist der grausamste aller Herrscher, ein Diktator, unter dem ein Mensch niemals glücklich sein kann."

„Ist es denn falsch, irdische Freiheit anzustreben?"

„Natürlich nicht. Wir helfen Menschen, wo wir können, den Ungerechtigkeiten des Kommunismus zu entfliehen. Sie versuchen, nach Israel zu kommen, wo Sie frei sein werden. Doch trotz dieser Bemühungen verlieren wir niemals aus dem Blickfeld, was wahre Freiheit ist, auf einer sehr viel tiefer liegenden Ebene. Ein Mensch kann politisch frei, und doch von den Fesseln seines eigenen Ich gebunden sein. Und wenn ich an mich denke – ich kann Polen vielleicht nicht verlassen oder Gottes Wort so frei verkünden, wie ich das gern möchte, aber trotzdem bin ich *frei*. Kein irdisches System kann mich versklaven. Sie können mich für den Rest meines Lebens ins Gefängnis bringen, doch nichts kann mir meine Freiheit nehmen. Verstehen Sie den Unterschied?"

Joseph nickte.

„Für mich ist es kein Zufall, daß das Volk Gottes, die Juden, so lange heimatlos in der Welt herumgeirrt sind. Gott hatte ihnen Freiheit versprochen, er hatte ihnen ein eigenes Land verheißen. Doch in den Augen der Welt hat sich keine der Verheißungen erfüllt. Der Grund dafür ist, daß die Freiheit, die er zu geben hat, keine politische Freiheit ist; auch ist das Land, in dem Milch und Honig fließen, nicht das Land Palästina, das wir nun wieder Israel nennen. Er möchte ihnen auch das geben, doch sie repräsentieren nicht die letztgültige Wahrheit. Nein, die Freiheit, die er geben möchte, ist dieselbe, die er allen Menschen schenken möchte."

„Welche?"

„Die Freiheit vom eigenen Ich, und damit die Freiheit, enge Gemeinschaft mit ihm zu haben."

„Eine für einen Zionisten revolutionäre Vorstellung."

„Zweifellos. Gottes Ziel ist kein politisches. Die innige Gemeinschaft, von der ich gesprochen habe, kann auch in Ketten, mit oder ohne ein Heimatland, und in Ihrem Fall mit oder ohne Ihre Verlobte ausgelebt werden. In diese Gemeinschaft können alle freien Menschen eintreten, egal wie schwer ihr Los auf Erden auch sein mag. Diese Gemeinschaft mit ihm ist die Freiheit, in die er uns führen möchte. *Sie* selbst ist das verheißene Land! Dafür hat Mose die Kinder Israel aus Ägypten geführt – um uns ein Bild für die Sklaverei zu geben, der wir nach dem Willen Gottes entkommen sollen ... der Sklaverei des eigenen Ich, aus der uns der Befreier, der Messias, auf den Mose symbolisch hinweist, führen soll. Der Messias ist gekommen, mein lieber Freund, um uns ins verheißene Land zu führen ... in die Freiheit, damit wir Gemeinschaft mit dem Schöpfer haben können, der uns geschaffen hat!"

Joseph dachte einige Zeit schweigend nach, dann ergriff er wieder das Wort. „Wie soll ich als Jude auf das reagieren, was Sie sagen?"

„Es ist eine große Gefahr, geistliche Dinge von einem kulturellen, sozialen oder politischen Standpunkt aus anzugehen", erwiderte Palacki. „Bis zu einem gewissen Grad tun das alle Religionen, und darin liegt auch ihre Schwäche."

Er machte eine Pause und fuhr dann fort. „Die jüdische Religion ist in dieser Beziehung besonders anfällig", sagte er, „weil sie so tief kulturell, geschichtlich, ethnisch und gesellschaftlich verwurzelt ist. Diese Merkmale sind einerseits ihre Stärke ... doch, wie ich schon sagte, passiert es sehr leicht, daß das persönliche Leben verlorengeht, das immer ihre Grundlage sein sollte. Seit Ende des Krieges ist sie durch die Ausbreitung des Zionismus noch politischer in ihrer Orientierung geworden."

Palacki räusperte sich kurz. „Und nun bin ich bei der Antwort auf Ihre Frage angekommen", fuhr er dann fort. „Mir ist klar, daß ich oft Umwege gehe, um auf den Punkt zu kommen. Doch es ist wichtig, die Grundlage zu schaffen für das, was ich sagen will. Darum komme ich nun endlich zu dem, was das alles mit Ihnen zu tun hat. Ich fürchte, daß die politischen Aspekte Ihres Glaubens die Religion für Sie zu einer politischen, kulturellen und geschichtlichen Angelegenheit haben werden lassen; daß Sie einfach den persönlichen Bezug dazu verloren haben."

Joseph schwieg und blickte unter sich. Die Worte hatten ins Schwarze getroffen, doch er wußte, daß sie aus der Liebe heraus gesprochen worden waren.

Er wußte auch, daß Palacki recht hatte.

„Für Sie ist die Wahrheit etwas Äußerliches, etwas, das nichts mit Ihnen selbst zu tun hat. Sie fragen nicht danach, was der Wille Gottes für Sie ist. Ihr Glaube ist eine Religion für Sie, keine persönliche Erfahrung.

Aber was anderes kann eine Religion sein? Wenn sie nicht erfahren werden kann, dann ist sie überhaupt keine Religion, oder eine falsche.

Wenn ich recht habe – und nur Sie können das beurteilen – dann werden Sie niemals die letztgültige Wahrheit oder die wirkliche Freiheit finden, egal, ob Ihre Flucht in den Westen nun gelingt oder nicht."

67
Gemeinschaft mit dem Vater

Es folgte eine lange Stille. Der Abend war bereits weit fortgeschritten. Frau Palacki hatte sich zur Ruhe begeben, nur die eine Lampe im Wohnzimmer brannte noch. Der ältere der beiden Männer saß immer noch mit geschlossenen Augen auf seinem Stuhl und betete.

Schließlich durchbrach Joseph das Schweigen.

„Wie kann diese Gemeinschaft erreicht werden?" fragte er. „Männer und Frauen aller Zeiten in der ganzen Welt haben die Frage gestellt, wie Gemeinschaft mit Gott erreicht werden kann. Doch nur wenigen ist es gelungen."

„Weil nur sehr wenige Jesus als den Christus gesucht haben, damit er ihnen die Antwort zeigt. Hierin hat Ihr eigenes Volk einen Irrtum begangen. Jesus wurde von Gott geschickt, zu *euch,* zum Volk Israel. Um ein wirklicher Jude zu sein, müssen Sie in die Gemeinschaft mit Gott als Ihrem Vater eintreten. Jesus hat den Weg dazu geebnet. Ohne diese Gemeinschaft bleibt Gott der alttestamentliche Richter und Gesetzgeber, der Mächtige und Souveräne, doch nicht der *liebende Vater,* mit dem Sie Gemeinschaft haben können.

Ihre Beziehung zu ihm bleibt unvollständig. Darum ist Jesus einzigartig, darum ist er der Messias, weil er gekommen ist, um uns in eine Gemeinschaft zu führen, von der die alttestamentlichen Schriften nur ein unvollständiges Bild geben."

Wieder entstand eine Pause. Wieder einmal war es Joseph, der sie durchbrach.

„Dann sind Sie also nicht der Meinung, daß ich als Jude etwas glaube, das *nicht wahr ist,* wie ich das von den Buddhisten zum Beispiel sagen würde?"

„Keinesfalls. Falls Sie einen solchen Eindruck gewonnen haben sollten, verzeihen Sie mir. Ich meinte nicht falsch, sondern unvollständig." Palacki unterbrach sich. „Und doch kann es sein, daß auf einer der Türen des Widerstandes in Ihnen der Name Jesus steht."

Joseph nickte langsam, sagte jedoch nichts.

„Darum habe ich auch an diesem Punkt begonnen", fügte Palacki hinzu, „denn dies ist die Tür, die die Juden öffnen müssen. Sie müssen glauben, daß Jesus der Messias ist."

„Obwohl ich Jude bin", sagte Joseph nach einer Weile, „haben Sie mich Bruder genannt. Viele Ihrer Mitchristen würden mich ganz anders nennen, aber ganz bestimmt nicht Bruder."

Palacki lächelte ihn an. „Paulus", sagte er, „der Pharisäer und Christenverfolger des ersten Jahrhunderts, wurde zum Sprecher dieser Bewegung, die er auszurotten versuchte. Er schrieb an die junge christliche Gemeinde in Ephesus von der geheimnisvollen Verstrickung des jüdischen und christlichen Glaubens. Er nannte es ein Geheimnis."

„Erklären Sie mir das."

„Paulus versuchte den Heidenchristen die seltsame Beziehung zwischen dem alttestamentlichen Judaismus und dem *erfüllten neutestamentlichen Judaismus* zu erklären. Er sagte, früher habe es eine Trennung zwischen Juden und Heiden gegeben. Jesus sei gekommen, sagt er, um die beiden zu vereinen, um alle Menschen zu vereinen, um die Heiden in den Abrahamsbund mit hineinzunehmen.

Paulus nannte dies ein Geheimnis – ein Geheimnis, das während der vergangenen Zeitalter verborgen geblieben, doch nun offenbart worden sei ... aber – und dies ist der große Stolperstein für die Juden, der sie davon abhält, diese große Offenbarung ganz zu begreifen – es sei eine Erfüllung der Wahrheit *offenbart durch Jesus*. Hören Sie auf die Worte des Paulus: ‚daß die Heiden Miterben sind und mit zu seinem Leib gehören und Mitgenossen der Verheißung in Christus Jesus sind durch das Evangelium.' *Mitgenossen der Verheißung!*" wiederholte er. „Was anderes kann das bedeuten, als daß die Verheißung, der Bund mit Abraham – *durch Jesus erfüllt und vervollständigt worden ist*. Wenn diese Worte nicht für eine Bruderschaft zwischen Juden und Christen sprechen, dann weiß ich es nicht."

„Ich verstehe Ihren Standpunkt“, lachte Joseph.

„Sie sehen also, mein Freund – und Bruder! –“, fuhr Palacki fort, „das Judentum und das Christentum sind nicht voneinander zu trennen. Sie haben dieselbe Grundlage und wachsen auf demselben Boden. Der Judaismus als religiöses System ist allerdings schlicht nicht vollständig. Gott pflanzte den Samen mit Abraham, und in den vergangenen viertausend Jahren ist er zu einem großen Baum gewachsen. Christen sind Juden im geistlichen Sinne. Wir sind alle Abrahams Nachkommen, Kinder des Bundes. Juden müssen Christen sein, das heißt, Nachfolger Christi – Jünger Jesu, des Messias, der selbst ein Jude war, der vollkommene Jude überhaupt, den Gott in diese Welt gesandt hat, – um *vollkommene* Juden zu sein. Zwischen Juden und Christen gibt es kein Falsch oder Richtig. Eine wundervolle Harmonie soll nach Gottes Willen zwischen uns bestehen. Paulus faßt das großartig zusammen – *Miterben* mit Israel, *Mitgenossen* in der Verheißung. Verstehen Sie nicht“, fuhr Palacki aufgeregt fort, „Sie haben eine Gelegenheit, die ein Heide nie haben wird – Sie können ein *vollkommener* Jude und ein *vollkommener* Christ werden, ein erfüllter und vollkommener Mann Gottes. Ich beneide Sie darum, auch wenn ich keineswegs unzufrieden bin mit meinem Los. Ich beneide Sie um die Gelegenheit, ein Führer unter Ihrem Volk zu sein, der wirklich begriffen hat, wie tief und hoch und breit der Bund ist, zu dem Ihre Rasse erwählt ist!“

68

Die nächste Station der Reise

Kochow Rydz, das jüngste aktive Mitglied der Bruderschaft, kam gegen 1 Uhr 30 über die Felder zur Hintertür des Hauses der Palackis.

Joseph war bereit. Bis kurz nach halb zwölf hatte er sich mit den Palackis unterhalten, dann bis zu seinem Aufbruch noch ein wenig geschlafen. Sehr herzlich verabschiedete er sich von seinen Gastgebern und begab sich auf die zweite Etappe seiner Reise in die Freiheit.

Kochow und Joseph wanderten achtzehn Kilometer zu Fuß durch die Nacht. An ihrem Ziel angekommen wartete seltsamerweise dasselbe Auto auf Joseph, das er am Tag zuvor in Bialystok in der Scheune zurückgelassen hatte.

Es war vollgetankt, hatte polnische Nummernschilder, und in einer Tüte auf dem Boden entdeckte er eine Thermoskanne mit heißem Kaffee, zwei Äpfel und einen Laib frisch gebackenes Brot.

„Wie ... aber woher –" stammelte er erstaunt.

„Für alles ist gesorgt", meinte sein junger Gefährte.

„Aber, ich dachte, Ihre Bruderschaft sei nur klein ... habe ich nicht alle kennengelernt?"

„Die Bruderschaft hat viele Freunde. Nun müssen Sie auf Seitenstraßen nach Warschau fahren für den Fall, daß der Wagen bekannt ist. Normalerweise wird das anders gehandhabt, aber da Sie hier aufgewachsen sind, können Sie mit dem Auto weiterfahren. Doch Sie müssen vorsichtig sein. Da ist eine Karte, falls Sie nicht mehr weiterkommen."

„Warum kann ich nicht durch Polen nach Deutschland reisen?"

„Und was würden Sie dann tun?" fragte Kochow. „Wie wollen Sie verhindern, daß Sie eine Spur hinterlassen? Wo wollen Sie bleiben, woher deutsches Geld bekommen und deutsche Ausweispapiere? Wenn Sie nun Schwierigkeiten bekommen? Der KGB ist Ihnen dicht auf den Fersen; dessen sind wir nach dem, was gestern abend passiert ist, sicher."

„Ja ... natürlich, Sie haben recht."

„Vor allem", fuhr Kochow fort, der trotz seiner Jugend offensichtlich schon vielen Flüchtenden geholfen hatte und genau wußte, worauf es ankam, „was würden Sie tun, wenn Sie tatsächlich Berlin erreichten? Wenn Sie nach Israel wollen, müssen Sie in den Westen. Und das wird von Tag zu Tag schwieriger und gefährlicher. Niemand kann das allein schaffen."

„Wie werde ich denn dann in den Westen kommen?" fragte Joseph, dem auf einmal klarwurde, was noch alles vor ihm lag. Zuerst war er nur damit beschäftigt gewesen, die Sowjetunion sicher zu verlassen, doch nun türmte sich ein ganzer Berg von Schwierigkeiten vor ihm auf.

„Das weiß ich nicht", antwortete Rydz. „Niemand aus unserer Bruderschaft weiß das. Wir stehen, wie Dieter erklärt hat, nur in lockerer Verbindung zu anderen Untergrundorganisationen. Wir sind reine Mittelsmänner, die für Sie den Kontakt zu anderen herstellen. Allerdings werden wir von diesem Augenblick an für Ihre Sicherheit beten."

„Warum fahre ich nicht einfach durch Polen und nehme dann Verbindung mit den Leuten des Untergrunds auf der anderen Seite des Landes auf?"

„Sie haben doch selbst im Untergrund gearbeitet und wissen, wie das läuft. Zur Sicherheit aller werden die Verbindungsstücke kurz gehalten. So etwas darf man nicht überstürzen. Es kann sein, daß Sie eine Woche oder sogar noch länger brauchen, obwohl es nach Berlin nur fünfhundert Kilometer sind. Es könnten Gefahren auf Sie warten, von denen Sie keine Ahnung haben. Vielleicht müssen Sie eine Zeitlang in einem der Verstecke bleiben. Wir müssen sehr aufpassen, daß keine Einzelnen oder andere Organisationen in Gefahr geraten."

Joseph lächelte. Natürlich wußte er das. Nicht einmal in Moskau hatte er jemanden finden können, der den Rabbi persönlich kannte.

„Damit Vertrauen aufgebaut werden kann, müssen Sie durch die Untergrundkanäle weitergereicht werden, wie die anderen es für richtig halten. Das ist in der heutigen Zeit der einzige Weg. Bevor Sie Berlin erreichen, werden Sie vielleicht an drei oder vier Gruppen wie die unsere weitergereicht werden, die alle den Wunsch haben zu helfen, aber nur sehr wenig voneinander wissen."

„Sie wissen gar nichts darüber, wie ich in den Westen gebracht werden soll?“

„Wir haben von einem Netzwerk gehört, das in Ihrem Fall weiterhelfen soll. Man erzählt sich von der geplanten Flucht eines wichtigen Mannes –“

„Eines Rabbis?“ unterbrach Joseph ihn hoffnungsvoll.

„Davon weiß ich nichts. Ich glaube, ein Christ, ein Mann, der schon seit vielen Jahren politischer Gefangener ist. Ob das aber stimmt, weiß ich nicht. Doch wir vermuten, daß Sie vielleicht mit ihm zusammen in den Westen geschleust werden.“

„Von wem?“

„Genaues wissen wir nicht. Gelegentlich hören wir von einem Netzwerk, das Verbindungen in den Westen haben soll.“

„Aber Sie wissen nichts von ihnen?“

„Nur daß es den Namen einer Blume trägt.“

„Welcher Blume?“ fragte Joseph. Vielleicht ... auch in Moskau hatte er Gerüchte davon gehört.

„Nur eine Blume“, erwiderte Rydz. „Mehr weiß ich nicht, mein Freund. Wir müssen nun Abschied nehmen. Gott beschütze Sie.“

„Schalom. Grüßen Sie Ihre Brüder von mir, und danken Sie ihnen noch einmal.“

„Wir werden für Sie beten, Bruder.“

69
Die Rache des KGB

Inzwischen war der KGB ihnen dichter auf der Spur, als sie ahnten.

Noch während der junge Rydz zu Fuß nach Bialystok zurückkehrte, fuhr Emil Korsch wieder einmal zu dem Haus von Dieter Palacki. Er hatte den Verdacht, daß der Kerl mehr von dem flüchtigen Juden wußte, als er erzählte. Alle Berichte deuteten darauf hin, daß der Mann von Rußland aus nach Bialystok gefahren war. Zwischen der Grenze und Warschau gab es keine anderen christlichen Organisationen, die in Frage kamen. Und sowohl Bolotnikow als auch Grazinski bestätigten, daß Palacki sehr wagemutig und offen sei.

Er wußte bestimmt etwas!

Zwar hatte auch die Beobachtung des Hauses der Palackis nichts ergeben, doch Korsch war mißtrauisch geblieben. Schließlich hatte er beschlossen, den Palackis am folgenden Tag einen weiteren Besuch abzustatten.

Falls der Pastor ihm nicht sagen würde, was er wissen wollte, dann würde er dafür eben mit seiner Freiheit bezahlen!

Emil Korsch klopfte an die Tür.

Es dauerte zwei oder drei Minuten, bis geöffnet wurde.

„Aus dem Weg, Alte!" brüllte Korsch, schob Frau Palacki unsanft beiseite und stürmte ins Haus. „Wo ist er?"

Die arme Frau brachte vor Angst keinen Ton heraus. Ihr Sohn kam aus dem Wohnzimmer. Er hatte seine Arbeitskleidung an, weil er gerade zur Arbeit gehen wollte.

„Palacki!" rief Korsch. „Ich befehle Ihnen, mir zu sagen, was Sie in der Angelegenheit des Kriminellen wissen, den ich suche."

Nun kam auch Dieters Vater aus dem Zimmer.

„Bitte, mein Herr, mein Sohn weiß nichts. Vielleicht könnte ich –"

Ein Schlag ins Gesicht brachte ihn zum Schweigen und ließ ihn zu Boden gehen.

„Sie brauchen keine Gewalt anzuwenden", sagte Dieter und trat vor. Es fiel ihm schwer, sich zu beherrschen. Er war kein Feigling und hätte ohne nachzudenken sein Leben für das seines Vaters aufs Spiel gesetzt. Doch seine Eltern hatten ihm andere Wertmaßstäbe vermittelt. Er wußte, Rache war keine Antwort. ... und sie würde nichts bewirken.

Korsch sah die Wut in den Augen des jungen Mannes aufflackern, und er wußte sehr gut, wie es in ihm aussehen mochte. Ähnliche Situationen hatte er schon früher erlebt, immer bei sogenannten Christen, die zu feige waren zu beweisen, daß sie richtige Männer waren.

Ein Grinsen breitete sich auf seinem Gesicht aus.

„Sie würden es mir gern mit Ihren Fäusten heimzahlen, daß ich Ihren Vater geschlagen habe, ja? Wer hält Sie davon ab? Sie sind jung und stark; ich bin schon älter. Sie könnten mich leicht überwältigen ... vielleicht sogar töten."

Palacki starrte ihn nur an und antwortete nicht.

Wieder traf sich ihr Blick, wie schon zwei Abende zuvor. Korsch versetzte Dieter einen Stoß, daß er nach hinten taumelte.

„Was hält Sie davon ab, Palacki?" stichelte er. „Kommen Sie, retten Sie Ihre Eltern. Ich bin doch allein –"

Wieder versetzte er ihm einen Stoß, diesmal heftiger als den ersten. Seine Wut wurde durch die Passivität des anderen nur noch angestachelt.

„Haben Sie Angst?" Er boxte ihn in den Magen und trat mit dem Fuß nach ihm, als Dieter zu Boden ging.

„Hören Sie auf!" schrie Dieters Mutter angstvoll und packte Korsch am Arm.

Im nächsten Augenblick flog sie rückwärts durch den Raum. Ihr Mann war sofort an ihrer Seite.

Dieter stand nun mit blitzenden Augen vor Korsch.

Hätte Korsch nur noch einmal seine Hand gegen seinen Vater oder seine Mutter erhoben, wäre Dieters Wut über ihn hereingebrochen.

Korsch bemerkte die Veränderung und hielt es für angebracht, eine Konfrontation zu vermeiden. Er richtete sich zu seiner vollen Größe auf und zielte mit dem Revolver auf ihn.

„Wie ich es mir gedacht habe", sagte er mit kaltem Zynismus. „Sie sind ein Feigling durch und durch. Ein Pole und Christ – ich kann mir keine idealere Kombination für einen Feigling vorstellen. Jetzt kommen Sie mit, Sie junger Heuchler und Dummkopf! Sie sind verhaftet!"

70
Ehemänner und Ehefrauen

Mit dreckverschmiertem Gesicht und schmutziger Kleidung kletterte Angela Peters aus dem Tunnel, den ihr Mann eigens für sie gegraben hatte.

„Franz!" rief sie, beinahe hysterisch vor Freude und fiel ihm in die Arme.

„Ich wußte, daß du es warst ... die Nachricht mit der Heide ... die –"

Sie brachte kein weiteres Wort mehr heraus, sondern sank weinend in seine Arme.

Hinter ihr kam nun Kohls Frau aus der Grube gekrochen.

Mit Zufriedenheit und Stolz beobachtete der Dritte im Bunde, Friedrich Detmold, das Wiedersehen. Selten hatte er eine solche Genugtuung empfunden. *Das ist viel besser als Wolkenkratzer zu bauen,* sagte er sich. Vielleicht würde er die Fluchthilfe fortan zu seiner Lebensaufgabe machen!

Nun entdeckte Angela den Bauunternehmer, der ihr und ihrem Bruder Wochen zuvor den seltsamen Besuch abgestattet hatte.

„Herr Detmold!" rief sie, rannte zu ihm und umarmte ihn. „Danke ... vielen Dank!"

„Anscheinend haben Sie meine Botschaften entschlüsseln können", sagte er lachend. „Ich fürchte, das war nicht mein Meisterstück."

„Oh ja, wir haben alles genau verstanden."

Angela wendete sich wieder ihrem Mann zu. Er zog gerade das Seil aus dem Tunnel.

„Ist alles wieder wie es war, Herbert?" fragte er Kohl.

„Auf unseren Freund Brecht wird kein Verdacht fallen."

„Gut ... dann wollen wir unseren Frauen mal Westberlin zeigen!"

„Oh, da fällt mir etwas ein!" rief Angela. „Ich muß jemanden anrufen."

„Wen?“

„Eine liebe Freundin bat mich darum, ihrer Freundin Nachricht zu geben, daß sie hoffte, sie bald zu sehen.“

71
Freundschaften

Seit fast einer Woche hatte Ursula nun schon das Gefühl gehabt, daß eine Veränderung bevorstand. Seltsame Vorahnungen hatten sie während ihrer Andachtszeit beschlichen. Fast unablässig mußte sie an Sabrina und Joseph denken.

Doch so sehr sie auch betete, sie konnte nicht herausfinden, was Gott ihr zu sagen versuchte. Gleichzeitig hatte sie aber auch das Gefühl, daß Gott etwas von ihr erwartete.

Zwei oder dreimal schon hatte sie den Hörer in der Hand gehabt, um Thaddeus anzurufen, es sich dann aber wieder anders überlegt. Was sollte sie ihm schon sagen?

Ein paarmal hatte sie sich auch hingesetzt und einen Brief an ihn begonnen, doch das war ihr genausowenig gelungen. Vielleicht sollte sie am kommenden Wochenende zu ihm fahren.

Ursula erhob sich von ihrem kleinen Küchentisch, wo sie gerade ein leichtes Abendessen eingenommen hatte. Der Abend war warm, und es würde noch mehrere Stunden hell sein. Sie würde einen Spaziergang machen.

Sie verließ ihre Wohnung, stieg die Treppe hinunter und trat auf die Straße.

Eine halbe Stunde später fand sie sich in der Friedrichstraße wieder, am Grenzübergang zwischen Ost- und Westberlin. Sie blieb stehen und betrachtete die Betonmauer.

Eine ganze Zeitlang stand sie dort und dachte an nichts Bestimmtes, blickte nur durch den Grenzübergang hindurch auf die andere Seite der Stadt.

Wo ist Sabrina nur? fragte sie sich. *Was ist aus ihr geworden?*

Reglos stand Ursula dort, als wäre sie gefangen zwischen zwei Welten, zwischen dem Osten und dem Westen, zwischen Unterdrückung und Freiheit, zwischen der Vergangenheit, von der sie kam und der Zukunft, zu der sie unterwegs war.

Doch was war ihre Zukunft?

Wo lag ihr Ziel?

Ursula hatte das Gefühl, daß sie sich in einer Art Niemandsland befand. Sie war unfähig, weiterzugehen ins Leben und die Freiheit ... bis ihr eine Art Offenbarung gegeben würde, die ihr half, mit der Vergangenheit abzuschließen.

Und doch ... sie konnte nicht hinter die Mauer der Gegenwart blicken, nicht einmal –

„Kann ich Ihnen helfen, Fräulein?" ertönte eine Stimme hinter ihr.

Verwirrt drehte Ursula sich um. Da stand ein amerikanischer Soldat, ein Grenzposten, der sie angesprochen hatte.

„Oh ... oh nein", erwiderte sie. „Ich ... ich war nur in Gedanken versunken."

Sie drehte sich um und ging davon.

Die Dämmerung hatte sich bereits auf die Stadt gelegt. Ursula verspürte noch nicht den Wunsch, nach Hause zu gehen. Langsam drehte sie sich um und ging in Richtung Stadtmitte. Hier herrschte noch reges Treiben, doch sie fühlte sich irgendwie fehl am Platze.

Erst kurz nach elf kam sie nach Hause. Sie war gerade aus ihrer Badewanne gestiegen, als ihr Telefon läutete. Die Unterhaltung war nur kurz, aber sie veränderte in kurzer Zeit alles für Ursula. Freudig erregt legte sie den Hörer auf. Plötzlich machte alles Sinn – die ganze vergangene Zeit, ihre nachdenkliche Stimmung!

Gott hatte sie aufrütteln wollen, sie bereitmachen wollen für das, was nun kam!

Es war so schön, endlich etwas von Sabrina zu hören. Der Telefonanruf war von Angela Peters gewesen. Angela hatte erzählt, daß Sabrina vielleicht bald nachkam!

Nun würde sie Thaddeus anrufen – als erstes morgen früh! Sie konnte es nicht erwarten, ihm die Neuigkeiten zu berichten.

72

Entdeckt!

Matthew, Sabrina und Baron von Dortmann warteten nun schon seit drei Monaten.

Sie fühlten sich wohl in ihrer Umgebung, daran konnte kein Zweifel bestehen. Der Umgang mit seinen Gastgebern hatte Baron von Dortmann neue Kraft gegeben. Viele Abende verbrachten er und Herr Möller, der Patriarch dieser kleinen Gemeinschaft, im Gespräch miteinander, über geistliche Dinge, aber auch über Angelegenheiten, die den Hof betrafen.

Im Laufe der Wochen und Monate hatten Sabrina und Matthew häufig darüber gesprochen, was aus dem Baron werden sollte. Doch zu einer Entscheidung waren sie noch nicht gekommen. Sie wollten darauf warten und darum beten, daß Gott ihnen seinen Willen zeigen würde.

Ihr Freund Udo Bietmann hatte die Augen und Ohren offengehalten für einen Fluchtweg, doch Hilfe kam schließlich von ihren Freunden aus Großbeeren.

Bietmann, der nicht wußte, daß er von der Stasi überwacht wurde, suchte seine Freunde auf dem Hof der Möllers sechs Tage nach Angelas Besuch auf. Sabrina sah ihm sofort an, daß dies nicht nur ein freundschaftlicher Besuch war.

„Erich Brumfeldt hat mich heute angerufen", sagte er zu Sabrina. „Wo sind Matthew und Ihr Vater? Wir müssen miteinander reden."

„Kommen Sie mit, wir gehen zu ihnen", erwiderte sie.

Zusammen verließen sie das Haus und überquerten den Hof. Kurze Zeit später kamen alle vier aus der Scheune.

„Dahlmanns Schwester hat es vor vier Tagen geschafft."

„Oh!" rief Sabrina, „das ist ja wundervoll."

„Ihr müßt euch bereithalten. Es kann schon morgen losgehen, es kann auch noch eine Woche dauern. Er sagte, Dahlmann warte auf die Nachricht von einem Burschen von drüben, einem Bauunternehmer. Alles wird bereits von den Leuten drüben vorbereitet."

„Wir werden bereit sein", versicherte Matthew ihm.

Alle waren so in ihre Unterhaltung vertieft, daß keiner von ihnen die Gestalt bemerkte, die sie von dem kleinen Wäldchen aus beobachtete.

In seiner rechten Hand hielt der Mann ein Fernglas. Damit beobachtete er, wie der Mann, dem er gefolgt war, an die Tür klopfte.

Als Sabrina die Tür öffnete, wußte er, daß seine Geduld belohnt worden war! Ein Irrtum war ausgeschlossen. Nach der Beschreibung, die man ihm gegeben hatte, erkannte er sie sofort.

Er beobachtete, wie die beiden zur Scheune gingen, und als sie eine Weile später mit den anderen beiden Männern wieder auftauchte, war er hocherfreut. Ganz sicher würde diese Entdeckung eine Beförderung bedeuten!

Endlich hatte er sie gefunden!

Er drehte sich um, eilte zu seinem Wagen und war schon bald auf dem Weg nach Berlin.

73
Die Brücken hinter sich abbrechen

Als Schulte freudestrahlend das Büro betrat, wußte Lola, daß er gute Neuigkeiten brachte.

„Wo ist Bezirksleiter Schmundt?“ fragte er. „Ich muß ihn sofort sprechen.“ „Er ist, äh ... er ist nicht da“, antwortete Lola ausweichend. „Haben Sie sie gefunden?“ „Ja, ja tatsächlich!“ erwiderte der Agent triumphierend. „Ich muß mit Herrn von Schmundt sprechen! Er wird sie sofort verhaften wollen. Heute ist noch Zeit dazu.“

In späteren Jahren würde Lola auf die nun folgende Unterhaltung mit Schulte zurückblicken und sich fragen, ob die Lüge ein gerechtfertigter Preis für die Freiheit, ihre eigene und die anderer, gewesen war.

Das war eine Frage, die sie wohl nie würde beantworten können.

Entschlossen wandte sie sich nun jedoch dem jungen Assistenten zu und sprach mit einer ungewohnten Autorität, der er sich sofort widerspruchslos beugte.

„Wunderbar, Herr Schulte!“ meinte sie überschwenglich. „Ich werde Herrn von Schmundt sofort benachrichtigen. Er hat mich gebeten, ihm unverzüglich Bescheid zu geben, wenn ich von Ihnen höre.“

„Aber sollte ich nicht –“ begann der junge Agent.

Lola schnitt ihm das Wort ab, noch bevor er den Satz zu Ende sprechen konnte.

„Keine Sorge. Ich werde bald mit Herrn von Schmundt sprechen. Sie haben sie also in Kehrigkburg gefunden, ist das korrekt?“

„Ja“, erwiderte Schulte.

„Bei diesem Bietmann?“ fragte Lola, um sich zu vergewissern. Falls sie sich irrte, konnte sie die Flüchtigen verraten.

„Ja ... ja, das heißt, nicht genau, dort ganz in der Nähe.

Aber dieser Bietmann weiß Bescheid. Mir war gar nicht klar, daß Sie so genau informiert sind."

„Natürlich. Ich habe doch von Anfang an mitgearbeitet. Als er gestern abend in die Stadt zurückkehrte", fuhr Lola fort, „sagte Herr von Schmundt, er sei nun sicher, daß es sich um Kehrigkburg handele. Er sagte, er würde heute nachmittag selbst hinfahren, um Sie zu treffen, doch falls Sie vorher mit Informationen zurückkehrten, sollte ich mir von Ihnen alle Einzelheiten berichten lassen und Sie dann nach Halle schicken, damit Sie sich mit den anderen treffen."

„Mit den anderen? Wonach suchen sie denn?"

„Nach den übrigen Verbindungsleuten des christlichen Netzwerks natürlich", erwiderte Lola verärgert. „Und nun setzen Sie mich bitte über die Einzelheiten in Kenntnis, Herr Schulte. Der Bezirksleiter wird sicher sofort über diese Neuigkeiten informiert werden wollen!"

Der junge Agent berichtete kurz von den Bauernhäusern, zu denen er Bietmann gefolgt war.

„Gut ... das haben Sie sehr gut gemacht!" sagte Lola. „Vielleicht kann dies eine Beförderung für Sie bedeuten, wenn die Verräter erst einmal ihrer verdienten Strafe zugeführt worden sind. Und nun müssen Sie sofort nach Halle aufbrechen. Dort sind zu wenig Leute. Ornsberg wartet im Lenin-Hotel auf Sie."

Etwas verwirrt verließ Schulte das Gebäude.

Nachdem sie sich vergewissert hatte, daß er wirklich fort war, knipste Lola die Lichter aus, schaute sich noch einmal seufzend um und verließ das Büro.

Eine wichtige Aufgabe wartete auf sie.

74

Josephs Flucht

Joseph Aviz-Rabin wurde auf seiner Flucht durch Polen von einem zum anderen weitergegeben – schlafen ... essen ... gehen ... fahren ... er wußte nie, wohin sein Weg ihn führen würde.

Noch nie hatte er sich in einer Situation befunden, wo er anderen so blind vertrauen mußte. Immer war *er* derjenige gewesen, der anderen half; nun war er selbst ein verwirrter Pilger, der mitten in der Nacht von Menschen geweckt wurde, die ihm sagten, er solle sich schnell anziehen und ihnen folgen. Nun war *er* derjenige, der in der einen Nacht in einer Scheune, in der nächsten in einem weichen Bett schlief, der alles bekam, was er brauchte, wenn er nur den Anweisungen folgte, die man ihm gab.

Im Laufe der Tage verstärkte sich das Gefühl in ihm, daß eine unsichtbare Macht über ihm wachte. Noch nie hatte er so unmißverständlich die Gegenwart Gottes in seinem Leben erfahren.

Immer wieder mußte er an die Worte Dieter Palackis denken:

Um ein vollkommener Jude zu werden, müssen Sie in die Gemeinschaft mit Gott als Ihrem Vater eintreten, die Jesus der Welt ermöglicht hat.

Ihre Beziehung zu ihm bleibt unvollkommen ... Jesus, der Messias kam in die Welt, um uns die Gemeinschaft zu bringen, die im Alten Testament nur unvollkommen ist.

Er spürte diese Gemeinschaft mehr und mehr.

Und doch wußte er nicht, was er tun sollte, wie er darauf reagieren sollte. Er konnte auf nichts in seiner jüdischen Erfahrung zurückgreifen; er hatte keine Ahnung, was mit ihm passierte und wußte nicht, wie seine Antwort auf den Ruf lauten sollte.

Dieter Palacki hatte eine Frage aufgeworfen, die ihn nicht

mehr losließ: Suchte er wirklich nach der Wahrheit – war er bereit, die Wahrheit über sich selbst herauszufinden, über seine Fehler, über die Schwachstellen in seinem Glaubenssystem?

Er war ein scharfer Analytiker und wußte, wohin diese Fragen führen würden. Doch war er auch mutig genug, sich ihnen zu stellen?

Die Begegnung mit der Bruderschaft in Bialystok hatte ihn tief beeindruckt. Für ihn, Joseph Aviz-Rabin, ließ sich das Gespräch mit Dieter Palacki auf die eine Frage reduzieren: *Wenn Jesus Christus nun tatsächlich der Messias ist?*

Wenn er nur mit seinem *Intellekt* nach der Wahrheit suchte, dann würde die Antwort auf diese Frage keine weitreichenden Konsequenzen für ihn haben.

Doch wenn er *wirklich* nach der Wahrheit suchte, dann hing von der Antwort auf diese Frage viel für ihn ab!

Beantwortete er sie nämlich mit ja, hätte das unweigerlich eine zweite Frage zur Folge: *Wie muß sich mein Leben dann konsequenterweise ändern?*

75
Unerwartete Hilfe

Lola Reinhardt war entschlossen, die Flüchtlinge zu warnen. Ihr war klar, daß Schulte und Gustav von Schmundt miteinander sprechen würden. Wieviel Zeit sie hatte, wußte sie nicht – vielleicht zwei oder drei Tage … allerhöchstens vier.

Sie konnte versuchen, auf eigene Faust das Versteck zu finden, doch sie beschloß, zuerst zu dem Mann zu gehen, den sie aus den Akten schon einige Zeit kannte.

Unsicher stand Lola Reinhardt vor Udo Bietmanns Tür.

„Herr Bietmann?“ hatte sie gefragt.

„Ja, ich bin Udo Bietmann."

„Sie kennen mich nicht", hatte Lola gesagt, „und bitte ... haben Sie keine Angst vor mir. Ich habe Ihnen etwas zu sagen."

Sie brach nervös ab. Wie sehr hatte sie sich in dem vergangenen Jahr verändert!

„Ich bin die Sekretärin von Bezirksleiter Schmundt", sagte sie. „Ich muß unbedingt mit den Leuten sprechen, die Sie hier verstecken."

„Ich verstecke niemanden", gab Bietmann wahrheitsgetreu zurück.

„Ich meine nicht hier. Sie befinden sich auf einem Bauernhof außerhalb des Dorfes."

Bietmann stellte erstaunt fest, daß die Frau Bescheid wußte.

„Bitte, Sie müssen mir vertrauen", flehte Lola. „Ich bin aus eigener Initiative hergekommen. Herr von Schmundt würde mich auf der Stelle verhaften lassen, wenn er es wüßte. Ich muß mit ihnen sprechen. Er selbst wird bald hier sein – morgen, vielleicht übermorgen."

„Was läßt Sie annehmen, ich wüßte etwas über den Aufenthaltsort –"

„Bitte", unterbrach ihn Lola. „Ich bin nicht hier, um sie zu verraten, sondern um ihnen zu helfen. Sie befinden sich in großer Gefahr. Ich möchte ihnen helfen, damit er sie nicht findet."

Bietmann suchte den Blick der Frau.

Er merkte, daß sie die Wahrheit sprach.

„Kommen sie herein, meine Liebe", sagte Bietmann schließlich lächelnd. „Ich spüre die Dringlichkeit in Ihrer Stimme. Aber bitte trinken Sie doch eine Tasse Tee mit mir, bevor ich Sie zu ihnen bringen. Erzählen Sie mir von der Gefahr, von der Sie gesprochen haben. Dann werde ich überlegen, was zu tun ist."

76
Lola und Sabrina

Eine Stunde später fuhr Udo Bietmann mit einer Frau, die keiner von ihnen kannte, auf den Hof der Möllers. Ihm war klar, daß er ein großes Risiko einging. Doch er vertraute Gott, daß er richtig handelte.

Sofort suchte er Sabrina auf.

„Sabrina", sagte Bietmann, „ich möchte Ihnen Fräulein Lola Reinhardt vorstellen. Fräulein Reinhardt ... Sabrina von Dortmann."

Die beiden Frauen schüttelten sich die Hände und lächelten sich an. *Sie ist wirklich schön,* dachte Lola. *Kein Wunder, daß der Chef sie einmal geliebt hat.*

„Bitte, Fräulein von Dortmann", sagte Lola, „haben Sie keine Angst."

„Warum sollte ich Angst haben?" fragte Sabrina fröhlich.

„Weil ... ich bin die Sekretärin eines Mannes, mit dem Sie, wie ich glaube, bekannt sind."

„Ja?"

„Der Name meines Chefs ist ... Gustav von Schmundt."

Jegliche Farbe wich aus Sabrinas Gesicht. Angsterfüllt blickte sie Bietmann an.

„Keine Angst, Sabrina", sagte Bietmann. „Fräulein Reinhardt und ich haben uns in der vergangenen Stunde miteinander bekannt gemacht. Sie ist gekommen, um Ihnen und Ihrem Vater zu helfen."

Sabrina blickte Lola wieder an; ihre Farbe kam allmählich wieder zurück.

„Herr von Schmundt kennt Ihren Aufenthaltsort – zumindest wird er ihn in Kürze kennen", erklärte Lola. „Sie und die anderen müssen sofort aufbrechen ... heute noch."

„Aber ... woher wissen Sie das alles ... woher wissen Sie überhaupt von uns?"

„Das ist eine lange Geschichte, Fräulein von Dortmann",

sagte Lola mit einem traurigen Lächeln, das Sabrina bis ins Innerste traf.

„Aber ... aber wohin sollen wir –“

„Ihr werdet wieder zu mir kommen“, begann Bietmann.

„Nein“, erwiderte Lola entschieden. „Nein, Sie dürfen nicht nach Kehrigkburg zurückkehren. Er kennt Ihren Namen. Er kennt Ihr Haus. Er kennt sogar Ihr Gesicht, Herr Bietmann. Sie sind ihm schon einmal begegnet, außerhalb des Dorfes.“

Bietmann erinnerte sich an den Zwischenfall mit den Kühen.

Sein Freund war seither von tiefer Reue geplagt. Vielleicht war nun der Zeitpunkt gekommen, daß er die Hilfe geben konnte, die er an jenem Tag verweigerte.

„Ich werde euch wieder zu Dahlmann bringen“, sagte Bietmann nachdenklich. „Dann seid ihr wenigstens bereit, wenn die Nachricht kommt.“

„Was ist mit Ihnen?“ fragte Sabrina. „Sie werden in großer Gefahr sein.“

„Vermutlich haben Sie recht“, überlegte Bietmann.

Er dachte einen Augenblick nach.

„Ich werde mit meiner Frau und meiner Tochter zu Freunden in den Osten fahren“, sagte er. „Das wird das Beste sein. Ich darf sie nicht in Gefahr bringen. Wenn ihr erst einmal fort seid, wird für die Mennoniten hier keine Gefahr bestehen. Sie sind im Augenblick hoch angesehen, und ich glaube nicht, daß Herr von Schmundt etwas daran ändern kann.“

„Fort?“ wiederholte Lola. „Welche Nachricht?“ Sie blickte von einem zum anderen, und auf einmal wurde ihr alles klar. „Bitte“, sagte sie mit zitternder Stimme, „bitte ... nehmen Sie mich mit!“

Nun blickten sich Bietmann und Sabrina fragend an.

„Aber, Fräulein – Ihr Chef – wie wollen Sie –“, begann Bietmann.

Doch Lola war zu aufgeregt, um seine Einwände zu Ende anzuhören.

„Bitte“, flehte sie, ich werde mit Ihnen kommen – jetzt! Ich brauche nicht mehr zurück. Ich brauche nichts. Oh, bitte nehmen Sie mich mit. Ich möchte auch frei sein!"

In diesem Augenblick kamen Matthew und Baron von Dortmann aus dem Haus.

Tränen stiegen Lola in die Augen. Sabrina sah sie, legte ihr die Hand auf die Schulter und führte sie zum Haus. Diese Geste der Zuneigung ließ alle Dämme brechen. Noch bevor sie im Haus waren, weinte sie hemmungslos.

Bietmann erklärte den anderen, warum sie gekommen war. Der Baron nahm die Information mit finsterem Blick auf. Er wußte, in welcher Gefahr die Mennoniten schwebten. Nun war es keine Frage mehr, was zu tun war.

77

Einem neuen Leben entgegen

Mittlerweile näherte sich Joseph langsam seinem Bestimmungsort.

Eine Woche blieb er in Lodz, zwei Tage in Liegnitz, bevor er die Grenze nach Ostdeutschland überschritt und nach Dresden gebracht wurde, wo er sich weitere drei Tage versteckte. Während dieser Zeit hielt er sich in dem Lagerraum eines Metzgers auf, wo er alles bekam, was er brauchte, jedoch keine Gesellschaft hatte.

Er dachte viel nach.

In der Zwischenzeit raste das kleine, aber vollgepackte Auto eines Bauern mit Namen Micha auf das Dorf Großbeeren zu. Aufgeregt hatte er sich nach Bietmanns Anruf sofort auf den Weg gemacht.

„Es könnte wieder gefährlich sein", warnte Bietmann.

„Dann werde ich mich der Gefahr diesmal mit mehr Mut stellen", erwiderte Micha.

Und nun, nachdem er die drei Flüchtlinge und die Sekretärin des Bezirksleiters kennengelernt hatte, erzählte Micha die Geschichte seines Versagens, wie sehr er es bedauere und wie intensiv er darum gebetet habe, einmal die Gelegenheit zu bekommen, das alles wiedergutzumachen.

78

Eine zornige Offenbarung

Die beiden Telefonanrufe kamen innerhalb von zwanzig Minuten. Gustav wußte in dem Augenblick, wo er den zweiten beendete, daß sie in engem Zusammenhang miteinander standen.

Der erste war von seinem Assistenten Schulte.

„Herr Bezirksleiter", hatte der Assistent gesagt. „Ich dachte nicht, daß Sie noch in Niedersdorf sind."

„Warum nicht?"

„Ich fuhr nach Berlin, habe Sie jedoch in Ihrem Büro nicht angetroffen."

„Ich habe Ihnen doch gesagt, Sie sollen auf Ihrem Posten bleiben! Und Sie haben mir immer noch nicht gesagt, warum Sie meinten, daß ich zurück sei."

„Um die Kriminellen zu verhaften. Ich dachte, Sie hätten –"

„Wo sollte ich sie denn verhaften?" unterbrach ihn Gustav.

„In Kehrigkburg, wo ich sie gesehen habe."

„Sie, – was?" explodierte Gustav.

„Ich habe sie in Kehrigkburg gesehen. Darum bin ich doch nach Berlin zurückgekehrt, um Sie sofort zu verständigen."

„Ich habe seit eineinhalb Wochen nicht mehr mit Ihnen gesprochen, Sie Idiot! Wie wollen Sie mich denn verständigt haben? Wann war das?"

Während er auf die Antwort lauschte, wurde sein Gesicht vor Ärger ganz rot.

„Vor drei Tagen!“ brüllte Gustav. „Das wird Sie Ihren Kopf kosten, Sie Idiot! Warum haben Sie sie nicht verhaftet?“

„Ich habe natürlich angenommen, daß Sie das selbst erledigen möchten –“

„Sie haben angenommen! Sie sind genauso Agent des Staatssicherheitsdienstes wie ich, Sie Wahnsinniger! Was haben Sie denn seither gemacht?“

„Ich bin in Halle, Herr von Schmundt.“

„In Halle?“ brüllte Gustav außer sich vor Wut. „Sie sind ein noch größerer Schwachkopf als ich gedacht hatte! Was um Himmels willen tun Sie denn in Halle?“

„Ich helfe den Männern hier.“

„Wobei, Sie Idiot, wenn Sie sie doch bereits gefunden haben!? Warum sind Sie nach Halle gefahren?“

„Fräulein Reinhardt sagte mir, Sie hätten das angeordnet. Sie sagte, sie würde die Nachricht bezüglich der Flüchtlinge sofort an Sie weiterleiten.“

„Diese elende Hexe!“ schrie Gustav. „Das wird auch sie ihren Kopf kosten! Sie haben *ihr* von Ihrer Entdeckung erzählt und nicht *mir*! Sie Einfaltspinsel!“

„Ich nahm an, daß sie mit Ihnen –“

„Unternehmen Sie nichts mehr, bis wir uns unterhalten haben! Wo ist die Reinhardt?“

„Ich weiß es nicht. Offensichtlich ist sie heute nicht gekommen.“

„Mit ihr werde ich mich später beschäftigen. Fahren Sie jetzt doch lieber sofort nach Kehrigkburg. Wir müssen sicherstellen, daß sie immer noch dort sind. Ich werde in zwei Stunden in Berlin sein. Rufen Sie mich im Büro an. Dann können Sie mir über alles berichten!“

Er warf den Telefonhörer auf die Gabel.

Gerade war er dabei, seine wenigen Sachen zusammenzupacken, als der zweite Anruf kam. Er stammte von einem seiner verläßlichsten Informanten in Berlin.

Er hörte sehr aufmerksam zu.

„Keine näheren Angaben in bezug auf die Zeit? ... Was ist mit dem Ort? ... Ist die Quelle vertrauenswürdig?"

Wieder hörte er zu.

„Ich kehre sofort nach Berlin zurück. Wir werden uns heute nachmittag treffen. Wenn Sie recht haben und es morgen stattfindet, werden wir den ganzen Tag über in Verbindung bleiben."

Die Frage, die folgte, war nur kurz, ebenso wie Gustavs Antwort.

„Ja, mein Freund. Wenn Sie mir das fehlende Stück liefern, das zu ihrer Verhaftung führt, werde ich Ihnen zweitausend Mark geben."

Er dachte einen Augenblick an die beiden Ignoranten in seinem Büro, die ihn so gut wie verraten hatten und fügte hinzu: „Aber, mein Freund, sollte ich feststellen, daß Sie mich in die Irre geführt haben, dann werde ich Sie ans Messer liefern!"

Diesmal legte er den Telefonhörer etwas ruhiger auf.

Die Wut, die er bei dem ersten Anruf empfunden hatte, war durch den zweiten etwas zur Ruhe gebracht worden. Natürlich würde er sich dieses Idioten Schulte entledigen müssen, und vielleicht auch seiner Sekretärin.

Was konnte sie nur veranlaßt haben, so etwas zu tun?

Doch offensichtlich war es noch nicht zu spät, wenn sie nicht versuchen würden, innerhalb der nächsten zwei Stunden in den Westen zu flüchten.

Dann würde er wieder in Berlin sein und am Telefon bereitstehen. Wenn er die drei erst einmal in Haft hatte, würde er entscheiden, was er mit Schulte und dieser Reinhardt tun würde.

Diese beiden Schwachköpfe! Sie hatten beinahe die Arbeit eines ganzen Jahres zunichte gemacht!

Dieser zweite Anruf hatte ihm bestätigt, daß Schulte in Kehrigkburg niemanden mehr vorfinden würde. Es war zu spät, sie dort zu fangen. Er würde sie verhaften müssen, wenn sie versuchten, in den Westen zu entkommen.

79
Mit freundlichen Grüßen, Detmold

Die Atmosphäre in dem großen Haus war spannungsgeladen. Sogar Baron von Dortmann, der sich auf dem Hof der Möllers so wohl gefühlt und Angst gehabt hatte, daß die anderen bei der Flucht durch ihn behindert würden, konnte es nun kaum erwarten, von hier fortzukommen.

Er hatte achtundsechzig Jahre hier gelebt, doch er bedauerte es nun nicht mehr, diesen Teil des Landes zu verlassen. Nachdem er einmal die Entscheidung getroffen hatte, wurde der sonst so geduldige Mann unruhig und konnte es nicht erwarten, nach drüben zu kommen.

Baron von Dortmann war sogar bereit, seine ihm so wertvollen Tagebücher und seine Bibel zurückzulassen. Ihm war klar, daß sie für andere keinen Wert darstellten, wenn sie auch ihm sehr viel bedeuteten.

Zwei Tage nach ihrer Ankunft in Großbeeren traf Matthew auf den Baron, der in Gedanken versunken, die Tagebücher und seine Bibel auf dem Schoß, in einem der vielen Räume des Hauses saß. Er wußte sofort, woran der Baron dachte. Tatsächlich hatte dieser darüber nachgedacht, wem von den wenigen Menschen, die er kannte, er die Bücher schenken sollte. Fast hätte er sie bei Arndt Möller gelassen, doch nun war er zu dem Schluß gekommen, daß er Dahlmann bitten wollte, sie dem treuen mennonitischen Bruder zu bringen.

„Machen Sie sich keine Gedanken, Baron", sagte Matthew. „Wir werden Ihre Tagebücher selbstverständlich mitnehmen."

Der Baron blickte hoch. Er war so in Gedanken versunken gewesen, daß er sich fragte, ob er richtig gehört hatte.

„Aber ... wir werden nicht –"

„Baron", sagte Matthew, „wir müssen sie mitnehmen. Selbst wenn Sie beschlossen hätten zurückzubleiben, hätte ich darauf bestanden, die Tagebücher mitzunehmen! Sie sind

Sabrina und mir wertvoller, als Sie sich vorstellen können. Sie sind ein Vermächtnis, das erhalten werden muß, und ich habe die Absicht, dafür zu sorgen, daß sie erhalten bleiben."

Der Baron war sprachlos. Er blickte den jungen Mann an, der ihm so liebgeworden war. Tränen standen in seinen Augen.

Auch Sabrina hatte nur wenig Besitztümer, und als Matthew im Januar in die DDR gekommen war, hatte er nur die Kleider, die er trug, mitgebracht. Das einzige, was ihm etwas bedeutete, war das Kästchen, das er aus dem *Lebenshaus* geholt hatte. Sabrina und er waren übereingekommen, es auf jeden Fall aufzubewahren als Erinnerung an die Liebe, die Gott zwischen ihnen hatte wachsen lassen.

Sie alle wußten, daß es keinen Weg mehr zurück gab. Eine Tür würde sich hinter ihnen schließen, die sich vielleicht nie wieder öffnen würde.

Auch Lola Reinhardt wußte dies. Sie trauerte nicht um die wenigen Besitztümer, die sie zurücklassen mußte. Was sie beschäftigte, war die Veränderung, die mit ihr vorging. Sie war nach Kehrigkburg gekommen, um diese Leute vor Gustav zu warnen. Doch auf einmal war sie in eine vollkommen neue Welt eingetreten. Sie waren alle so freundlich, so herzlich, sie schienen sich so sehr zu lieben. Oft konnte sie die Tränen einfach nicht zurückhalten.

Doch nun, da einige Tage vergangen waren, wuchs auch ihre Furcht. Wann würde Gustav herausfinden, daß sie ein falsches Spiel mit ihm getrieben hatte? Ganz sicher würde es ihm nicht schwerfallen, ihrer Spur von Kehrigkburg bis hierher zu folgen. Wie lange würde es dauern, bis er sie alle verhaftete?

Ein Klopfen an der Tür riß sie aus ihren Gedanken. Außer sich vor Schreck sprang Lola auf.

Ihr Gastgeber kam sofort angelaufen und bedeutete Lola und den anderen, sich in den oberen Räumen zu verstecken.

Die anderen erhoben sich lautlos und schlichen auf Zehenspitzen aus dem Zimmer. Dahlmann wartete, bis sie den Raum verlassen hatten, dann ging er zur Tür.

Als er sie öffnete, stand vor ihm ein Beamter der DDR-

Regierung, der von derselben Abteilung geschickt worden war, die schon einmal Kontakt zu ihm aufgenommen hatte.

„Herr Dahlmann?“

Josef nickte.

„Eine Nachricht für Sie aus Berlin“, sagte der Mann und gab ihm einen Umschlag.

„Von wem?“ fragte Josef.

„Ich weiß es nicht, Herr Dahlmann. Sie ging in unserem Büro ein, und ich wurde angewiesen, sie Ihnen zu bringen.“

Josef dankte dem Mann und kehrte ins Haus zurück.

Nachdem er sich vergewissert hatte, daß der Mann fort war, holte er seine vier Gäste, um ihnen den Brief zu zeigen.

Der Inhalt lautete:

Sehr geehrter Herr Dahlmann,
Die Maschine ist in Ordnung. Am Sechsten des Monats wird sie auf der Baustelle ausprobiert werden. Gegen Sonnenuntergang werden wir wissen, ob sie erfolgreich arbeitet.
Noch einmal vielen Dank für Ihre Hilfe in dieser Angelegenheit. Falls es notwendig sein sollte, werde ich noch einmal Verbindung zu Ihnen aufnehmen.

Mit freundlichen Grüßen
Detmold

Alle blickten sich an. Jeder wußte genau, was diese Botschaft zu bedeuten hatte.

Heute war Mittwoch, der 5. September.

Teil VI

E. Brecht

September 1962

80

Die Vergangenheit ruhen lassen

5. September – 19.30 Uhr

Ursula Wissen war in ihrem ganzen Leben noch nie so nervös gewesen. Sie erinnerte sich daran, wie groß die Gefahr gewesen war, als sie während des Krieges mit ihrer Familie in die Schweiz geflüchtet war. Doch das war schon lange her, und die Erinnerung an die Angst war im Laufe der Jahre verblaßt.

Doch jetzt hing das Leben von anderen Menschen – von Menschen, die sie liebte – von *ihr* ab.

Nur von ihr und zwei anderen!

Eine falsche Bewegung, ein kleiner Fehler, ein falsches Signal, und der ganze Fluchtplan würde mißlingen und die Menschen auf der anderen Seite würden gefangen und ins Gefängnis geworfen werden ... oder schlimmeres!

Sie wäre ohne Zögern für sie gestorben, doch sie hatte schreckliche Angst, daß ein Fehltritt ihrerseits *ihren* Tod verursachen konnte.

Das durfte nicht passieren.

Sie erreichte das Ende der Straße und bog nach links in die kleine Seitenstraße ab.

Da war die Mauer, genau vor ihr. Sie war viele Male daran entlanggewandert, und nie hätte sie sich träumen lassen, daß sie einmal in eine Sache wie diese verwickelt werden würde. Doch der Tag war endlich da.

Endlich würden auch die Jahre ihrer persönlichen Zweifel vorbei sein.

In der vergangenen Nacht hatte sie nur wenig geschlafen, sie hatte alles noch einmal durchdacht und darüber gebetet.

Die Entscheidung hatte sie schon vor einiger Zeit getroffen. Den Zeitpunkt konnte sie nicht genau festlegen. Vielleicht vor einigen Tagen, wahrscheinlich kurz nach dem langen Spaziergang durch die Stadt, bevor Angelas Anruf gekommen war. Sie hatte das Gefühl gehabt, daß es an der Zeit sei, den inneren Kampf zu beenden, daß die Zeit des Zweifelns vorüber sei und sie endlich Frieden haben würde.

„Herr, was willst du mir sagen?" hatte sie vor einigen Tagen nachts gebetet.

Doch die einzige Antwort war: *Vertraue mir, mein Kind … alles ist in Ordnung. Vertraue mir.*

In der vergangenen Nacht war ihr dann endlich klargeworden, was diese Worte bedeuteten. Es war an der Zeit, alles abzugeben. Der Augenblick war gekommen, die Vergangenheit – mit ihren Hoffnungen und Verpflichtungen – ein für alle Male in die Hand ihres Herrn zu legen … und nach vorne zu blicken.

Diese Entscheidung war Ursula nicht leichtgefallen.

Schon seit Monaten hatte sie das Gefühl gehabt, daß eine Veränderung bevorstand. Alle auf der anderen Seite der Mauer, die ihr liebgewesen waren, für die sie gelebt und auf die sie gewartet hatte, würden übermorgen im Westen sein.

Ihr vergangenes Leben, ihr Erbe, ihre Identität als Individuum; nichts verband sie mehr mit Polen, dem Land ihrer Kindheit. Sie war nun eine Deutsche. Die meisten polnischen Juden, die sie gekannt hatte, waren fort – entweder in einem Konzentrationslager getötet oder untergetaucht.

Ihre einzige Verbindung zur Vergangenheit waren Sabrina und der Baron. Wenn alles gutging, würden sie morgen hier bei ihr sein.

Dann gab es in Berlin nichts mehr für sie zu tun.

Es war an der Zeit, die Hoffnung aufzugeben, daß sie Joseph jemals wiedersah. Falls er noch lebte, würde er sie sicher mittlerweile vergessen und eine andere geheiratet haben. Man konnte von einem Mann nicht erwarten, daß er so lange wartete. Ganz sicher würde er sie für tot halten. Warum sollte er nicht eine andere heiraten?

Sobald Sabrina sicher hier im Westen war, würde Ursula den Ring abnehmen.

Das würde für sie das Zeichen sein, daß sie ihre Zukunft in Gottes Hände gelegt hatte.

Sie würde sich von diesem Augenblick an als nicht mehr verlobt betrachten.

Diese Entscheidung war ihr sehr schwergefallen. Doch Gott hatte ihr in der vergangenen Zeit immer wieder versichert: *Vertraue mir in allem. Ich habe eine Zukunft für dich – eine wundervolle Zukunft. Doch um in sie eintreten zu können, mußt du die Vergangenheit ablegen … und mir vertrauen.*

Sie würde ihm vertrauen.

81

Vorbereitungen im Westen

Noch tief in Gedanken versunken kam Ursula an dem Bauschuppen an, wo sie die drei Männer treffen sollte, die das Ganze möglich machten. Alles war vorbereitet; nun sollte noch eine letzte Besprechung stattfinden, bevor der wagemutige Plan morgen ausgeführt werden würde.

Heute abend wollten sie alles noch einmal durchgehen, vor allem wollten sie nachprüfen, ob die beiden Wachen um 20.20 Uhr auch wirklich außer Sichtweite waren.

Die beiden jungen Männer hatten während der vergangenen Monate den Tunnel gegraben und erst in der vergangenen Woche ihre Frauen nach Westberlin geholt. Der Plan war durchführbar, doch würde es auch mit einer Gruppe von acht Leuten gelingen? Wenn die Vopos den Tunnel nun in der Zwischenzeit entdeckt hatten?

So viele *Wenns*.

Ursula traf als erste ein. Die Männer würden auch in Kürze

da sein. Zu viele Menschen auf einmal konnten den Verdacht der Wachen auf der anderen Seite erregen. Angela wäre so gern auch mitgekommen – Sabrina sei auch ihre Freundin, hatte sie gesagt –, doch ihr Mann hatte es nicht gewollt. Sie konnte im Wagen warten. Er sei so lange allein gewesen, sagte er, er wolle nicht riskieren, daß irgend etwas schiefging und sie in Gefahr geriet.

Ursula und die Männer wollten auf unterschiedlichen Wegen zur Rückseite des Bauschuppens kommen.

Ursula blickte sich um und setzte sich dann auf eine Kiste.

Hier gab es nichts zu sehen. Es war nur einfach ein Bauschuppen, in dem einige Geräte von der Baustelle in der Nähe aufbewahrt wurden.

Das einzige interessante Stück im Innern des Schuppens, war das Ende eines Seils, das tief unten in einem schwarzen Loch in der Erde verschwand. Alles hing von diesem Seil ab.

Sie öffnete die kleine Tasche, die sie mitgebracht hatte, und holte die Blume heraus. Sie hob sie an die Nase und atmete tief ihren Geruch ein. Was für ein herrlicher Duft.

Sie blickte auf die zarten Blüten, die bereits zu welken begannen. Ein Glück, daß sie sie gefunden hatte. Im Augenblick war nicht die richtige Zeit dafür.

Doch sie hatte sie gefunden, und nun würde dieser zarte Duft zusammen mit dem Abnehmen ihres Ringes das Zeichen sein, daß sie die Vergangenheit hinter sich ließ. Wenn in vierundzwanzig Stunden alles überstanden war, würde sie die Blüten in den Tunnel werfen, so wie sie ihre Vergangenheit begraben würde. Ihre Liebe würde weiterleben, doch sie wollte alle verbleibenden Hoffnungen in Gottes Hände legen.

In Gedanken versunken bemerkte Ursula gar nicht, wie eine halbe Stunde verging. Der erste ihrer Gefährten kam und brachte ein Fernglas mit. Zwanzig Minuten später kam das zweite und schließlich auch das dritte Mitglied ihrer kleinen Gruppe. Sie betraten den Bauschuppen.

Das nächste Mal würde es ernst werden.

82

Der Tunnel zur Freiheit

5. September – 23.30 Uhr

Während seiner Reise durch Polen und Deutschland hatte sich Joseph Aviz-Rabin mit den Fragen auseinandergesetzt, die Dieter Palacki aufgeworfen hatte. Er wollte die wirkliche Wahrheit finden, die vollkommene Freiheit.

In der Nacht bevor er in Berlin ankommen sollte wurde ihm klar, daß die Stunde der Wahrheit gekommen war. Fast war es ihm gleichgültig, ob seine Flucht in den Westen gelingen würde oder nicht.

Diese Stunde der Wahrheit betraf seine Seele, nicht die Freiheit seines Körpers.

Ihm war klar, daß er eine innere Mauer überwinden mußte, die weit höher, dicker und undurchdringlicher war als die von Menschen errichtete Mauer.

Dies war die Mauer zwischen seinem Verstand und seinen Gefühlen. Er wünschte sich sehnlichst, diese Mauer überwinden zu können, und doch stand sie da als Barriere zwischen seiner Seele und der Freiheit, und er wußte nicht, wie er sie niederreißen konnte.

Wie konnte er seinen Verstand und seine Gefühle miteinander in Einklang bringen? Diese Gedanken quälten ihn. Es war eine Auseinandersetzung zwischen dem, was er sein ganzes Leben lang geglaubt hatte, zwischen allem, was er gelehrt worden war … und der Annahme, *daß Jesus vielleicht doch der Messias war!*

Irgend etwas hatte sich verändert. Auf einmal achtete er auf Sonnenuntergänge und Hyazinthen, blickte er den Menschen tiefer in die Augen, die ihm halfen, und er dachte auch viel häufiger an Ursula.

Ein einfacher Rabbi hätte eine solche Veränderung nicht bewirken können. Ganz sicher war der Sohn Gottes für diese Umgestaltung verantwortlich.

Die Realität des Christus ließ ihn weinen ... und er wußte nicht warum.

83

Gebet der Übergabe

6. September – 1.50 Uhr

Es war mitten in der Nacht, doch Joseph konnte nicht schlafen. Seit Stunden lag er wach in seinem Versteck in Ostberlin ... und dachte nach. Morgen, so hatte man ihm vor einigen Stunden gesagt, würde er den Mann treffen, der die Flucht in die Wege geleitet hatte.

Eine innere Stimme sagte ihm, daß sein innerer Kampf entschieden werden mußte – noch in dieser Nacht.

Er konnte die Entscheidung nicht mehr länger hinauszögern.

Wenn er nun morgen sein Leben verlor? Dann würde es zu spät sein. Und wenn die Flucht erfolgreich verlief, würde er im Westen ein neues Leben in Freiheit beginnen wollen. Auch dann wollte er frei von Zweifeln sein.

Erschwerend kam hinzu, daß sein Verhältnis zu seiner Verlobten davon betroffen sein würde, wie immer seine Entscheidung ausfiel. Wenn er Ursula nun tatsächlich finden würde?

Ihr Vater würde wohl kaum einer Hochzeit mit einem Mann zustimmen, der so revolutionäre Vorstellungen hegte wie er im Augenblick! Sein Vater hatte sich ja schon Gedanken um seine zionistische Einstellung gemacht. *Diese* Überlegungen würden ihn sich in seinem Grab umdrehen lassen, wo immer das sein mochte. Und Rabbi Wissen würde ihn sicher sofort verstoßen! Der Zionismus war wenigstens noch jüdisch gewesen. Doch das hier ...

Er konnte den Gedanken nicht einmal zu Ende führen.

Und Ursula? Was würde sie denken?

Selbst wenn sie nicht verheiratet war und vielleicht doch diese ganzen Jahre an ihrer Verlobung festgehalten hatte, wenn sie ihn vielleicht sogar immer noch liebte – würde sie nicht in dem Augenblick, in dem sie davon erfuhr, ihren Vater bitten, die Verlobung zu lösen?

Sicher würde sie niemals einen wie ihn heiraten!

Würde er sich für eine Zukunft mit Ursula entscheiden oder für das, was er fühlte – nein, von dem er *wußte* – daß es die Wahrheit war?

Er wußte es bereits. Was für ein Mensch war er, wenn er nicht bereit war, für das, was er glaubte, Opfer zu bringen? War dies nicht ein Zeichen von Mut – die Bereitschaft, für seine Überzeugungen zu sterben?

Er mußte bereit sein, seine eigenen Wünsche zurückzustellen und die Wahrheit anzunehmen. Er erkannte, daß es einen gab, den er über seine Liebe zu Ursula stellen mußte.

Dies war kein freudiger Augenblick. Da war nur das Gefühl des Aufgebens, des Ablegens einer Hoffnung, die er mehr als sein halbes Leben lang gehegt hatte.

Langsam ließ sich Joseph vor seinem Bett auf die Knie sinken. Immer diese Tränen. Er konnte sie überhaupt nicht mehr kontrollieren.

Als Kind war ihm beigebracht worden zu beten. Er kannte alle Gebetsformeln. Doch in dieser Nacht erkannte Joseph Jesus als den Messias an und gelobte, daß er, falls der Vater ihn haben wollte, sein Leben in seinen Dienst stellen wollte.

„Mein Gott", flüsterte er, *„ich will dir alles geben. Ich bringe dir meine Vergangenheit, meine Hoffnungen für die Zukunft. Wenn du es von mir verlangst, werde ich dir sogar meine Liebe zu Ursula geben. Ich möchte die Wahrheit kennenlernen, wie immer sie aussehen mag, wo immer sie mich hinführt, was immer sie von mir fordert. Nimm mich, wie ich bin, ich bitte dich. Führe mich zu deinem Ziel. Tu mit mir, was du willst. Wenn Jesus dein Sohn ist, dann lehre mich, mich mit ihm zu verbünden. So wie ich mich selbst bis jetzt für einen Sohn Jakobs und Judas gehalten habe, so*

mache mich nun zu deinem Kind und lehre mich, dich Vater zu nennen.“

Die ersten Schläge, um die Mauer zum Einsturz zu bringen, waren getan. Die Freiheit stand vor der Tür.

84

Schlaflose Nacht

6. September – 3.45 Uhr

Nicht nur Joseph konnte in dieser Nacht nicht schlafen. Auch Gustav von Schmundt hatte mit Schlaflosigkeit zu kämpfen.

Das Gewissen kann einen Menschen aus zwei sehr unterschiedlichen Gründen plagen. Ein nach der Wahrheit Suchender ist ruhelos, bis er sich dem Frieden öffnet, der höher ist als alle Vernunft. Dann ist er am Ziel seiner Suche angekommen.

Ein Mensch dagegen, der vor der Wahrheit davonläuft, wird ruhelos bleiben, bis er eines Tages eine Umkehr vollzieht und sich seinem Gewissen stellt.

Nachdem Joseph sich von seinen Knien erhoben hatte, schlief er wie ein Baby. Sein Geist war zur Ruhe gekommen, sein Körper konnte sich ausruhen.

Gustav dagegen wälzte sich die ganze Nacht ruhelos hin und her und wachte schlechtgelaunt auf, obwohl er kurz vor dem Durchbruch stand. Dieser Tag würde bedeutsam sein, das wußte er, wenn er auch noch nicht vorhersehen konnte, in welcher Hinsicht.

In Wahrheit hatte ihn nicht sein Gewissen die ganze Nacht hindurch geplagt, sondern seine Träume von Sabrina.

In einem Augenblick schien sie vollkommen verändert zu sein, lächelte ihn an, winkte ihn sogar zu sich heran … im nächsten waren wütende Stimmen zu hören – er konnte nicht sagen, zu wem sie gehörten – und als er wieder aufblickte, war Sabrina fort, für immer.

Er schleuderte die Decke beiseite, ging zur Toilette und hielt sein Gesicht unter kaltes Wasser. Er mußte endlich schlafen.

Wieder legte er sich ins Bett und starrte an die dunkle Decke seiner Wohnung.

Aller Wahrscheinlichkeit nach würde er Sabrina morgen wiedersehen. Trotz der Enttäuschungen der vergangenen Tage paßten die Puzzleteilchen endlich zusammen.

Seine Informationen schienen richtig zu sein – ein Fluchtversuch wurde vorbereitet. Ein anderer Informant hatte erfahren, daß ein wichtiger Mann, ein entflohener Gefangener, so meinte er, im westlichen Sektor der Stadt erwartet würde. Er hatte Kontakte nach drüben, sagte der Bursche. Diese Leute hatten von anderen erfahren, die eifrig die Flucht vorbereiteten. Er wüßte nicht genau, wann oder wo die Flucht stattfinden sollte, doch er hoffte, das noch herauszufinden.

Zwei Informanten arbeiteten rund um die Uhr für ihn und versuchten in Erfahrung zu bringen, wo genau der Fluchtversuch vonstatten gehen sollte. Morgen würde er sicher mehr wissen.

Obwohl seine Träume die alten Gefühle von früher wieder aufgerührt hatten, war er nun, da er wach war, doch längst nicht mehr so aufgeregt bei der Aussicht auf ein Wiedersehen mit Sabrina wie früher.

Immer hatte er gehofft, daß sie, wenn er ihr erklärte, was er alles für sie und ihren Vater tun könnte, nachgeben würde.

Doch das war eine Täuschung gewesen. Er wußte es nun.

Selbst wenn sich wie durch ein Wunder ihre Einstellung ihm gegenüber verändert haben sollte, so blieben doch immer noch die Tatsachen: Sabrinas Vater war ein entflohener Gefangener, Matthew McCallum ein amerikanischer Spion. Und Sabrina war ihre Komplizin.

Alle drei – auch Sabrina – waren auf der Flucht vor den Behörden der DDR, und es war seine Pflicht, sie zu fangen. Wenn ihm das nicht gelang, und falls sie wirklich versuchen sollten zu entkommen, so waren seine Befehle eindeutig. Er selbst hatte diese Befehle von höchster Stelle schon an andere weitergegeben: Flüchtende sind an der Flucht zu hindern, wenn nötig durch Erschießen.

Er konnte sich nicht mehr länger etwas vormachen.

Wenn er Sabrina morgen wiedersehen würde, so wußte er genau, unter welchen Umständen. Sie würde versuchen zu fliehen.

Es ging hier nicht um irgendwelche gesichtslosen Kriminellen. Diese Befehle bezogen sich nicht nur auf den Baron und diesen McCallum. Die beiden würde er ohne mit der Wimper zu zucken erschießen.

Doch seine Befehle galten auch für Sabrina.

Liebte er sie? Was konnte er jetzt noch für sie tun? Sie hatte ihre Entscheidung getroffen. Es war zu spät, um ihr zu helfen.

Wenn er sie endlich fand, wenn ihre Blicke sich trafen ... und sie sich dann umdrehte und losrannte, um in den Westen zu kommen, trotz seiner Schreie, trotz allem, was er tun konnte, um sie vor Schaden zu bewahren?

Wenn nun ...?

Wem würde letztendlich seine Loyalität gelten, wenn ein solcher Augenblick kam? Dann zu zögern konnte bedeuten, daß er selbst des Verrates angeklagt wurde, weil er einem Flüchtling geholfen hatte, in die Freiheit zu entkommen.

Er erinnerte sich noch daran, wie sie damals vor so vielen Jahren zum *Lebenshaus* gefahren waren, um Sabrinas Vater zu verhaften. Und dann am folgenden Morgen, als sie die Gruppe der Flüchtenden auf der Straße entdeckt hatten ...

Er wußte, daß Korsch ihn seither für einen Feigling hielt, weil er gezögert hatte, als er ihm befahl, den Baron zu erschießen.

Gustav war damals noch ein Junge gewesen. Hatte er sich in all den Jahren wirklich so verändert? Er hatte getötet, das stimmte. Aber konnte er wirklich Sabrinas Vater in die Augen sehen und ihn töten?

Schlimmer noch, konnte er *Sabrina* ...?

Er wälzte sich in seinem Bett herum und schüttelte den Kopf, um diese quälenden Gedanken loszuwerden.

Er konnte nicht einmal daran denken!

Er würde sich entscheiden müssen.

Er war erfahren genug, um zu wissen, daß Unentschlossenheit der größte Feind überhaupt war. Ein kurzes Zögern, und alles konnte verloren sein.

Gustav seufzte auf.

„Sabrina, Sabrina“, murmelte er traurig, „warum hast du es so weit kommen lassen? Warum hast du dir nicht von mir helfen lassen ... bevor es für euch alle zu spät war?“

Er drehte sich auf die andere Seite und schloß die Augen. Doch es hatte keinen Zweck. Er konnte sowieso nicht schlafen.

Gustav fand keine Ruhe.

85

Vorbereitungen zur Flucht

6. September – 16.50 Uhr

Die Menschen in der Wohnung in der Fischerstraße waren an diesem Donnerstagnachmittag sehr ernst. Alle wußten, daß ihre Zukunft auf dem Spiel stand.

Die Ereignisse dieses Abends würden darüber entscheiden, ob es für sie überhaupt eine Zukunft gab. Sie waren nicht viele. Doch Matthew wußte wahrscheinlich besser als alle anderen, daß an diesem Abend sehr viel von ihnen verlangt werden würde. Sabrinas Vater war mit achtundsechzig Jahren der älteste der Gruppe. Mehr Gedanken machte sich Matthew jedoch um Sabrinas ehemalige Nachbarin Gerda Arnim. Sie war einige Jahre jünger, wirkte jedoch sehr gebrechlich.

Zweimal hatte er bereits beobachtet, wie sie ohne Grund gestolpert war.

Doch das Kind war der größte Risikofaktor. Fünfjährige sprühten nun mal vor Lebenskraft. Ein Kind diesen Alters konnte sich noch nicht unter Kontrolle halten. Ein Laut aus diesem unschuldigen Mund zur falschen Zeit, ein Jammern oder eine herausgesprudelte Frage konnte für die anderen den Tod bedeuten. Die Versicherung der Mutter, ihr Kind würde widerspruchslos gehorchen und könnte still wie ein Mäuschen sein, beruhigte Matthew keineswegs.

Sabrina verhält sich wie ein Kompaniechef, dachte er, während er sie beobachtete, wie sie unter den nervösen Flüchtlingen umherging, sie aufheiterte und ihnen half, wo Hilfe nötig war. An diesem Tag hatten sie kaum drei Worte miteinander gewechselt, so beschäftigt waren sie gewesen.

Matthew blickte auf die Uhr.

Um Punkt 20.23 Uhr sollte es losgehen – in dreieinhalb Stunden.

Die Mitglieder der kleinen Gruppe waren zu unterschiedlichen Zeiten in die Wohnung gekommen. Ihr treuer Freund Hermann hatte sie erst am Tag zuvor gemietet. Er hatte sich verkleidet und einen falschen Namen angegeben. Und selbst wenn irgendwelche mißtrauischen Nachbarn über seltsame Vorgänge berichten sollten, so würde die Wohnung bereits am Abend wieder leer sein. Hermann würde nicht mehr wiederkommen, um eine weitere Monatsmiete zu zahlen.

Die Dinge in die Wohnung zu schaffen, die sie für ihre Scharade brauchten, war recht schwierig gewesen. Doch im Laufe der vergangenen vierundzwanzig Stunden war es ihnen nach und nach gelungen.

Der erste von ihnen würde in genau zwei Stunden und fünfundvierzig Minuten aufbrechen. Der Baron sollte als erster gehen. Gerda zehn Minuten später. Sie würden am unverdächtigsten sein. Ältere Leute besuchten gern Friedhöfe, das war nichts Außergewöhnliches. Jeder von ihnen würde einen kleinen Blumenstrauß in der Hand halten. Unter seinem

Mantel versteckt wollte der Baron einen Teil der Tagebücher tragen. Matthew würde den Rest mitbringen.

Matthew sollte als dritter gehen.

Sabrina war dagegen gewesen.

„Für dich wird es am gefährlichsten sein", protestierte sie. „Bei jungen Männern sind sie immer besonders mißtrauisch. Du solltest bis zum allerletzten Moment in der Wohnung bleiben."

„Falls etwas schiefgeht, möchte ich draußen sein, um eventuell helfen zu können", hatte er erwidert. „Außerdem haben genausoviele junge Frauen und alte Männer und Frauen Fluchtversuche unternommen wie junge Männer."

„Das weiß ich, doch die Vopos werden dich trotzdem eher im Auge behalten."

Schließlich hatte er sie zwar nicht überzeugen, sich aber doch durchsetzen können.

Lola Reinhardt, die Mutter und ihr Kind, Sabrina und der Neuankömmling, den Hermann angekündigt hatte, würden das Gebäude um 20 Uhr gemeinsam als Beerdigungsprozession verlassen.

Sabrina würde die kleine Gruppe um genau 20.22 Uhr zu dem Grab, auf dem E. Brecht, 1905-1946 stand, führen. Er, Matthew, würde aus der anderen Richtung kommen und wenn das Signal kam, die Frau und den Jungen als erste auf den Weg schicken.

Mittlerweile würden der Baron und die alte Dame am Grab angekommen sein ... Matthew seufzte, setzte sich auf den Boden und versuchte, sich wie die anderen ein wenig zu entspannen.

Immer wieder war er den Plan durchgegangen, und doch machte er sich Sorgen.

Er war mehr als nur ein *wenig* nervös – seine Knie zitterten!

Wo blieb nur der Bursche, den das Netzwerk zu ihnen schicken wollte?

Den ganzen Tag hatten sie nichts mehr von ihm gehört. Falls er nicht kam, mußten sie ohne ihn los. Wenn einmal ein

Plan wie dieser in Gang gesetzt war, gab es kein Zurück mehr, ohne die Betroffenen in große Gefahr zu bringen.

Ein leises Klopfen ertönte an der Tür. Matthew warf einen Blick auf seine Uhr. Er mußte ein wenig eingedöst sein.

Sofort sprang er auf und eilte zur Tür.

86

Spuren in den Westen

6. September – 17 Uhr

Es war seltsam, wie sehr man sich zurückversetzt fühlte, wenn man auf einmal Wege fuhr, die man Jahre zuvor schon einmal zurückgelegt hatte.

So ging es Emil Korsch, alias Waslaw Korskajew, als er durch Polen fuhr.

Die Juden hatten immer und überall den Geruch ihrer Gegenwart hinterlassen, und Korsch würde sie überall erkennen. Doch der Geruch der Christen wurde ihm auch immer unerträglicher, und er lernte schnell, sie zu erkennen.

Am meisten ärgerte ihn ihr absolut lächerlicher Grundsatz, auch ihren Feinden freundlich zu begegnen, ja sogar für sie zu beten. Wann immer er spürte, daß er besonders freundlich behandelt wurde, wußte er, daß er es mit Christen zu tun hatte.

Wenn die Leute auf seine Fragen verärgert und geringschätzig reagierten, wußte er, daß sie wahrscheinlich die Wahrheit sagten. Doch die Maske der Gutmütigkeit und Herzlichkeit machte ihn sofort mißtrauisch.

Es war wirklich ein geniales Netz, das sie durch ganz Osteuropa gespannt hatten. Aber wenn man die einzelnen Fäden isolierte und hier und da kräftig zog, beobachtete, wartete, zuhörte ... wurden die Verbindungen offenbar.

Die Jahre hatten ihn gelehrt, wie er die Macht des KGB mit

Geschick und Präzision einsetzen mußte. Furcht war ein wichtiges Mittel, um Informationen zu bekommen, und wenn sie auch immer ein Lächeln auf ihren Gesichtern trugen, tief in ihrem Innern hatten diese Christen genausoviel Angst wie alle anderen. Vielleicht sogar mehr, weil sie etwas zu verbergen hatten.

Ein unbeabsichtigt herausgerutschtes Wort von einem Kind oder einer verängstigten Frau, eine hastig übermittelte Botschaft an einen Nachbarn, wenn sie dachten, er sei fort, Bestechungsgelder an gierige Informanten (denn solche gab es auch in den christlichen Kreisen), verschlüsselte Botschaften – all dessen hatte er sich, seit er Bialystok verlassen hatte, bedient; mit dem Ergebnis, daß er, während er in seinem Mercedes nach Berlin raste, um sich mit Schmundt zu treffen, zuversichtlich war, daß er wenigstens den Juden Tsankow, der die Fotos gestohlen hatte, und – falls Schmundt sie nicht in den nächsten vierundzwanzig Stunden verlor – auch den deutschen Baron finden würde, der sie zu dem Rabbi führen konnte!

Der junge Pastor, den er in Bialystok festgenommen hatte, war sehr widerspenstig gewesen. Trotz der Schläge hatte er keine Information weitergegeben und auch keinen seiner Kameraden verraten.

Doch andere seiner sogenannten Gemeinde waren überzeugt worden zu reden, damit – so dachten sie – Palacki freikäme.

Ha! Was waren das doch für Narren. Sie hatten geredet, doch ihr junger Anführer saß immer noch im Gefängnis! Wie lange er ihn dort behalten würde, wußte er noch nicht.

Die Information aus Bialystok hatte ihn nach Warschau geführt. Von Warschau aus war er schnell nach Moskau zurückgeflogen, um alle Akten zu holen, die es über polnisch-jüdische und christliche Untergrundaktivitäten gab; er hatte mit Bolotnikow gesprochen, sich über das informiert, was sein Neffe herausgefunden hatte und war schließlich nach Polen zurückgekehrt. Ausgerüstet mit den notwendigen Informationen hatte er die Spur Tsankows wieder aufnehmen können.

Er war nach Warschau gekommen – das war sicher –, dann weiter nach Lodz und Liegnitz gefahren, wo Korsch ihn fast gehabt hätte.

Doch immer schien er ein paar Tage zu spät zu sein.

Dann schließlich hatte er die Grenze zur DDR überschritten. Ein Grenzposten in Görlitz erinnerte sich an ihn.

Der Schwachkopf hatte es nicht einmal für nötig befunden, seinen Namen zu ändern. Allerdings hätte er einen gültigen DDR-Paß gehabt, versicherte ihm der Grenzposten, was darauf schließen ließ, daß ihm jemand neue Ausweispapiere besorgt hatte.

„Wohin wollte er?“ fragte Korsch.

„Nach Dresden“, erwiderte der Grenzer.

„War er allein?“

„Ja.“

„Auto?“

„Ein Trabi.“

„Farbe?“

„Rot.“

„Zulassung?“

Der Grenzposten sah in seinen Unterlagen nach und gab Korsch die Nummer.

Korsch schrieb sie auf und steckte den Zettel in die Tasche. Er bezweifelte, daß sie ihm weiterhelfen würde, doch er würde die Vopos und die Stasi verständigen, damit sie die Fahndung einleiten konnten.

In Dresden war er ziemlich in die Irre geführt worden.

Ein Gefühl sagte ihm, daß Berlin das Ziel der Reise war. Er hatte sich viel zu lange in Dresden aufgehalten, schalt sich Korsch. Diesmal würden sie ihn nicht in die Irre führen! Es war an der Zeit zu handeln.

Er hatte Schmundt angerufen.

„Gibt es neue Entwicklungen?“

„Ja. Vor zwei Tagen habe ich von einem Fluchtversuch erfahren, der vom christlichen Untergrund geplant worden ist.“

„Wo?“ fragte Korsch.

„In Berlin."

„Im Zusammenhang mit dem geflüchteten Gefangenen, den wir suchen?"

Schmundt war sicher. Kontaktleute in Westberlin hatten bestätigt, daß die Flucht an diesem Tag stattfinden sollte. Den genauen Ort hatte er noch nicht herausgefunden, doch drei Informanten arbeiteten daran. Sehr wahrscheinlich eine Beerdigungsprozession mit leeren Särgen, vielleicht auch durch einen Kanal. Er stehe am Telefon bereit und warte nur darauf, loszuschlagen.

Das mußte es sein! Tsankow war auf dem Weg nach Berlin und würde mit den anderen zusammen in den Westen fliehen wollen! Leere Särge! Sehr einfallsreich! Zu schade, daß sie die Prozession aufhalten würden, bevor sie den Grenzübergang überschreiten konnten!

Wie schnell Korsch in Berlin sein könne, hatte Schmundt gefragt. Er würde Hilfe brauchen, wenn er das ganze Netzwerk zerschlagen wollte.

Korsch blickte auf seine Uhr. Es war jetzt fünf Uhr. Er würde gegen acht in Berlin sein.

Bis dahin würden sie wissen, wo die Flucht stattfinden sollte, meinte Schmundt. Er vermutete irgendwann heute abend.

Korsch hatte triumphierend den Hörer eingehängt. Nach zwanzig Jahren würde er endlich seine langerwartete Rache an Baron von Dortmann üben können!

Er rannte zu seinem Wagen, sprang hinein und raste in Richtung Norden auf die deutsche Hauptstadt zu.

87
Unbekannte Bekannte
6. September – 18 Uhr

Der Mann, den Joseph gerade verlassen hatte, hatte ihm letzte Anweisungen gegeben: „Sie brauchen ein Codewort. In dieser Phase eines Fluchtversuchs müssen besondere Vorkehrungen getroffen werden. Ihr Deutsch ist nicht das beste, doch es wird ausreichen. Hören Sie nun genau zu."

Er hatte ihm dann mehrmals einige Sätze vorgesagt, die er sich nun, als er auf das große Wohnhaus zuging, immer wieder vorsagte.

Doch er war sehr zerstreut und konnte sich nicht alles genau merken.

Er wollte mit jemandem sprechen, doch der Bursche mit Namen Hermann schien ihm zu abweisend für die Art von Frage, die er stellen wollte. Die Codesätze, die er ihm beigebracht hatte, ließen ihn hoffen, daß er jemanden treffen würde, der bereit war, ihm zuzuhören und zu helfen. Er hatte einiges über die Mitarbeiter des Netzwerks der Rose gehört, und von ganzem Herzen hoffte Joseph nun, daß die Gerüchte, die er gehört hatte, der Wahrheit entsprachen.

*

Ein Blick auf den Burschen im Flur sagte Matthew, daß ihn mehr beschäftigte als die bevorstehende Flucht. Zuerst hatte er gedacht, der Mann hätte vielleicht aus Versehen an die Wohnungstür geklopft.

Doch was der Mann sagte, beruhigte ihn in dieser Richtung.

„Haben Sie Rosen?" fragte er in gebrochenem Deutsch.

„Nein, dies ist nicht die Zeit für Blüten", antwortete Matthew.

„Doch denen ... denen, die lieben ... duften selbst die Blätter ...“, fügte der Mann hinzu.

„Kommen Sie herein“, sagte Matthew.

„Ich heiße Tsankow“, stellte sich der Neuankömmling vor.

Matthew nickte, zog ihn schnell ins Innere der Wohnung und schloß die Tür. Endlich waren alle da!

„Gut, setzen wir uns“, sagte Matthew, nachdem er kurz alle vorgestellt hatte. „Wie Sie sehen, Herr Tsankow, können wir Ihnen nur den Fußboden zum Sitzen anbieten. Nun, da wir alle versammelt sind, möchte ich die Einzelheiten des Planes noch einmal durchgehen. Herr Tsankow“, sagte er an Joseph gewandt, „wir werden Deutsch sprechen – Sie sind, wie ich gehört habe, Russe?“

„Pole“, korrigierte Joseph.

„Ach ja, entschuldigen Sie“, erwiderte Matthew. „Ihr Deutsch scheint so gut zu sein, daß wir uns verständigen können. Doch wenn Sie irgend etwas nicht verstehen, fragen Sie nach.“

Joseph nickte, und Matthew fuhr mit seinen Erklärungen fort.

Es fiel Joseph schwer, sich zu konzentrieren. Seit der vergangenen Nacht spürte er, daß noch etwas Wichtiges notwendig war, doch er wußte nicht was. Wenn er nicht mit diesen Leuten sprechen konnte, jetzt und hier, würde er sie vielleicht nie wiedersehen, und wer konnte schon wissen, wann er andere treffen würde, die ...

Aber konnte er denn über so tiefgehende Angelegenheiten mit Leuten sprechen, die er nicht einmal kannte? Und doch mußten es Christen sein, wenn sie der „Rose“ angehörten.

Eine innere Stimme sagte ihm, daß es jetzt getan werden mußte, in dieser letzten Stunde vor dem Fluchtversuch. Er wußte nicht, warum, doch es konnte nicht warten. Er fühlte sich gedrängt, diese Leute zu fragen, was er tun sollte.

Der alte Mann blickte ihn seltsam an. Komischerweise lächelte er immer, wenn er in seine Richtung schaute. Das erinnerte ihn an die Bruderschaft in Bialystok.

Endlich kam Matthew mit seinen Ausführungen zum Schluß.

„Noch irgendwelche Fragen?" sagte er.

Alle schwiegen.

„In Ordnung", fügte er hinzu und warf einen Blick auf seine Uhr, „wir haben noch etwa eine Stunde und zehn Minuten, bevor der erste losgeht. Wir wollen uns ausruhen und beten."

Er ging zu Sabrina und setzte sich zu ihr auf den Boden.

Fast gleichzeitig erhob sich der Neuankömmling und kam auf sie zu.

„Ich ... ich würde gern mit Ihnen sprechen", sagte er und kniete sich neben sie.

„Natürlich, Herr Tsankow – was haben Sie auf dem Herzen?" fragte Matthew.

„Unter, äh ... vier Augen. Gibt es hier noch einen Raum?"

„Ich glaube schon ... sicher", erwiderte Matthew und blickte Sabrina fragend an. „Möchten Sie mit mir allein sprechen?" fügte er hinzu.

„Sie kann gern dabei sein", erwiderte Joseph, „wenn sie etwas über Rosen weiß."

Matthew lächelte. „Sie weiß sehr gut darüber Bescheid."

„Gut", sagte Joseph. „Ich ... ich habe eine Frage in einer geistlichen Angelegenheit. Man erzählte mir, daß die Leute, die über Rosen Bescheid wissen ... daß sie vielleicht helfen können."

„Wir würden uns freuen, wenn wir ihnen helfen könnten", sagte Matthew und erhob sich. Dann half er Sabrina auf.

Matthew führte Joseph in einen kleinen Raum, während Sabrina zu ihrem Vater hinüberging und ihm etwas ins Ohr flüsterte.

Auch er erhob sich nun und ging mit ihr in den angrenzenden Raum. Dort setzten sie sich auf den Boden. Matthew, Sabrina und Baron von Dortmann warteten darauf, daß der Mann zu sprechen begann.

88

Endlich Frieden

Joseph erklärte kurz, er sei Jude und hätte sich in letzter Zeit mit Hilfe von Christen, die seinen Weg gekreuzt hätten, zum ersten Mal ernsthaft mit dem christlichen Glauben auseinandergesetzt.

Seine Reise – sowohl seine tatsächliche als auch seine geistliche – finde an diesem Tag, so hätte es den Anschein, ihren Höhepunkt. Auf Einzelheiten einzugehen, würde zu weit führen, meinte er, doch er habe den Wunsch, Christ zu werden.

Er nehme an, sie seien Christen, weil er gehört habe, daß nur Christen zum Netzwerk der Rose gehörten. Darum habe er auch Mut gefaßt, sie anzusprechen.

Er wolle also Christ werden, doch er wüßte einfach nicht, was man dazu tun müßte. Mußte irgendein Ritual erfüllt werden, ein Gebet gesprochen werden? Er wußte von der Taufe, sagte er, doch offensichtlich konnte er jetzt und hier nicht getauft werden. Aber darüber hinaus wollte er alles Nötige noch vor dem Fluchtversuch tun. Er könnte nicht erklären warum, er wüßte es einfach nicht. Doch er hätte das Gefühl, er sei zu ihnen geführt worden, und er müsse sie einfach um Hilfe bitten.

„Kurz, ich möchte den Glauben meiner Vorväter zur Erfüllung bringen. Ich möchte ein vollkommener Jude werden, ich möchte an Jesus als den Messias glauben, den Gott in die Welt gesandt hat."

Noch bevor er sein Anliegen auch nur halbwegs erklärt hatte, bemerkte er, daß der ältere der beiden Männer die Augen geschlossen hatte und genauso aussah wie Andrasz Palacki, als er sich an jenem Abend mit seinem Sohn unterhalten hatte.

„Wir würden Ihnen sehr gern helfen", sagte Matthew.

„Was muß ich denn nun tun?" fragte Joseph.

„Wenn Sie auf der Suche sind nach einem Ritual, einem bestimmten Gebet, das Sie zu einem Christen macht, dann muß ich Sie enttäuschen", erklärte Matthew. „Das Christentum ist die Religion, in der es wahrscheinlich die wenigsten Rituale gibt."

„Dann brauche ich also gar nichts zu tun?" fragte Joseph etwas verwirrt.

Matthew lächelte. „Das habe ich nicht gesagt. Wenn man einfach nur einem Ritual zu folgen brauchte, wäre es leichter, als Gott es haben möchte", sagte Matthew. „Man bräuchte kein wirklicher Christ zu *sein*. Wissen Sie, was ein Christ ist, Herr Tsankow?"

„Jemand, der glaubt, daß das Christentum wahr ist", antwortete er etwas unsicher. „Der anerkennt, daß Christus der Messias ist."

„Das ist natürlich sehr hilfreich, ja es ist sogar notwendig", entgegnete Matthew. „Doch daran zu glauben allein macht einen Menschen noch nicht zu einem Christen."

„Wer ist denn dann ein Christ?"

„Das Wort bedeutet mehr oder weniger, daß ein solcher Mensch *Christus nachfolgt*. Die ersten Christen waren Petrus und Andreas, Johannes und Jakobus, denen Jesus gesagt hat: *Folget mir nach*. Sie haben kein Ritual befolgt, sie sind einfach aufgestanden und ihm nachgefolgt."

„Und was genau meinen Sie?"

„Jesus nachzufolgen ist weniger eine Glaubensfrage als vielmehr ein Lebensstil. Ihm nachzufolgen bedeutet, nach seinem Vorbild zu leben – zu denken, sich so zu verhalten und zu reden, wie er seine Jünger gelehrt hat. Mit anderen Worten, das Christentum ist eine sehr *unreligiöse* Art von Religion, falls Sie verstehen, was ich meine. Es geht um die *Lebensweise,* nicht darum, eine bestimmte Liste von Dingen zu glauben oder religiöse Rituale auszuführen. Es geht darum, so zu werden, wie Jesus es seine Jünger gelehrt hat."

„Das ist etwas ganz anderes als das, was das Judentum lehrt."

„Es unterscheidet sich auch von dem, was den meisten Christen beigebracht wird", sagte Matthew. „Trotzdem ist es das Wesentliche des christlichen Glaubens – Christus zu folgen, auf *allen* Wegen, in *allen* Dingen."

Es entstand eine Pause.

„Ich glaube, ich verstehe", erwiderte Joseph. „Um ehrlich zu sein, Sie sprechen ganz genau wie die anderen Christen, die ich erwähnte. Genau darum drehen sich meine Gedanken und meine Gebete schon seit einiger Zeit. Ich möchte genau das, was Sie sagen. Ich bin zu der Entscheidung gekommen, daß ich nicht nur mit meinen Worten sagen will, daß ich an Christus glaube ... ich möchte sein Jünger werden."

„Das freut mich zu hören!" rief Matthew.

„Wir sind froh, daß Sie uns gebeten haben, diesen ganz besonderen Augenblick mit Ihnen zu erleben", fügte Sabrina hinzu, die nun zum ersten Mal das Wort ergriff.

„Ich kann mich den Worten meiner Tochter nur anschließen", meinte nun der Baron, der die Augen öffnete und Joseph anlächelte. „Sie erweisen uns eine große Ehre, Herr Tsankow."

Joseph lachte leise. „Das alles hat mich so beschäftigt, daß ich ganz vergessen habe zu erwähnen – Leon Tsankow ist gar nicht mein richtiger Name. Ich glaube nicht, daß ich diese Scharade noch weiterspielen muß. Sie können mich Joseph nennen, das ist der Name, den mein Vater mir gegeben hat. Doch nun", fuhr Joseph drängend fort, „wir haben nicht mehr viel Zeit. Sie haben mir erklärt, was es bedeutet, Christ zu *sein*. Doch wie *werde* ich Christ?"

Matthew blickte den Baron an, bereit, das Gespräch an ihn abzugeben.

„Du kannst das genauso gut wie ich, mein Sohn", sagte der Baron leise. „Mach nur weiter." Der Baron war so gerührt zu hören, wie Matthew ihrem neuen Freund liebevoll den Weg zum Herzen Gottes wies, daß er nicht in der Lage war zu sprechen.

„Gut, Joseph", sagte Matthew. „Sie werden ein Jünger Jesu, indem Sie tun, was Petrus, Andreas, Jakobus und Johannes getan haben – indem Sie aufstehen, sozusagen Ihre Netze zurücklassen, mit anderen Worten Ihren früheren Lebensstil aufgeben und Jesus nachfolgen ... wo immer er Sie hinführt. Danach müssen Sie nur, wie die Jünger, lernen, nach seinen Lehren und seinem Vorbild zu leben."

„Ist das alles ... einfach nur ihm zu *folgen*?"

„Das ist es, was einen Christen ausmacht."

„Hmm", erwiderte Joseph. „Vielleicht habe ich alles viel zu kompliziert gesehen."

„Es ist hilfreich, wenn Sie Ihre Entscheidung, ihm zu folgen, laut aussprechen. Das haben Sie bereits getan. Und es ist hilfreich, zu unserem himmlischen Vater zu beten, ihm zu sagen, daß Sie seinem Sohn nachfolgen wollen und ihn zu bitten, Ihnen zu helfen."

„Das habe ich auch getan", gestand Joseph.

„Das dachte ich mir."

„Ich würde trotzdem gern noch einmal beten, mit Ihnen gemeinsam, wenn Ihnen das recht ist. Ich möchte ganz offiziell bekennen, daß ich von diesem Tag an Jesus, dem Christus ... dem Messias folgen möchte."

„Sehr gern", sagte Matthew ernst.

Alle drei neigten die Köpfe und begannen still für sich zu beten.

„Bring unseren neuen Bruder in eine tiefe Gemeinschaft mit dir, Herr", betete Matthew schließlich. *„Offenbare dich ihm. Erfülle sein Herz mit deiner Liebe."*

„Beschütze ihn, Vater", sagte Sabrina leise. *„Wache über ihm. Führe ihn nach deinem vollkommenen Willen."*

„Und nun", betete Joseph auf Polnisch und so leise, daß weder der Baron noch die beiden anderen seine Worte verstanden, *„möchte ich dir meine erste Bitte als Christ bringen. Ich bitte dich, Herr, mein Gott, daß du mich zu Ursula führst und daß du mir die richtigen Worte gibst, um ihr zu erklären, was ich getan habe, damit sie es versteht."*

Es wurde still in dem kleinen Raum.

Weitere Gebete würden gesprochen werden, doch für den Augenblick war es genug.

Eine Zeitlang blieben sie noch mit geschlossenen Augen sitzen.

Die innere Mauer war gefallen. Joseph, der Sohn von Eleazar aus dem Hause Aviz-Rabin, hatte endlich Frieden gefunden.

89

Warten

6. September – 18.30 Uhr

Der Tag hatte ihn noch zu keiner Entscheidung kommen lassen. Gustav schwankte immer noch zwischen seiner Pflicht und seinen Gefühlen hin und her.

Gustav war wie immer ins Büro gegangen und erwartete den triumphalen Höhepunkt seiner jahrelangen Untersuchungen wie ein Mann, der auf dem Weg zum Galgen ist. Sein Gefühl sagte ihm, daß dieser Tag ihm keine Freude bringen würde. Der Sieg, nach dem er so lange gestrebt hatte, war hohl. Für Gustav von Schmundt würde es an diesem Tag keinen Frieden geben.

Selbst wenn er es anders gewollt hätte, die Ereignisse waren ihm aus der Hand geglitten. Er hätte sie nicht mehr aufhalten können.

Gesteigert wurde seine schlechte Laune durch die Tatsache, daß seine Sekretärin immer noch nicht wieder aufgetaucht war. Seit er aus Niedersdorf zurückgekommen war, hatte er sie noch nicht wieder gesehen. Auch zu Hause war sie nicht zu erreichen. Das sah ihr gar nicht ähnlich. Lola Reinhardt hatte in zehn Jahren nie mehr als drei oder vier Tage gefehlt.

Das war höchst unangenehm. An diesem Tag gab es sehr viel zu tun. Sie mußte Telefonanrufe entgegennehmen, Informationen aufschreiben und was sonst noch alles.

Noch einmal rief er in ihrer Wohnung an. Ob irgend etwas passiert war? Er befragte einige Leute aus ihrem Haus. Niemand hatte etwas gehört. Sie hatte nicht erwähnt, daß sie mehrere Tage fort sein würde.

Verärgert nahm Gustav diese Information auf. Weder die Reinhardt noch Galanow konnten ihm helfen. Nur dieser Idiot Schulte stand zur Verfügung!

Aufgeregt lief er in seinem Büro auf und ab.

Um 10.30 Uhr traf er sich mit einem Kontaktmann. Ja, so weit er wüßte, sei die Flucht für diesen Tag festgesetzt, vielleicht für heute abend. Er wollte sich noch mit jemandem treffen, der etwas von den beiden Frauen wußte, die in der vergangenen Woche verschwunden waren. Man erzählte sich, daß sie denselben Weg nehmen wollten.

Der Bursche wollte Schmundt in seinem Büro anrufen, wenn er etwas herausgefunden hatte.

Gustav überprüfte selbst noch einige Spuren. Nichts Neues. Auch ein weiteres Treffen mit einem anderen Informanten ergab nichts. Nein, alle Kanäle waren verschlossen. Das konnte unmöglich der Fluchtweg sein.

Er ging zurück zu seinem Büro. Zwei Nachrichten warteten auf ihn. Eine von Schulte. Die Überführung einer Leiche nach Westberlin war für diesen Tag festgesetzt, doch es handelte sich nur um einen Sarg. Er würde das trotzdem überprüfen.

Am Spätnachmittag verfiel er in einen unruhigen Schlaf.

Auf einmal fuhr er hoch. Das Telefon läutete. Es war Korsch. Ja, er erwarte, jeden Augenblick das fehlende Puzzleteilchen zu finden ...

„Gut“, sagte Gustav. „Ja, ich bin sicher, daß wir sie noch an diesem Abend alle haben werden.“

Gustav legte den Hörer auf und blickte auf die Uhr.

Fünf Uhr. Hoffentlich hörte er bald etwas.

Wenn Korsch von Dresden kam und er immer noch nichts wußte, würde er wieder einmal den Zorn des Mannes über sich ergehen lassen müssen. Und dazu hatte er keine Lust.

Gustav nahm den Hörer auf und machte zwei oder drei Anrufe. Danach lehnte er sich nachdenklich auf seinem Stuhl zurück. Er mußte hierbleiben. Er würde sich etwas zu essen bringen lassen.

Wieder nahm er den Hörer auf, gab eine Anweisung, und wartete weiter.

Das Essen kam. Gustav aß in einsamer Stille.

90

Die Flucht

6. September – 19.15 Uhr

Es ist bald Zeit aufzubrechen", sagte Matthew zu den in der Wohnung Versammelten. „Bevor der erste von uns losgeht, wollen wir uns noch einmal dem Herrn anbefehlen, der allein uns beschützen kann."

Er machte eine Pause und blickte dann Sabrinas Vater an.

„Baron von Dortmann", sagte er, „würden Sie als ältester dieser Gruppe mit uns beten?"

„Sehr gern", erwiderte der Baron leise. *„Unser Vater im Himmel"*, betete er, *„wir befehlen uns deinem Schutz an. Im Namen Jesu Christi, deines Sohnes, bitten wir dich um deine Hilfe, daß du unsere Schritte leitest nach deiner Verheißung. Wir bitten dich, die Augen jener zu blenden, die deinen Kindern Böses antun wollen. Und wir bitten dich, jedem einzelnen von uns die Freiheit zu geben, die wir nur in deiner Gegenwart finden. Vielen Dank, lieber Vater im Himmel, daß du uns liebst und es gut mit uns meinst. Amen."*

91

Das letzte Teilchen

6. September – 19.45 Uhr

Um 19.43 Uhr läutete Gustavs Telefon erneut. Nachdem er eine Weile zugehört hatte, weiteten sich seine Augen.

„Nein ... das kann nicht sein!" sagte er erstaunt. „Aber ... da ist doch gar kein Grenzübergang ... die Prozession ... wie werden die Särge ...?"

Er hörte wieder zu und nahm jedes Wort in sich auf. Zerstreut nahm er einen Stift zur Hand und schrieb sich die einzigartige Botschaft dieses Anrufs auf einen Block, der neben seinem Telefon lag. Das war das letzte Puzzleteilchen, auf das er gewartet hatte – der Ort, an dem die Flucht stattfinden sollte!

Als er den Hörer auflegte, hatte er sich schon halb erhoben.

Er warf einen hastigen Blick auf die Uhr.

Es hatte den Anschein, als käme Korsch zu spät. Doch er konnte nicht auf ihn warten.

Zu schade, dachte Gustav grinsend. Dieses Ereignis würde der KGB verpassen.

Er überprüfte seinen Revolver und zuckte unwillkürlich zusammen. Immer wieder überlegte er, wie er sich verhalten sollte.

Doch jetzt war nicht die richtige Zeit, in finsteres Grübeln zu verfallen.

Er hatte sich dem kommunistischen System verschrieben, und nun mußte er beweisen, was in ihm steckte. Dies mußte endlich die Entscheidung bringen. Es gab keine Alternative.

Gustav eilte aus dem Gebäude und rannte zu seinem Wagen.

92
Die Trauernden

6. September – 19.45 bis 20 Uhr

Die Dämmerung hatte bereits eingesetzt, und der Mond stand am Himmel.

Die stillen Stunden nach Sonnenuntergang wurden von vielen Witwen, Schwestern und Vätern genutzt, um die Gräber jener zu besuchen, die das Leben mit ihnen geteilt hatten.

An diesem Abend schien der Friedhof in der Fischerstraße mehr Besucher zu haben als normal. Mehrere kleine Gruppen von Leuten allen Alters zupften Unkraut auf den Gräbern, schnitten verwelkte Blumen ab und pflanzten neue.

Eine Mutter in Schwarz hielt einen kleinen Jungen an der Hand und folgte einem Mann mit einem schwarzen Hut und zwei anderen schwarzgekleideten Frauen. Die vier Erwachsenen trugen Kränze, die drei Frauen hielten Taschentücher in den Händen und betupften damit immer wieder ihre Augen.

Die Grenzbeamten, die an der Mauer auf und ab gingen, schenkten der Trauerprozession keine Beachtung. Sie taten ihre Pflicht wie jeden Abend, die ganze Nacht hindurch.

Zwanzig oder dreißig Meter entfernt stand ein alter Mann mit geneigtem Kopf vor einem Grab. Offensichtlich gedachte er seiner längst verstorbenen Frau. Ob er nun tatsächlich die Inschrift auf dem Grabstein las, war aus der Entfernung nicht auszumachen, doch die Tränen der Erinnerung, die ihm die Wangen hinunterliefen, waren echt.

Auch andere Menschen waren auf den Friedhof gekommen. Eine ältere Dame mit weißen Haaren stand allein vor einem Grab.

Ein gebeugter Mann kam heran, blieb hier und da vor einem der Gräber stehen, ging jedoch immer wieder weiter. Er war ein recht neugieriger Trauernder. Sein Gesicht war durch einen Hut verdeckt, doch ganz offensichtlich nahm er alles, was um ihn herum vor sich ging, in sich auf. Er schien schon älter zu sein, doch ein genaues Betrachten des Gesichts hätte gezeigt, daß er längst nicht so alt war, wie die meisten vermutet hätten. Er schien etwas unter seinem Mantel zu tragen.

93

Verfolgung durch die Luft

6. September – 20.19 Uhr

Emil Korsch befand sich bereits seit einiger Zeit in Berlin, als ihm klarwurde, daß er zu spät kommen würde.

Fluchend und hupend bahnte er sich den Weg durch den Verkehr der Hauptstadt und erreichte das Stasi-Hauptquartier um 20.09 Uhr.

Mit quietschenden Reifen fuhr er vor und rannte ins Gebäude hinein. Ohne auch nur stehenzubleiben, zeigte er der Wache seinen KGB-Ausweis und rannte die zwei Treppen zum Büro des Bezirksleiters hinauf.

Sein Ausweis verschaffte ihm Zugang zu dem Flur. Korsch befahl dem diensthabenden Offizier, ihm das Büro des Bezirksleiters zu öffnen.

Korsch stürmte durch die Tür.

Schmundt war fort. Sein Büro war verlassen und still wie ein Grab.

Korsch rannte im ganzen Zimmer umher und blickte sich um. Dann eilte er zurück und befragte den Wachposten. Nein, er hätte Bezirksleiter Schmundt nicht gesehen.

Korsch stürmte ins Büro zurück und versuchte, sich an alles, was Schmundt ihm gesagt hatte, zu erinnern.

Er erwarte den Fluchtversuch noch für diesen Abend … er hoffe jeden Augenblick den Ort zu erfahren … er stehe buchstäblich neben dem Telefon bereit …

Neben dem Telefon! Korsch rannte zu Schmundts Schreibtisch. Da lag ein Block neben dem Telefon. Er riß das erste Blatt ab.

Es stand nur ein einziges Wort darauf: *Friedhof.*

Korsch wußte sofort, was damit gemeint war. Hastig blickte er sich im Büro um und entdeckte den großen Stadtplan von Berlin. Mit großen Schritten eilte er darauf zu. Mit dem Zeigefinger fuhr er an der Mauer in der Mitte der Stadt entlang und murmelte:

Friedhof … Friedhof, hmm … welcher Friedhof könnte es sein – „Aha!" rief er.

Da war es! Irrtum ausgeschlossen. Direkt an der Mauer, die ihn durchschnitt … einige Kilometer vom Stadtzentrum entfernt.

Dort sollte der Fluchtversuch also unternommen werden!

Er befahl, den Hubschrauber bereitzumachen, und innerhalb weniger Minuten hatte er sich mit dem deutschen Piloten in die Luft erhoben.

94

Das Signal

6. September – 20.22 Uhr

Von seinem Beobachtungsposten auf dem Dach des Bauschuppens aus konnte Angelas Mann die Vopos auf dem Friedhof sehen. Fünf Nächte lang beobachtete er sie nun schon. Er hatte sich ihre Route genau gemerkt.

In wenigen Minuten würde das Grab mit der Aufschrift E. Brecht von ihnen nicht mehr gesehen werden können.

Er blickte auf seine Uhr.

Es war jetzt 20.19 Uhr, und die beiden Wachposten machten ihre Wende, genau wie immer.

20.20 Uhr … jetzt 20.21 Uhr … sie waren jetzt gerade weit genug entfernt …

Er blinzelte, um sicher zu sein, daß sie auch wirklich außer Sichtweite am hintersten Ende des Friedhofs waren.

Jetzt!

Ursula Wissen und Friedrich Detmold hörten das leise Klopfen auf dem Dach über ihnen. Ursulas Herz klopfte zum Zerspringen, und sie schwitzte vor Angst. Auf dieses Zeichen hatte sie gewartet.

Der Augenblick war da!

Detmold stand neben ihr, als sie fest an dem Seil zog, das tief hinunter in den Tunnel führte, den sie gegraben hatten. Sie zog noch einmal, damit Kohl, der vierte im Bunde, das Signal auch wirklich deutlich spürte.

Es durfte keine Verzögerung geben!

Den acht Trauernden, die sich vor dem Grab von E. Brecht zusammengefunden hatten, um ihre Kränze niederzulegen, bot sich nun ein seltsamer Anblick. Der Stein auf dem Grab wurde plötzlich hochgehoben. Eine Hand erschien und forderte die Trauernden auf, hineinzusteigen.

Matthew kniete sich neben der Öffnung in dem Grab nieder. „Komm … geh hinunter!" flüsterte er dem kleinen Jungen zu, während er ihm in das Loch hineinhalf. Danach folgte seine Mutter. Unten im Tunnel hatte ihr Westberliner Komplize den Jungen bereits in Empfang genommen und ermahnte ihn, ihm so schnell zu folgen wie er konnte.

„Mama …?" fragte der Kleine.

„Schhht … ja, mein Schatz. Geh mit dem Mann. Ich bin direkt hinter dir."

Baron von Dortmann und Matthew halfen Gerda bereits hinein, und auf allen Vieren kroch sie nun hinter den anderen her.

„Sabrina", sagte Matthew nun drängend, als er die Hand der alten Dame losließ.

„Ich werde nicht gehen, bis die anderen in Sicherheit sind", erwiderte sie entschlossen.

„Papa!" flehte Sabrina. *„Du mußt gehen!"*

Mit jeder Faser seines Herzens wehrte sich der Baron gegen diesen Gedanken. Seine Aufgabe war es zu dienen. Er würde als Letzter gehen. Er wollte Diener aller sein. Wie konnte er das, wenn er seine eigene Sicherheit vor die der anderen stellte?

Diese Gedanken durchzuckten ihn im Bruchteil einer Sekunde. Er blickte Sabrina in die Augen, in die Augen der Tochter, die er liebte.

Nur einen Augenblick zögerte er.

Dann wurde ihm auf einmal klar, daß er das Privileg des Opfers nun an seine Tochter und ihren jungen Mann weitergeben mußte. Sie waren keine Kinder mehr, sondern ein Mann und eine Frau im Dienst Gottes. Es war ihr Recht, ihm zu befehlen, und er würde gehorchen.

So drehte er sich um und folgte Gerda hinunter in den langen, dunklen Tunnel.

Matthew streckte nun die Hand aus, um Lola Reinhardt zu helfen, die sich bereits hingekniet hatte.

95

Brenzlige Situation

6. September – 20.23 Uhr

Während Gustav die Fischerstraße herauffuhr, vor dem Friedhof auf die Bremsen trat und aus seinem Wagen sprang, erkannte er die Gestalt in der Ferne als die Frau, die er seit fünfzehn Jahren vergebens suchte.

Doch Gustav von Schmundt konnte nicht wissen, daß auf geheimnisvolle Weise mehrere Trauernde von dem Friedhof bereits verschwunden waren, obwohl keiner von ihnen durch das Tor gekommen war, durch das er jetzt rannte.

Auf einmal war das Geräusch eines Hubschraubers über ihnen zu hören.

Gustav blickte hinter sich und sah, wie der Hubschrauber auf einem Rasenstück landete.

Es war keine Zeit, sich zu fragen, was das Ding hier tat und wer ihn gegen seine Befehle in Marsch gesetzt hatte.

Vielleicht Galanow, dachte er, *doch woher soll er es gewußt haben?* Er war ein findiger junger Mann. Er hatte auch den Fluchtweg nach Teltow vor einem Jahr herausgefunden.

Nein, das konnte nicht sein – Galanow befand sich ja nicht einmal in Berlin!

Er rannte über den Friedhof und gab zwei Warnschüsse ab.

Er war gerade noch rechtzeitig gekommen!

„Halt!" rief er. „Halt! Stehenbleiben!"

Zwei weitere Schüsse ertönten.

Aber was war denn das ... Lola ...? Wie kam sie denn hierher?

„Lola ... Lola", rief er freudig erregt. „Halten Sie sie auf – das sind alles Verräter!"

Im nächsten Augenblick war seine ihm treu ergebene Sekretärin vor seinen Augen verschwunden.

Doch er hatte keine Zeit, über dieses Phänomen nachzudenken, denn sein Blick fiel auf das Gesicht, von dem er oft geträumt hatte.

Er hatte es erwartet, er hatte sich darauf gefreut, doch in der Realität dieses Augenblicks verlor er jegliche Kontrolle über seine Sinne.

Wie vom Donner gerührt blieb Gustav stehen. Die Jagd, die Pistole in seiner Hand waren vergessen. Sein Arm sank kraftlos herunter, er stand wie zur Salzsäule erstarrt.

„Sabrina!" flüsterte er.

96
Ein Augenblick der Erinnerung

Die Hälfte der Flüchtlinge waren nun schon in dem Tunnel, der sie in die Freiheit führen würde.

„Lola, Sie müssen als nächste gehen", sagte Sabrina drängend. „Er hat Sie gesehen ... schnell!"

Lola widersprach nicht. Sie wußte, was sie hier erwartete, und sie wollte nie wieder zurück. Ohne zu zögern oder auch nur in die Richtung zu blicken, aus der die Stimme ihres ehemaligen Chefs ertönte, ließ sie sich hinab in die Dunkelheit gleiten.

Joseph folgte ihr, wenn es ihm auch nicht recht war, daß er vor der Frau gehen sollte. Doch Matthew hatte ihm zugenickt, und nun stieg er hinunter, ohne zu fragen, warum Sabrina zögerte.

Die beiden anderen blieben zurück.

Sabrina hatte die Stimme sofort erkannt.

Sie blickte auf. Gustav blieb kaum fünfunddreißig Meter von ihr entfernt plötzlich stehen.

In diesem Augenblick wurde ihr bewußt, daß er in der Lage war, sowohl sie als auch Matthew zu töten.

Seine Hand, die die Pistole hielt, sank kraftlos zur Seite.

Sie sah, wie seine Lippen sich bewegten. Ein Zittern ging durch ihren Körper. Instinktiv wußte sie, was er gesagt hatte. Er flüsterte ihren Namen.

Sabrina hatte keine Zeit, darüber nachzudenken, denn im nächsten Augenblick hörte sie eine andere Stimme, eine Stimme, die sie ebenfalls vor langer Zeit schon einmal gehört hatte, eine Stimmc, die ihr das Blut in den Adern gefrieren ließ.

Sie wußte, *er* würde nicht stehenbleiben, und *er* würde auch seinen Revolver nicht sinken lassen.

Höchstens eine Sekunde war vergangen.

Auf einmal hörte sie, wie Matthew neben ihr aufgeregt

auf sie einredete. Er gab sich keine Mühe mehr, ruhig zu erscheinen.

„Sabrina ... geh!“ rief er.

Im nächsten Augenblick befand sie sich in der Dunkelheit, auf Händen und Knien und kroch in die unbekannte Leere, die sich vor ihr ausbreitete.

97
Letzte Wut

6. September – 20.24 Uhr

Emil Korsch sprang aus dem Hubschrauber und rannte fluchend unter den langsamer werdenden Rotoren her. Er durchschaute genau, was sich da vor seinen Augen abspielte – die größte Niederlage seines Lebens.

Noch während er dem verschreckten Piloten den Befehl zubrüllte zu landen, hatte er das Drama erfaßt, dessen Zeuge er wurde – die Männer, die er suchte, die einzigen beiden Männer im Ostblock, die in der Lage waren, ihn zu dem zu führen, nach dem er schon so lange suchte, verschwanden vor seinen Augen in einem Loch kaum zwanzig Meter von der Berliner Mauer entfernt!

„Schmundt!“ schrie er, als er losrannte. „Halten Sie sie auf! Töten Sie sie, Sie Schwachkopf!“

Langsam, leidenschaftslos wendete Gustav sich der Stimme zu.

Mitten im Lauf bemerkte der KGB-Agent auf einmal, daß die Pistole des Stasi-Mannes auf ihn gerichtet war!

Dann hallte der Friedhof in der Fischerstraße von mehreren Schüssen wider.

Ungläubig und starr vor Entsetzen, gleichzeitig aber froh, daß weder der Baron noch Sabrina das mitansehen mußten, zögerte Matthew nur einen kurzen Augenblick. Ihm wurde klar, daß sie alle ihre Freiheit niemand anderem als Gustav von Schmundt verdankten!

Dann kletterte er in das Loch und schob die Grabplatte, auf dem E. Brecht stand, über sich wieder zurück.

Alles war so schnell gegangen, und die ersten Trauernden waren schon verschwunden, bevor die Warnschüsse abgegeben worden waren. Die Vopos, die nun angerannt kamen, erblickten nur den Mann in der bekannten Stasi-Uniform, der stocksteif, die rauchende Pistole noch in der Hand haltend, auf dem Friedhofsplatz stand.

Zehn oder zwölf Meter entfernt lag die Leiche Emil Korschs auf dem Boden. Blut sickerte aus den sechs Einschußlöchern in seiner Brust.

Gustav starrte mit weit aufgerissenen Augen vor sich hin … doch sein Blick war leer.

Teil VII

Flucht in die Freiheit

September – Dezember 1962

98
Freiheit

Bei dem Geräusch der Schüsse setzte Sabrinas Herzschlag einen Moment aus.

Sie stieß einen Schrei aus und versuchte, zurückzukriechen. Nur einen Augenblick später wurde es ganz dunkel im Tunnel.

„Matthew!" schrie sie angsterfüllt.

Doch im nächsten Augenblick spürte sie, wie Matthew gegen sie prallte.

„Weiter!" drängte er sie, halb belustigt darüber, daß sie hier auf ihn gewartet hatte.

„Oh, Matthew, ich dachte –"

„Ich bin in Ordnung ... wir sind alle in Sicherheit! Doch nun wollen wir sehen, daß wir hier herauskommen!"

Sabrina drehte sich wieder um. In vollkommener Dunkelheit krochen sie durch den Tunnel, bis sie vor sich das trübe Licht am Ende des Tunnels erblickten.

Sabrinas Zögern hatte den anderen einen großen Vorsprung verschafft.

*

Im Bauschuppen kroch Kohl gerade als erster aus dem Tunnel. Das Seil war noch an seinem Fuß befestigt. Bauunternehmer Detmold half gerade dem kleinen Jungen aus dem Loch, als Ursula die ersten Schüsse von der anderen Seite her hörte.

Unwillkürlich schrie sie auf. Doch sie hatten keine Zeit. Die Mutter des Jungen kletterte hinauf.

Lieber Gott ... bring Sabrina sicher herüber! flüsterte Ursula.

Nun waren Rufe auf der anderen Seite zu hören, wütende Rufe.

Es mußte etwas schiefgegangen sein!

*

Joseph hatte die Schüsse im Tunnel gehört. Er wußte nicht, daß Sabrina nicht mehr direkt hinter ihm war und kroch hinter Lola Reinhardt weiter.

Da vorne war Licht ... konnte das wirklich schon der Westen sein?

Er hatte keine Zeit, weiter darüber nachzudenken. Lola kletterte nun aus dem Loch. Hände streckten sich ihr helfend entgegen.

Nun hatte Joseph das Ende des Tunnels erreicht.

Er ergriff die Hände, die ihm gereicht wurden, richtete sich auf und kletterte aus dem Loch. Er war gerettet, stand in dem Bauschuppen, der die wagemutige Flucht vor den Augen der Vopos, der Stasi und des KGB erst möglich gemacht hatte.

Eine Gruppe von acht bis zehn Leuten, die alle sehr aufgeregt waren, stand um ihn herum. Einige waren schmutzig, genau wie er, und trugen noch die Trauerkleidung.

Da war der kleine Junge und seine Mutter ... der alte Mann, der Vater dieser hübschen Frau ... die weißhaarige Dame – sie hatten es alle geschafft!

Überschwenglich begrüßte er seine neuen Freunde ... Händeschütteln ... Schulterklopfen ...

Auf einmal erstarrte er.

Diese Frau ... warum starrte sie ihn so an? Ihr Gesicht war leichenblaß. Wo hatte er –

Aber ... er kannte dieses Gesicht ... es war schon so lange her ...

*

Ursula hatte kaum Zeit, das Gebet für Sabrina zu Ende zu sprechen, als schon die ersten der Flüchtenden aus dem Tunnel auftauchten. Die Mutter und ihr Sohn, dann eine ältere Frau. Sie war so erschöpft, daß sie auf dem Boden zusammensank, nachdem Friedrich ihr herausgeholfen hatte.

Ursula kniete sich neben sie hin, um ihr Mut zuzusprechen, dann kehrte sie zu dem Loch zurück.

Da war ... ja, das mußte der Baron sein. Sie kannte ihn kaum wieder. Er war in Sicherheit!

Baron von Dortmann fiel in dem Bauschuppen auf die Knie – ihm war nicht klar, daß eine Frau, die vor so vielen Jahren Zuflucht in *seinem* Hause gesucht hatte, ihm nun bei seiner eigenen Flucht half. Ursula griff wieder hinunter und rief einer Frau mittleren Alters ermutigende Worte zu, während sie ihr heraushalf.

Sie hatte es geschafft.

Ursula beugte sich wieder hinunter. *Wo bleibt Sabrina?*

Der Kopf eines Mannes war nun zu sehen. Er richtete sich auf.

Plötzlich taumelte Ursula zurück und griff sich an die Brust. Ihr Gesicht war leichenblaß geworden.

Oh Gott, das kann doch nicht ...

Sie zogen den Mann jetzt heraus ... Stimmen und Rufe ... alle blickten immer noch hinunter in das Loch ...

Der Mann hatte sie gesehen. Er blieb stehen. Warum starrte er sie so schockiert an? Er kam jetzt näher ...

Gott, das kann doch nicht ... es kann nicht sein!

Er kam auf sie zu. Er war so verändert ... er sah ganz anders aus. Es war schon so lange her!

Ein schiefes Lächeln umspielte die Lippen des Mannes.

Dieses Lächeln würde sie überall erkannt haben! Er war es! *Oh Herr ... wie hast du ...?*

Nun stand er direkt vor ihr und starrte sie ungläubig an.

Ihre Stimme war kaum mehr als ein Flüstern.

„Joseph ...?" „Ursula!" war seine einzige Antwort.

Dann lagen sie sich in den Armen.

99
Liebe zu Hyazinthen

Während Sabrina und Matthew den Weg durch den Tunnel zurücklegten, hatte keiner von ihnen eine Ahnung, was sich über ihnen in dem kleinen Bauschuppen abspielte.

Auch der Baron, Lola und die anderen bemerkten nichts. Sie standen ängstlich um das Loch und warteten auf die letzten beiden Flüchtlinge.

Sie kamen mit ein wenig Verspätung, doch die Leute, die auf sie warteten, hatten die Schüsse auf der anderen Seite gehört und machten sich Sorgen.

Doch nun kamen Geräusche ... dann tauchte Sabrinas blonder Haarschopf auf. Sie blickte lächelnd nach oben, stand auf und nahm zwei der vielen Hände, die sich ihr entgegenstreckten.

Eine Sekunde später stand Matthew neben ihr.

Ein Jubelruf ertönte in dem kleinen Gebäude.

Sie hatten es geschafft! Alle waren sicher in Westberlin!

Der Baron nahm Sabrina fest in die Arme.

„Oh, Papa!"

Er ließ sie wieder los und streckte Matthew seine Hand entgegen.

„Gut gemacht, mein Junge!" rief er. „Als du uns in Magdeburg aufgespürt hast, sagtest du, du würdest uns sicher herausbringen, und das hast du tatsächlich auch getan!"

„Nicht ohne die Hilfe einer ganzen Reihe von Leuten Ihres Volkes", lachte Matthew.

„Nicht *meines* Volkes, Sohn. *Gottes* Volkes."

Sabrina begrüßte bereits den Rest der kleinen Gesellschaft, als hätte die Trennung einen Monat gedauert, nicht nur fünf Minuten.

„Gerda ..."

„Danke ... vielen Dank, Fräulein Rosenblatt", weinte Gerda.

Sabrina umarmte sie herzlich und ging zu Lola hinüber.

„Oh, Lola", sagte sie. „Wie können wir Ihnen nur jemals danken?"

„Ich bin diejenige, die Ihnen ewig dankbar sein wird", erwiderte Lola mit Tränen in den Augen.

Die beiden Frauen umarmten sich.

„Aber wo ist Joseph?" rief Sabrina auf einmal. Ihr fiel plötzlich auf, daß sie ihn noch nicht gesehen hatte.

Und fast im selben Augenblick fiel ihr Ursula ein. Wo war Ursula? Wie hatte sie nur ihre Freundin vergessen können!

Aufgeregt blickte Sabrina sich um.

Erstaunt und verwirrt fiel ihr Blick auf die beiden Menschen in der Ecke. Sie machte zwei Schritte auf sie zu, blieb dann jedoch unsicher stehen.

Da waren Ursula und Joseph ... zusammen ... sie umklammerten sich in einer Weise, die weit über eine normale freundschaftliche Umarmung hinausging.

Was hatte das nur zu bedeuten?

Sie ging zögernd auf die beiden zu, hatte dann jedoch das Gefühl zu stören.

Schließlich entdeckte Ursula Sabrina aus den Augenwinkeln und löste sich aus Josephs Umarmung. Sie kam auf Sabrina zu. Tränen standen in ihren Augen, doch sie strahlte über das ganze Gesicht.

Die beiden langjährigen Freundinnen fielen sich in die Arme und schluchzten vor Freude.

Eine Zeitlang standen sie so, bis Ursula schließlich das Schweigen brach.

„Sabrina, woher wußtest du das?" flüsterte Ursula.

„Was? ... Ich weiß nicht – was wußte ich, Ursula?"

„Wie kommt es, daß du mir Joseph bringst? Wie hast du ihn gefunden?"

„Wir haben ihn nicht gefunden. Er ist zu uns gekommen. Aber woher kennst du ihn? Wir haben uns gerade erst kennengelernt –"

„Sabrina, verstehst du denn nicht? Das ist Joseph ... *mein* Joseph!"

Endlich wurde Sabrina alles klar. Fassungslos schüttelte sie den Kopf.

Nun kamen Matthew und der Baron heran, und bald wußten alle von der wunderbaren Wiedervereinigung, die nur Gott hatte zustande bringen können.

„Es hat den Anschein, als hätten wir unserem Vater im Himmel für mehr zu danken, als irgend jemand von uns geahnt hat", bemerkte Sabrinas Vater.

„Weit mehr!" fügte Joseph hinzu.

„Mir scheint es, als hätte er unsere Gebete erhört, wie er die Brote und Fische in der Hand seiner Jünger vermehrte!" fügte der Baron hinzu.

Diese Bemerkung des Barons erinnerte Joseph wieder an die veränderte Situation zwischen ihm und Ursula. Er wendete sich ihr zu.

„Du trägst immer noch den Ring", sagte er leise und nahm lächelnd ihre Hand.

„Ich habe an unserer Verlobung festgehalten", erwiderte sie ruhig.

„Genau wie ich", sagte er. „Aber –", fuhr er fort, brach jedoch unsicher ab – „aber wir müssen über vieles sprechen. Ich ... ich bin nicht mehr derselbe Mensch wie früher."

„Ich auch nicht", entgegnete Ursula.

„Ich bin auch nicht mehr derselbe Mann, der ich noch vor einer Woche gewesen bin. Ich habe ... da ist vieles, das ich dir erzählen muß."

„Es gibt auch vieles, das du über mich erfahren mußt", sagte Ursula.

„Wir werden noch Zeit haben, über alles zu sprechen!"

Auf einmal fiel Josephs Blick auf die Blume, die nun doch nicht in dem Tunnel begraben werden würde.

„Was ist das?" fragte er und ging langsam zu ihr hinüber. „Ich dachte schon, ich hätte ihren Duft gerochen. Wie kommt denn diese rosa Hyazinthe hierher ... noch dazu außerhalb der Saison?"

„Ich habe sie mitgebracht", antwortete Ursula und nahm sie liebevoll in die Hand.

„Aber … aber woher wußtest du? Das ist meine Lieblingsblume!“

„Davon hatte ich keine Ahnung.“

„Warum hast du sie denn mitgebracht?“ fragte Joseph ungläubig.

„Das ist eine lange Geschichte“, meinte Ursula lächelnd. „Ich werde sie dir erzählen, zusammen mit all dem anderen, das du erfahren mußt.“

„Aber … aber warum hierher, warum heute?“

„Ich kann dir nur das sagen“, sagte Ursula, „der Duft hat mich immer an dich erinnert.“

„Mir geht es genauso! Ich konnte nie den Duft einer Hyazinthe riechen, ohne an dich zu denken! Und doch … du konntest doch nicht ahnen, daß ich heute hier sein würde! Du kannst sie doch nicht für mich mitgebracht haben!“

„Der Grund, warum ich sie mitgebracht habe, hat tatsächlich mit dir zu tun“, sagte Ursula. „Doch nun hat sich alles geändert. Ich bin froh, daß ich sie dir nun als Willkommensgeschenk überreichen kann.“

Sie streckte sie Joseph entgegen.

Er atmete tief ihren süßen Duft ein.

100

Ein weiteres Wiedersehen

Kommt, kommt alle!“ rief Ursula nun laut. „Es ist schon spät und wird bald dunkel sein. Ihr seid alle schmutzig und hungrig und erschöpft. Es ist für alles gesorgt. Zumindest für heute nacht seid ihr alle unsere Gäste. Ein Festmahl wartet bereits auf euch.“

„Aber wo, Ursula?“ fragte Sabrina. „Doch ganz bestimmt nicht in deiner kleinen Wohnung –“

Ursula lachte. Es war ein fröhliches Lachen, das den Baron an die Kindheit seiner Tochter erinnerte. Keiner der hier Anwesenden konnte wissen, wie lange Ursula Wissen schon nicht mehr so fröhlich gewesen war.

„Meine Wohnung wäre wirklich viel zu klein!" erwiderte sie. „Nein, unser Wohltäter hat für alle von euch Zimmer in einem der schönsten Hotels von Berlin reserviert."

„Unser Wohltäter?" wiederholten mehrere Stimmen gleichzeitig.

„Ja, ein geheimnisvoller Gönner!" sagte Ursula lachend. Sie war so glücklich, sie konnte sich einfach nicht zusammenreißen. „Jetzt kommt! Die Wagen warten!"

Sie führte die kleine Gruppe aus dem Bauschuppen, Joseph an ihrer Seite. Auf der anderen Straßenseite stand ein Lieferwagen der Detmold-Baugesellschaft, sowie die Wagen, mit denen Herbert Kohl und die Peters' gekommen waren. Neben den Autos stand eine Freundin, die ungeduldig auf ihr Erscheinen wartete.

„Angela!" rief Sabrina und eilte auf sie zu.

Freudestrahlend begrüßte Angela ihre Gefährten aus dem Abwasserkanal.

Darauf verteilten sich die Anwesenden auf die drei Wagen, und es ging los zum Hotel.

Nur Matthew und Ursula genossen die Fahrt. Sie waren so glücklich. Baron von Dortmann bekam nur wenig davon mit, weil er die meiste Zeit mit geschlossenen Augen dasaß. Sabrina weinte. Joseph war zu verwirrt, um seine Umgebung wahrzunehmen. Die anderen jedoch befanden sich zum ersten Mal im Westen und bestaunten seinen Reichtum. Sie hatten gehört, daß es im Westen ganz anders sein sollte, doch nicht in ihren kühnsten Träumen hätten sie sich so etwas vorstellen können.

Arme Lola! Tränen strömten ihre Wangen hinunter. Sie war glücklich und mußte weinen, doch sie machte sich auch zwangsläufig Sorgen, was aus ihr werden sollte. Auf einmal fühlte sie sich so klein und fehl am Platze in dieser fremden, strahlenden, lebendigen neuen Welt.

Die Ankunft im Hotel steigerte ihre Verwirrung noch.

Kaum hatten die Wagen angehalten, als auch schon Pagen erschienen, ihnen die Tür öffneten und sie ins Innere führten.

War dies wirklich ein Hotel?

Joseph und Baron von Dortmann konnten es kaum fassen.

In den Augen der Ostdeutschen wirkte es wie ein Schloß! Der Baron konnte sich an solche Häuser noch von früher her erinnern. Doch niemals hatten Joseph, Lola oder die weißhaarige Gerda so etwas zu Gesicht bekommen.

Ursula blieb etwas zurück.

Sie konnte sich einfach nicht beherrschen. Ein Lächeln breitete sich auf ihrem Gesicht aus, und sie wollte sich nicht vorzeitig verraten.

Die Tür öffnete sich, und die Pilger betraten die riesige und hell erleuchtete Empfangshalle. Endlich waren sie am Ziel ihrer Reise angekommen.

Ursula trat gerade durch die große Flügeltür, als sie den Aufschrei hörte, auf den sie schon gewartet hatte.

„Dad!" rief Matthew.

Matthew und sein Vater liefen aufeinander zu und fielen sich in die Arme. Spontan begannen die Umstehenden zu applaudieren.

Matthew und Thaddeus lösten sich voneinander und schüttelten den Kopf.

Sie fanden keine Worte, aber sie brauchten auch keine.

Hinter seinem Sohn erblickte Thaddeus den Baron. Zwanzig Jahre lang hatte er um eine Gelegenheit gebetet, ihn wiedersehen zu dürfen. Der Baron hatte sich sehr viel stärker verändert als Thaddeus. Doch an dem Respekt, den sie voreinander empfanden, und der Zuneigung zueinander hatte sich nichts geändert.

Langsam gingen sie aufeinander zu und drückten sich fest die Hand.

„Thaddeus", murmelte der Baron.

„Heinrich, ich … ich –"

Auch sie fanden keine Worte, um ihre Gefühle auszudrükken. Ohne zu zögern umarmten sich die beiden Männer.

101

Das Schicksal des Gustav von Schmundt

In der Zwischenzeit spielte sich auf der anderen Seite der Mauer ein Drama ganz anderer Art ab.

Während die Grenzposten heraneilten, die riesigen Rotoren des Hubschraubers langsamer wurden und die Schüsse in der Abendluft verhallten, stand Gustav von Schmundt über die Leiche seines einstigen Kameraden und Mentors gebeugt.

In seinem Blick lag keine Reue. Das einzige, was ihm allmählich ins Bewußtsein drang, war das Bild, das ihm eben noch vor Augen gestanden hatte.

Sabrina war da gewesen ... kaum dreißig Meter von ihm entfernt!

Er hatte in ihr Gesicht geblickt, in ihre Augen. Sie war noch schöner gewesen, als er sich vorzustellen gewagt hatte. Allein der Gedanke daran – zusammen mit dem Bild dieses McCallum neben ihr – bereitete ihm neuen Schmerz.

Sie hatte ihn gesehen, und sich dann abgewandt ... war verschwunden. Sie hatte ihn *zurückgewiesen,* und nun war sie für immer fort.

Dennoch war Gustavs Verstand von Sabrinas Anblick nicht so getrübt, daß er seine eigene Zwangslage länger als nur ein paar Sekunden aus den Augen verloren hätte.

Wer konnte schon wissen, welche Folgen Korschs Tod für ihn haben konnten? Was würde passieren, wenn man seine wahre Identität entdeckte?

Gustav hätte die Flucht nicht nur verhindern können, er war sogar verantwortlich für das Entkommen eines amerikanischen Spions und eines entflohenen Strafgefangenen! Er hätte Sabrina und McCallum leicht töten können, und wenn er nun darüber nachdachte, vermutlich auch noch zwei oder drei von den anderen, wenn er in den Tunnel hinuntergesprungen wäre und geschossen hätte – vielleicht sogar Baron von Dortmann.

Ja, dachte Gustav, *da habe ich mich in eine prekäre Situation gebracht.*

Ein falscher Schritt, und er würde im Gefängnis sitzen, noch bevor der Morgen anbrach.

All dies ging ihm innerhalb von wenigen Sekunden durch den Sinn. Dann riß er sich zusammen.

„Ich bin Stasi-Bezirksleiter Schmundt. Untersuchen Sie den Tunnel da drüben!" rief er einem der Vopos zu und deutete auf das Grab. „Sehen Sie nach, ob die Verräter irgendwelche Spuren bezüglich ihrer Identität hinterlassen haben. Dann stellen Sie einen Posten auf, bis wir das Ding aufgefüllt haben."

Schnell wendete er sich dem anderen zu.

„Finden Sie die Identität dieses Mannes heraus!" rief er. „Ich vermute, daß er ein KGB-Agent mit dem Namen Korskajew ist. Er ist der Verräter, der diese Flucht geplant hat, in Zusammenarbeit mit den Amerikanern. Glücklicherweise bin ich diesem kleinen Komplott auf die Spur gekommen und konnte wenigstens verhindern, daß er entkommen ist, obwohl wir seine Freunde leider nicht fangen konnten, wer immer sie gewesen sein mochten."

Nun wendete er sich an den dritten.

„Es hat den Anschein, als hätte er einen Stasi-Hubschrauber stehlen können", sagte er. „Verständigen Sie Ihre Vorgesetzten von dem, was passiert ist. Bewachen Sie die Leiche; ich werde dafür sorgen, daß sie ins Leichenschauhaus gebracht wird. In der Zwischenzeit riegeln Sie den Friedhof ab. Ich werde zum Hauptquartier zurückkehren und sehen, ob ich mehr über dieses Komplott herausfinden kann."

Er drehte sich um und rannte zu dem Hubschrauber. Dort machte er dem Piloten Vorwürfe, daß er sich so leicht von dem verräterischen KGB-Doppelagenten hatte täuschen und für seine Zwecke mißbrauchen lassen.

Eine Minute später hatten sie abgehoben und schwebten über der Mauer, auf deren anderer Seite großer Jubel über die geglückte Flucht herrschte, während die Leiche des Mannes, der so viel Leid über sie gebracht hatte, bereits erkaltete.

Am folgenden Morgen waren die Zeitungen Ostberlins voll mit Berichten über diesen Zwischenfall:

Ein hochgestellter KGB-Agent, der sich heimlich in Berlin aufhielt, sei als Doppelagent entlarvt worden. Er hätte sich einen genialen Fluchtplan ausgedacht, hätte durch einen Tunnel unter der Mauer hindurch nach Westberlin fliehen wollen.

Stasi-Bezirksleiter Gustav von Schmundt, langjähriger Mitarbeiter von Korskajew, hätte das Komplott rechtzeitig aufgedeckt und die Flucht des Verräters in den Westen verhindert.

Einer kleinen Gruppe wäre die Flucht jedoch trotzdem gelungen. Der KGB-Agent Korskajew hätte sich seiner Festnahme widersetzt und sei an der Grenze von Schmundt getötet worden.

Eine Stellungnahme des Bezirksleiters läge noch nicht vor, ein Interview würde für den folgenden Tag erwartet.

Eine Stellungnahme war deswegen nicht abgegeben worden, weil Gustav, nachdem er die notwendigen Formalitäten erledigt und seinen Bericht geschrieben hatte, in seine Wohnung gegangen war und sich betrunken hatte wie noch nie in seinem Leben. Als er schließlich um drei Uhr morgens in sein Bett taumelte, hatte er sich eingeredet, daß Sabrinas Flucht das Beste war, was ihm hatte passieren können, und er fragte sich, warum er so lange an seinen dummen Phantasien festgehalten hatte.

Als er am nächsten Tag gegen Mittag erwachte, fühlte er sich zu schlecht, um über irgend etwas nachzudenken.

Das für diesen Tag angesetzte Interview mußte einen weiteren Tag warten.

Als es schließlich stattfand, war Gustav gut in Form, und er berichtete ausführlich über die Ereignisse, die sich auf dem Friedhof abgespielt hatten, und darüber, wie er dem Doppelagenten auf die Spur gekommen war.

Dieser Zwischenfall, das Interview und alles, was darauf folgte, machte Bezirksleiter Schmundt zu einem Helden der

DDR und führte zu einer Beförderung in die oberen Ebenen der kommunistischen Bürokratie.

*

Galanow jedoch glaubte nicht ein Wort dessen, was in Moskau berichtet wurde.

Er wußte zu viel über die beiden Männer, um sich täuschen zu lassen.

Er überlegte, wie er darauf reagieren sollte. Schließlich kam er zu dem Schluß, daß er nicht viel erreichen würde, wenn er Schmundt der Lüge bezichtigte. Welche Beweise hatte er schon? Wenn er so darüber nachdachte, mußte er zugeben, daß der Deutsche ziemlich gerissen und findig war, viel mehr als er gedacht hatte.

Wenn es dem Kerl tatsächlich gelungen war, seinen Onkel zu überlisten, dann war es vielleicht wirklich besser, alles so zu lassen wie es war.

Darum blieb Galanow in Moskau und arbeitete weiter an seiner Karriere im KGB. Obwohl er es nicht schaffte, die Position seines Onkels einzunehmen, wurde er doch zu einem sehr mächtigen und gefürchteten Agenten.

102

Ein heißes Bad und saubere Bettlaken

Bist du etwa unser geheimnisvoller Wohltäter?" rief Matthew, nachdem die beiden älteren Männer sich begrüßt hatten.

„Ich weiß nicht", lachte Thaddeus. „Was hat sie dir denn erzählt?"

Ursula gesellte sich nun zu ihnen. Thaddeus streckte ihr den

Arm entgegen. Sie umarmten sich und lächelten sich herzlich an.

„Ihr zwei kennt euch auch!" rief nun Sabrina erstaunt.

„Der Überraschungen ist kein Ende an diesem Tag!" fügte der Baron strahlend hinzu.

„Oh, Thaddeus!" rief Ursula, „Sie werden nie glauben, wer kurz vor Sabrina durch den Tunnel kam – Joseph, mein Verlobter!"

Sie stellte Joseph Matthews Vater vor.

„Hier scheint es mehr Wiedersehen zu geben, als man verkraften kann!" bemerkte Thaddeus. „Aber jetzt müßt ihr alle mitkommen!"

„Dann *bist* du also unser Wohltäter!" sagte Matthew, der neben seinem Vater ging.

„In gewisser Weise", sagte Thaddeus.

Thaddeus führte die Gruppe hinauf in den zweiten Stock, wo zwei Suiten und zwei kleinere Räume für sie reserviert waren. Gerda Arnim und die Mutter mit ihrem Sohn hatten jeweils ein Zimmer für sich. Sabrina, Ursula und Lola würden sich eine Suite teilen. In der anderen sollten Matthew, Joseph, Thaddeus und Baron von Dortmann schlafen.

Thaddeus brachte alle in die größere Suite, wo ein kaltes Büfett vorbereitet war – Brot, Wurst, Käse, Fleisch, Kuchen, Kaffee, Tee, Wein, kalte Getränke.

Thaddeus erklärte dann die Raumverteilung.

„Mir ist klar, daß es schon spät ist", schloß er, „doch wenn es euch so geht wie mir selbst, dann könnt ihr sicher noch lange nicht schlafen. Darum fühlt euch frei, etwas zu essen. Ihr könnt aber auch erst auf eure Zimmer gehen, duschen, euch umkleiden und dann hierher zurückkommen, um euch zu entspannen."

Er blickte Ursula an.

„Ursula ist die Gastgeberin für die Frauen. Sie hat frische Kleidung für euch besorgt. Ihr werdet alles Notwendige auf euren Betten finden."

Freudige Ausrufe und Dankesworte wurden laut.

„Doch bevor wir uns auf unsere Zimmer verteilen, wollen

wir den drei Männern, die den Tunnel gegraben haben, von Herzen Dank sagen – Friedrich Detmold, Herbert Kohl und Franz Peters – diesen dreien habt ihr alle eure Freiheit zu verdanken!"

Die kleine Gruppe applaudierte.

„Es tut mir leid, daß wir Ihnen nicht gestatten konnten, zusammen mit unseren Frauen herüberzukommen", sagte Franz. „Wir hatten zu viel Angst, daß etwas schiefgehen könnte. Wir mußten erst wissen, ob der Plan funktioniert."

„Wir waren also die Versuchskaninchen!" warf Angela ein.

Gelächter folgte.

„Wir sind glücklich, daß Sie alle nun hier sind", fügte Franz hinzu. „Das Graben hat sich wirklich gelohnt!"

„Wir werden nun gehen, damit Sie sich ausruhen und miteinander plaudern können", sagte Angela, als sie und die drei Männer sich bereit machten zu gehen.

Während sich die anderen langsam zerstreuten, wendete sich Thaddeus der jungen Mutter zu.

„Ihr Mann ist, so weit ich weiß, in Hannover?"

Sie nickte. „Aber er weiß nichts von der Flucht. Ich konnte ihn nicht benachrichtigen."

„Soll ich versuchen, ihn für Sie zu erreichen? Morgen werden wir dann dafür sorgen, daß Sie mit Ihrem Sohn zu ihm fahren können."

Die Frau nickte. Sprechen konnte sie nicht, da Tränen der Dankbarkeit ihr in die Augen stiegen.

„Sie haben eine Cousine hier in Berlin, Frau Arnim?" fragte er an Gerda gewandt.

„Ja, sie erwartet mich."

„Vielleicht kann ich jemanden schicken, der sie abholt", sagte Thaddeus. „Oder, wenn Ihnen das lieber ist, können wir Sie auch noch heute abend zu ihr bringen."

„Vielleicht ... vielleicht könnte ich mit ihr telefonieren?" fragte Gerda vorsichtig.

„Sicher. Ich werde das sofort veranlassen."

Thaddeus ging nun zu Lola hinüber.

„Fräulein Reinhardt", sagte er. „Ich möchte gern einen

Augenblick mit Ihnen sprechen. So weit ich weiß, haben Sie niemanden hier im Westen, der Sie erwartet."

Lola nickte. Besorgnis spiegelte sich auf ihrem Gesicht. „Ich ... ich habe eine Tante in Hamburg ... aber sie weiß nichts von der Flucht."

Thaddeus bemerkte ihre Besorgnis und versuchte, ihre Ängste zu zerstreuen. „Bitte, machen Sie sich keine Sorgen", sagte er. „Morgen werde ich Sie mit einem Mann bekanntmachen, der Ihnen sicherlich eine Stelle vermitteln kann. Sie sprechen doch Englisch, oder?"

„Ja."

„Gut. Wir haben bereits über eine Reihe von Möglichkeiten gesprochen. Vielleicht kann er Sie in einer der Regierungsbehörden hier oder in Bonn unterbringen. Machen Sie sich nur keine Gedanken. Ich werde dafür sorgen, daß Sie alles haben, was Sie brauchen. Ab morgen werden Sie auch Geld für Ihre persönlichen Bedürfnisse zur Verfügung haben."

Lola wendete sich zum Gehen. An Sabrinas Arm schluchzte sie ungläubig. Sie fühlte sich wie im Märchen.

Thaddeus schloß die Tür hinter ihnen, dann wendete er sich den drei Männern zu.

„Du meine Güte, Dad", rief Matthew, „du hast aber auch wirklich an alles gedacht. Woher weißt du nur das alles?"

„Das Netzwerk der Rose ist nicht sehr durchlässig", lachte Thaddeus. „Man gab Ursula nur die allernötigsten Informationen über alle, die euch begleiten sollten. Darum habe ich einfach über meine diplomatischen Beziehungen in Erfahrung gebracht, was notwendig sein würde."

Er blickte sich im Raum um und lachte wieder.

„Was ist?"

„Wenn ich so darüber nachdenke, habe ich wohl doch nicht an alles gedacht!"

„Was meinst du?"

„Weder Ursula noch ich wußten etwas von Joseph. Wir erwarteten einen Burschen mit Namen Tsankow, einen Russen, glaube ich. Was ist denn nur aus *dem* geworden?"

Die anderen brachen in herzliches Gelächter aus.

„Eine lange Geschichte", sagte Joseph.

„In jedem Fall", fuhr Thaddeus fort, „ich hatte auch für Tsankow alles arrangiert. Das scheint nun überflüssig zu sein!"

„Man kann nie wissen!" lachte Joseph.

„Ich weiß nicht, wie es euch anderen geht, aber ich kann jetzt eine Dusche gebrauchen!" sagte Matthew.

103

Vergangene Zeiten

Es war schon nach elf Uhr, als sich alle wieder in dem großen Wohnzimmer der Suite zusammenfanden. Doch trotz der späten Stunde herrschte eine überschwengliche Atmosphäre in dieser kleinen Gruppe.

Ein heißes Bad, saubere Kleidung, leckeres Essen, zusammen mit der Vorfreude auf eine Nacht in sauberen Laken und einem gemütlich warmen Bett, und vor allem der Gedanke, daß sie alle sicher nach Westberlin gekommen waren, ließ dieses Zusammensein zu einem Fest besonderer Art werden.

Die Tränen waren geweint. Nun war es an der Zeit zu feiern.

Und es gab so vieles zu erzählen.

Matthew und Thaddeus unterhielten sich sehr angeregt. Die wenigen Monate, die sie voneinander getrennt gewesen waren, schienen ihnen Jahre gewesen zu sein. Dann wendete sich Thaddeus Baron von Dortmann zu. Die vielen Jahre ihrer Trennung schienen ihrer Beziehung nicht im geringsten geschadet zu haben, und sie knüpften da an, wo sie zwanzig Jahre zuvor aufgehört hatten. Der Baron wurde vergnügt wie ein Kind, und Sabrina konnte sich nur wundern.

Doch auch sie und Ursula benahmen sich wie die Teenager,

wie damals, als sie sich im *Lebenshaus* kennengelernt hatten. Nie in all den Jahren ihrer Freundschaft hatten sie so ungehemmt glücklich sein können. Sie hatten das Privileg, einander wieder ganz neu kennenzulernen, auf einer ganz neuen Ebene. Sie hatten miteinander gearbeitet, eine Vision gehabt, ihr Leben miteinander geteilt – und Zuneigung zueinander empfunden. Doch zu vieles hatte ihnen gefehlt, als daß sie wirklich hätten glücklich sein können.

Doch auf einmal war jeder von ihnen der Mann, den sie liebten, wieder neu geschenkt worden, sie waren in Freiheit und konnten zusammensein!

Doch nicht alle im Raum Anwesenden waren so glücklich. Lola schwankte zwischen aufkeimender Freude und neuen Ängsten. Sie fühlte sich isoliert und allein inmitten solchen freudigen Wiedersehens. Hier waren eine Familie, Freunde, Liebende, Väter, Söhne, Töchter – doch sie war allein.

Was sollte aus ihr werden? Würden sich ihre Tante und ihre Cousine überhaupt an sie erinnern? Matthews Vater war sehr nett, das stimmte, doch seine Versicherungen konnten ihre praktischen Bedenken nicht zerstreuen. Menschen, die ihre Versprechen hielten, waren ihr unbekannt.

Sowohl Baron von Dortmann als auch Thaddeus McCallum spürten, wie einsam Lola sich in dieser Gemeinschaft fühlen mußte. Beide, und auch Sabrina, setzten sich immer wieder neben sie, sprachen mit ihr, hörten ihr zu und gaben der einsamen Frau aus Ostdeutschland auf diese Weise das Gefühl, daß sie nie wieder würde einsam sein müssen.

Auch andere empfanden nicht nur Freude an diesem Abend.

So sehr sie darum gebetet hatten, so sehr sie gewartet und gehofft hatten, daß dieser Tag kommen würden, so waren Joseph und Ursula doch ganz und gar nicht auf dieses unverhoffte Wiedersehen vorbereitet gewesen. Im Laufe des Abends empfanden sie mehr und mehr eine seltsame Scheu voreinander. Sie zogen sich in eine Ecke des Raumes zurück, um allein sein zu können.

Sie mußten sich wieder ganz neu kennenlernen. Zwar

waren sie einander zwanzig Jahre lang versprochen gewesen, und die Jahre der Trennung hatten ihre Liebe zueinander nur vertieft, doch nun, da sie sich gegenübersaßen, waren sie einander fremd.

Sie waren unsicher, erröteten, wußten nicht, was sie sagen sollten. *Wie kann sich ein Mann von siebenunddreißig Jahren nur wie ein schüchterner Schuljunge verhalten?* dachte Joseph.

In einem Punkt waren sie sich jedoch nähergekommen: sie hatten sich erzählt, wie sehr sie sich verändert hatten. Joseph hatte als erster das Wort ergriffen; kurz und entschieden hatte er ihr erklärt, daß er Christus als seinen Messias angenommen hätte. Als er das Gespräch begonnen hatte, war er so ernst und feierlich gewesen, daß Ursula Angst gehabt hatte, er könnte ihr sagen, daß er an ihrer Verlobung nicht festhalten wollte.

Doch als sie hörte, was geschehen war, brach sie in stilles Schluchzen aus, und sie konnte eine ganze Zeitlang kein Wort über die Lippen bringen.

Ihre Reaktion brachte Joseph aus der Fassung, und er befürchtete, daß sie die neue Richtung, die er seinem Leben gegeben hatte, nicht gutheißen würde.

Ganz unvorbereitet traf es ihn darum, als sie sich schließlich beruhigte und ihn strahlend anlächelte.

„Oh Joseph!“ sagte sie immer noch still vor sich hin weinend, „du … du kannst nicht wissen … wie glücklich mich das macht.“

Verwirrt blickte er sie an. Wieder einmal wußte er nicht, was er sagen sollte.

„Joseph“, fuhr Ursula fort, „ich selbst bin seit Jahren Christ! Ich hatte solche Angst, daß du mich nicht verstehen würdest.“

Auf einmal lagen sie sich zum ersten Mal seit ihrem Wiedersehen in den Armen.

Danach zogen sie sich wieder verlegen zurück, doch eine große Schwelle war überschritten. Am nächsten Tag plauderten sie schon ungezwungener miteinander, und in weniger als einer Woche waren die zwanzig Jahre der Trennung gänzlich überwunden.

104
Kleines Lebenshaus Süd

Es war eine recht seltsame kleine Versammlung im Chalet der McCallums in den Bergen südlich von München.

Zwei Wochen waren seit der Flucht vergangen.

Die Mutter und ihr Junge waren zu ihrem Mann und Vater nach Hannover gefahren. Gerda war bei ihrer Cousine, die sehr froh war, sie bei sich zu haben.

Angela und Franz Peters lebten sich als Ehepaar in Westberlin ein. Franz Peters und Herbert Kohl arbeiteten bei der Baufirma von Friedrich Detmold und fühlten sich sehr wohl dort. Der Bauunternehmer hielt seit der Flucht die Augen offen für eine weitere Gelegenheit, seine Hilfe für ein ähnliches Projekt anbieten zu können.

Lola Reinhardt wohnte in einer Wohnung zusammen mit zwei anderen alleinstehenden Frauen, die ebenfalls für das statistische Bundesamt in Berlin arbeiteten. Sie würde so lange dort bleiben, bis sich neue Möglichkeiten für sie auftaten, vielleicht in Hamburg, Frankfurt oder München. Lola tendierte dazu, nach Hamburg zu gehen. Sie kannte die Stadt im Norden bereits, und es war ihr gelungen, ihre Tante und Cousine ausfindig zu machen. Unerwartet herzlich war sie von ihnen aufgenommen worden.

Joseph lebte im Augenblick in Berlin, in einem Haus zusammen mit mehreren jungen Männern – drei Deutschen, einem Amerikaner und einem Schotten, von denen drei an der Berliner Bibelschule unterrichteten, wo die anderen beiden studierten. Zwei der Männer kannte Ursula von ihrer Gemeinde her.

Sie sahen sich jeden Tag, und ihre Beziehung vertiefte sich zusehends. Bereits nach einer knappen Woche wußten sie, daß Gott sie diese ganze Zeit füreinander aufbewahrt hatte – sie liebten sich wirklich.

Nachdem sie ihre anfängliche Scheu überwunden hatten,

sprachen sie über ihre Zukunftspläne. Obwohl beiden klar war, daß sich durch ihre Bekehrung zum Christentum alles verändert hatte, hegten sie den Wunsch, so schnell wie möglich zu heiraten. Jedoch mußten sie zuvor mit Ursulas Vater sprechen.

Darum wurden Pläne für eine Reise nach Israel geschmiedet.

Sabrina und ihr Vater hatten keinerlei Verbindungen in den Westen.

Schon am ersten Abend im Hotel überzeugte Thaddeus den Baron davon, daß sein Platz bei ihm und Matthew in Bayern sei. Er hätte genügend Platz, sagte er, und er hätte bereits alles nötige veranlaßt.

„Wir werden sehen, Thaddeus“, sagte der Baron immer wieder. „Wir wollen euch keine Ungelegenheiten bereiten.“

„Uns Ungelegenheiten bereiten! Das ist doch lächerlich! Wir wären alle todtraurig, wenn du nicht mit uns kommen würdest.“

Der Baron freute sich natürlich, das zu hören, doch er wollte keinerlei Entscheidung treffen, bevor er nicht wußte, was der Wille Gottes war, und das brauchte seine Zeit. Er sei ein erwachsener Mann, sagte er, doch mit jedem Jahr seines Lebens würde er mehr erkennen, daß er ein Kind sei. Er müsse diese Angelegenheit erst mit seinem himmlischen Vater besprechen.

Zuerst hatte Sabrina vorgehabt, bis zu ihrer Hochzeit bei Ursula zu bleiben, doch der Gedanke an eine weitere Trennung von Matthew oder ihrem Vater war ihr unerträglich. Sie wollte sie in den Süden begleiten.

Man sprach von dem Gästehaus im Dorf.

„Das ist gut!“ rief der Baron. „Sabrina und ich werden uns dort einquartieren.“

„Unsinn“, entgegnete Thaddeus, „es gibt keinen Grund, warum du nicht bei uns im Chalet wohnen solltest.“

„Ich werde mich in dem Gästehaus sehr wohlfühlen, Papa“, sagte Sabrina. „Thaddeus hat recht.“

Nun war es an Matthew, Einwände zu erheben.

Schließlich einigten sie sich darauf, daß Matthew ins Gästehaus zog, während Thaddeus, Sabrina und Baron von Dortmann im Chalet wohnten.

„Außerdem", schloß Matthew, „bin ich dann näher an der Bäckerei."

Nach wenigen Wochen kamen die anderen Mitglieder ihrer kleinen Fluchtgemeinschaft für ein Wochenende nach Oberammersfeld.

Joseph und Ursula waren mit dem Wagen gekommen und hatten Lola mitgebracht.

Gemeinsam saßen sie am Abendbrottisch. Joseph hatte von der Bruderschaft in Bialystok erzählt, die ihn so beeindruckt hatte.

„Ihr kurzer Aufenthalt dort scheint denselben Effekt gehabt zu haben wie Dads und mein erster Besuch bei dem Baron und Sabrina im *Lebenshaus*", sagte Matthew. „Nicht wahr, Dad?"

„Das stimmt", meinte Thaddeus. „Es gibt nichts beeindruckenderes, als wenn man gelebten Glauben in Aktion sieht. Zwanzig Jahre lang bin ich dir nun schon dankbar, Heinrich –", sagte er an den Baron gewandt, „daß du den Mut hattest, Matthew und mich herauszufordern, über Gott und den Glauben nachzudenken. Das hat unser Leben verändert. Es scheint, als hätte unser Bruder dort in Bialystok dasselbe für Sie getan, Joseph."

„Ich werde immer in seiner Schuld stehen, das ist sicher. Ich hoffe nur, daß ich ihn eines Tages einmal wiedersehen, ihm die Hand schütteln und ihm das persönlich sagen kann."

„Ich bin sicher, daß dies ein Leichtes für Gott sein wird", sagte Matthew, „wenn er *uns* sogar alle zusammenführen konnte."

Sie lachten.

„Diesen Mann würde ich auch gern einmal kennenlernen", fügte Matthew hinzu.

„Vielleicht werden wir alle ihn eines Tages kennenlernen", sagte Joseph.

Es entstand ein kurzes Schweigen.

„Und wie wird nun eure Zukunft aussehen, meine jüdisch-christlichen Freunde?" fragte der Baron und blickte Joseph und Ursula an.

„Wir werden heiraten, falls Sie das meinen", erwiderte Joseph. „Allerdings wissen wir noch nicht genau wann."

„Wir wollen mit meinem Vater sprechen", erklärte Ursula. „Wir haben die Absicht, so bald wie möglich nach Jerusalem zu fliegen."

„Hast du bereits mit ihnen telefoniert?" fragte Sabrina.

„Oh ja! Ich fürchte, die Telefonrechnung wird schrecklich hoch sein! Sie waren alle so aufgeregt!"

„Hast du ihnen ... von Joseph erzählt?" fragte Matthew. „Dem neuen Joseph, meine ich?"

„Noch nicht. Das möchten wir gern persönlich tun", antwortete Joseph.

„Was ist mit euch?" fragte Ursula an ihre Freundin gewandt.

„Wir wissen es auch noch nicht", sagte Sabrina. „Vielleicht nächsten Monat."

„So bald schon?" fragte Joseph.

„Je schneller, desto besser!" lachte Matthew. „Wir haben schon seit ... mal sehen ... wir sind 1939 nach Amerika gegangen, das heißt – wir haben dreiundzwanzig Jahre aufeinander gewartet! Ja, so schnell wie möglich – ich werde diese Lady heiraten, bevor sie mir wieder durch die Lappen geht!"

Alle lachten.

„Wäre es nicht wundervoll, Sabrina", rief Ursula aufgeregt, „wenn wir am selben Tag heiraten könnten ... zusammen?"

„Aber ... deine Familie?" wandte Sabrina ein. „Ich könnte mir nichts Schöneres vorstellen, aber ... sicher wollt ihr doch bei ihnen sein."

„Du hast recht. Wie konnte ich das vergessen?"

„Wichtig ist nur, daß wir euch vier so schnell wie möglich verheiraten", ergriff nun Thaddeus das Wort. „Heinrich und ich können nicht mehr sehr lange warten, und ich glaube, dein Vater wird genauso denken, Ursula! Ich würde sagen, wir sollten so schnell wie möglich eine Doppelhochzeit arrangieren!"

„Ganz meine Meinung!" stimmte der Baron zu.

Um Lolas willen wendete sich die Unterhaltung nun anderen Dingen zu.

„Wie steht's bei Ihnen, Lola?" fragte der Baron schließlich. „Erzählen Sie uns von Ihrer neuen Stelle."

„Es ist nicht gerade die interessanteste Arbeit", sagte Lola lächelnd. „Auch in der wundervoll freien Bundesrepublik sind Statistiken langweilig und trocken. Und es gibt natürlich viel Neues zu lernen."

Der Baron lachte. Er freute sich, daß sie schließlich doch ihren Humor wiedergefunden hatte.

„Aber ich bin dankbar", fuhr Lola fort. „Die Leute im Büro sind so freundlich zu mir, genau wie die Frauen, mit denen ich zusammenlebe. Das Leben hier ist so ganz anders als drüben. Wahrscheinlich werde ich eine ganze Zeit brauchen, um mich daran zu gewöhnen. Doch ich bin froh und zufrieden, daß ich hier bin."

Eine lange Stille entstand. Thaddeus ergriff als erster wieder das Wort.

„Eines verstehe ich immer noch nicht", sagte er. „Warum sind nicht auch andere – Brumfeldt zum Beispiel und seine Familie, Angelas Bruder, oder Hermann in Berlin – mit euch geflohen?"

Es blieb still. Niemand schien geneigt, auf diese Frage eine Antwort zu geben.

„Brumfeldts Frau Clara", sagte Sabrina schließlich, „ist sehr lieb, aber auch sehr ängstlich. Sie wäre niemals mitgekommen. Erich ist ein zufriedener Mann. Er gehört zu den wenigen, wie auch Udo Bietmann und Dieter Palacki, die innerlich frei sind, egal wo sie sich aufhalten."

„Und die anderen beiden?"

„Was Josef Dahlmann betrifft, bin ich mir nicht sicher", antwortete Sabrina. „Fast erwartete ich, daß er mit uns kommen würde. Doch auf der anderen Seite gibt es wichtige Arbeit für ihn zu tun. Das Volk Gottes braucht Hilfe dort genauso sehr wie hier. Dort sind sie zu Hause. Und doch ..." Sabrina lächelte und dachte nach. „Ich kann nicht sagen, daß ich erstaunt wäre, Josef Dahlmann eines Tages hier auf der anderen Seite zu sehen."

„Was ist mit Hermann?" fragte Matthew.

Nun brach Sabrina in Gelächter aus. „Der liebe Hermann! Ich versuche nicht einmal mehr, ihn zu verstehen! Auf der anderen Seite", fügte sie nach einer Weile hinzu, „würde es mich auch bei ihm nicht überraschen, wenn er eines Tages hier auftauchte!"

105

Die Fotos

Als sie an diesem Abend auf dem Balkon saßen und den warmen Abend genossen, wendete sich die Unterhaltung den Fotos zu, die eine so wichtige Rolle in dem Drama ihrer Flucht gespielt hatten. Thaddeus und der Baron wußten nichts davon, doch alle anderen waren auf unterschiedliche Weise in die Ereignisse verwickelt. Es dauerte nicht lange, bis sie Stück für Stück zusammengesetzt hatten, was passiert war.

„Woher stammten diese geheimnisvollen Fotos eigentlich?" fragte Thaddeus.

„Ich arbeitete als Assistent eines Fotografen in Moskau", erwiderte Joseph. „Er war wie ich Jude mit einer falschen Identität. Wie er an die Stelle im Kreml gekommen ist, habe ich nie erfahren. Als ich zu ihm kam, gab man ihm von Zeit zu Zeit brisantes Material, das er für das Militär oder die Regierung entwickeln sollte. Die Dunkelkammer, in der wir arbeiteten, befand sich im Keller des Kreml. Das müßt ihr euch vorstellen – zwei Juden, einer davon Zionist, entwickeln Fotos für den Kreml!"

„Unglaublich!" rief der Baron herzlich lachend.

Joseph erzählte weiter von seiner Inhaftierung, nachdem seine geheimen Aktivitäten aufgedeckt worden waren, und was Stojidowitsch getan hatte, während er fort war. Etwa eineinhalb Jahre zuvor war er zu ihm gekommen und hatte ihm von den Fotos erzählt. Er hatte ihn gebeten, sie in Hände zu geben, die für ihre Veröffentlichung sorgen würden.

„Er hat mir nie gesagt, warum er die Abzüge eigentlich gemacht hatte. Vermutlich dachte er, daß er sie vielleicht eines Tages einsetzen könnte, um seinem Volk zu helfen. Er ließ sie unentwickelt, vermutlich aus Angst vor einer Entdeckung. Nach meiner Entlassung jedoch kam ich zu ihm zurück und arbeitete weiter für ihn. Er erzählte mir davon, und erst als ich ihm sagte, ich könnte sie weitergeben, entwickelte er sie."

„Aber wie sind sie in die Hände meines Vaters gelangt?" fragte Ursula. „Er hat mir davon erzählt, als er im vergangenen Sommer nach Berlin kam. Wenn ich nur gewußt hätte, daß du derjenige warst, der sie weitergegeben hat!"

Joseph lächelte, doch es war kein fröhliches Lächeln, denn er erkannte, wie nah er dem Rabbi gewesen war.

„Es ist fast unmöglich, euch, die ihr das nicht kennengelernt habt, klarzumachen, wie es in der Sowjetunion zugeht", fuhr Joseph fort. „Alle haben Angst – Juden und Christen mehr als alle anderen. Das kommunistische Regime hat buchstäblich Hunderttausende von Juden eliminiert – manche sagen sogar, es seien Millionen. Überall gibt es Informanten und Verräter. Ein falscher Schritt, ein falsches Wort, und jeder erzählt dem KGB für ein paar Rubel, was er gesehen oder gehört hat. Darum herrscht selbst in den jüdischen und christlichen Gemeinschaften Mißtrauen, und die meisten halten den Mund. Es gibt viele Untergrundorganisationen, die aber nur wenig Verbindung untereinander haben. Ich hatte von den Leuten der Rose gehört, und daß sie wahrscheinlich die Fotos aus Rußland herausschmuggeln würden. Darum verabredete ich ein Treffen mit einem Burschen, der sie an sie weitergeben sollte. Wir trafen uns eines Abends spät auf der Kamenni-Brücke, und ich händigte sie ihm aus."

„Danach kamen sie in meine Hände", erzählte Sabrina weiter. „Ich traf mich mit Rabbi Wissen in Warschau. Er war verkleidet, und ich wußte, daß er Angst hatte. Ich sollte die Fotos nach Berlin bringen und sie dann Ursula in Westberlin übergeben. Sie sollte dafür sorgen, daß sie in die richtigen Hände kamen, die sie am besten einzusetzen wußten."

„Aber das hast du nicht getan!" warf nun Ursula lachend ein. „Sie tat auf einmal so geheimnisvoll", erklärte sie den anderen. „Ich wußte gar nicht, was du vorhattest!"

Sabrina lachte fröhlich.

„Siehst du, wie du auf mich wirkst, Matthew?" sagte sie. „Nachdem ich dich wiedergesehen hatte, wußte ich nicht, was ich mit den Fotos tun sollte. Dann kamen die Flucht aus dem Gefängnis und der schreckliche Unfall."

„Ich würde gern wissen, ob jemand diese Fotos gesehen hat und weiß, warum sie so wichtig und für die Kommunisten so diskriminierend sind", fragte der Baron.

Joseph nickte. „Ich habe sie gesehen. Es war wahrhaftig kein schöner Anblick, obwohl ich zugeben muß, daß ich nicht verstehe, warum sie eine Jagd durch halb Europa veranstalteten, um sie wiederzubekommen."

„Dann nehme ich an", warf Thaddeus fragend ein, „daß die Fotos nun verloren oder zerstört oder noch in deiner alten Wohnung in Ostberlin sind?"

„Oh nein", erwiderte Sabrina. „Bevor wir Papas Flucht aus dem Gefängnis arrangierten, habe ich sie doch an Matthew weitergegeben."

„Einen Augenblick!" rief Matthew plötzlich. „Da sitzen wir hier und sprechen über die Fotos, und sie sind die ganze Zeit in meinem Besitz gewesen! Sabrina hat sie mir tatsächlich gegeben, und sie müßten immer noch da sein!"

Er sprang auf und rannte in den Keller, wo die Sachen, die in seinem Hotel in Berlin zusammengepackt worden waren, immer noch in Kisten verpackt standen.

Erst etwa zehn Minuten später kehrte er zurück. Als er das

Zimmer betrat, war sein Gesicht aschfahl. Er hatte die Fotos gefunden und sie sich bereits angesehen.

Erschüttert ließ er sich auf seinen Stuhl fallen.

„Ich hatte keine Ahnung, was ich zur Aufbewahrung bekommen hatte", sagte er. „Sabrina gab mir nur einen Umschlag und sagte mir, ich solle ihn irgendwo verstecken, wo er sicher sein würde. Ich habe gerade das erste Mal hineingesehen."

Er gab sie nun an Sabrinas Vater weiter, der zwei der Gesichter sofort erkannte. Auch er wurde leichenblaß, während er sie an Thaddeus weitergab. So machten sie die Runde.

Betäubtes Schweigen war die unausweichliche und einzig mögliche Reaktion.

Ein Haufen nackter Leichen war mannshoch aufgetürmt. Drei Männer standen daneben. Einige der Opfer waren nur noch Haut und Knochen. Anscheinend hatten sie wochenlang nichts zu essen bekommen. Auf der einen Seite stand eine kleine Raupe, und hinter den leblosen Körpern klaffte eine tiefe Grube. Ein Wegweiser zeigte an, daß es bis Moskau noch siebenundfünfzig Kilometer seien. Ein einziges Wort war in kyrillischer Schrift auf das Negativ geschrieben worden. Die beiden Männer standen bösartig grinsend mit ihren Pistolen neben dem Haufen.

Das zweite Bild war eine Nahaufnahme der drei Männer, die offensichtlich stolz auf ihre Tat waren. Der eine von ihnen war Nikita Chruschtschow. Den Mann neben ihm kannte keiner. Doch der dritte war Emil Korsch. Baron von Dortmann erkannte ihn sofort wieder, auch Sabrina und Lola, die ihn beide nur ein- oder zweimal in ihrem Leben gesehen hatten.

„Was steht unten auf dem Bild geschrieben?" fragte Matthew.

„Juden", antwortete Joseph leise.

Die anschließende Stille dauerte einige Minuten. Was gab es schon zu sagen? Drei der Anwesenden hatten dieselbe Herkunft wie die Opfer.

„Jetzt macht es Sinn", seufzte Matthew schließlich. „Diese Fotos auf den Titelseiten der Weltpresse, und Chruschtschows ganze Propaganda über Toleranz in der Sowjetunion wäre zunichte gewesen."

„Was wirst du nun damit tun, Matthew?" fragte Sabrina.

„Ich weiß es nicht", seufzte er wieder. „Wahrscheinlich habe ich keine andere Wahl, als sie dem State Department oder dem Präsidenten persönlich zu übergeben. Sie sind in meine Hände gekommen, als ich noch als Vertreter der amerikanischen Regierung arbeitete. Ich bin also dazu verpflichtet. Auch trage ich Verantwortung dem Volk gegenüber, das so viel gelitten hat. Das Schicksal der Juden in Rußland muß in der Welt bekanntgemacht werden."

„Was ist mit den anderen Männern?" fragte Thaddeus.

„Emil Korsch", murmelte der Baron.

„Wie paßt er in das Ganze hinein?"

„Ich sah ihn einmal in unserem Büro in Ostberlin", erklärte Lola. „Das war vor einigen Jahren, doch er trug einen anderen Namen."

„Unsere Wege haben sich zweimal gekreuzt – vor vielen, vielen Jahren", seufzte der Baron. „Es waren keine angenehmen Begegnungen."

„Weiß jemand, was aus ihm geworden ist?" fragte Thaddeus.

„Ich bin fast sicher, daß ich seine Stimme an jenem Abend auf dem Friedhof gehört habe", sagte Sabrina.

Matthew erinnerte sich an die grausame Szene auf dem Friedhof. Berichten zufolge war ein KGB-Agent getötet worden, doch ein Name wurde nicht erwähnt. Er fragte sich, ob es eine Verbindung zu Korsch geben konnte, sagte jedoch nichts.

Die Geschichte der Fotos war nun geklärt. Das Geheimnis um das Kästchen des Rabbis jedoch blieb ungelöst. Emil Korsch würde es niemals zu Gesicht bekommen.

106

Ein heiliges Gelübde

Die warme Herbstsonne schien strahlend vom dunkelblauen Himmel auf die Wiese neben der zweihundert Jahre alten Kirche in dem bayrischen Dorf Ülstenberg.

Hinter den wenigen Häusern, Scheunen und Geschäften des Dorfes erhoben sich majestätisch die Alpen. Sie waren das ganze Jahr über mit Schnee bedeckt, und nun, da der Winter vor der Tür stand, war schon Neuschnee gefallen. Auch die Tage wurden kürzer, doch die Mittagssonne war immer noch warm genug für das ganz besondere Ereignis, das an diesem Tage im Dorf stattfand.

Matthew und Sabrina hatten beschlossen, sich in dem kleinen Hof der alten, doch wunderschönen Kirche trauen zu lassen. Als Sabrina sie bei ihrem ersten Ausritt entdeckt hatte, hatte sie Matthew erklärt, hier wolle sie getraut werden.

„Warum, denkst du, habe ich dich hierhergebracht?“ hatte er lächelnd gefragt. „Ich bin derselben Meinung.“

Die wenigen Gäste und Dorfbewohner nahmen auf den Stühlen Platz, die in einem Halbkreis mit Blick auf die Berge aufgestellt worden waren. Das Panorama war atemberaubend. Matthew und Sabrina hätten sich keine schönere Umgebung für den schönsten Tag in ihrem Leben aussuchen können.

Das Zwitschern der Vögel mischte sich mit dem Surren der Insekten und dem Geläut der Kuhglocken auf den Weiden der Alm. Doch das erhebendste Gefühl dieses Tages war, daß Gott selbst, der Schöpfer der Berge, Vögel, Tiere und auch der Liebe, mitten unter ihnen war.

Überall verteilt standen Körbe mit weißen Blumen. Aus der Stadt war eine Vielzahl weißer Rosen gebracht worden. Matthew und sein Vater standen zusammen mit dem Pfarrer vor der kleinen Gemeinde. Rechts von dem Pfarrer stand eine große, schlanke Frau, die in ihrem Leben noch nicht viel gelächelt hatte. Doch an diesem Tag strahlte sie vor Freude darüber, diesen Augenblick mit ihren neuen Freunden erleben zu können. Tatsächlich lächelte Lola Reinhardt in letzter Zeit häufiger, und das machte ihr Gesicht apart und reizvoll.

In der ersten Reihe saßen zwei ganz besondere Gäste – Sabrinas Tante aus der Schweiz, daneben ihre Cousine Brigitte. Sabrina freute sich, daß sie den weiten Weg von Berlin nicht gescheut hatte, und sie hoffte, die Beziehung zu ihr bei diesem Besuch verbessern zu können.

Ein kleines Harmonium war nach draußen gebracht worden, und der Organist spielte nun das Largo aus Dvoraks Sinfonie „Aus der Neuen Welt".

Sabrina schritt am Arm ihres Vaters von der Kirche her nach vorne, wo Matthew stand. Sie trug ein einfaches, knöchellanges Kleid mit einem hellblauen Band als Gürtel um die Taille, was ihre blauen Augen wundervoll zur Geltung brachte. Die Jahre, in denen sie so sehr hatte sparen müssen, hatten Sabrina fast zu praktisch werden lassen. Obwohl Matthew keine Kosten für ein Kleid gescheut hätte, und obwohl ihre Tante ihr gern eines hätte machen lassen, hatte sich Sabrina für dieses schlichte, aber sehr wirkungsvolle Kleid entschieden. In ihr blondes Haar hatte sie einen passenden Kranz aus weißen Blüten und Blättern gesteckt. Ihr Brautstrauß bestand aus weißen Blumen und grünem Farn mit einer weiße Rose in der Mitte.

Als Matthew sie herankommen sah, machte sein Herz einen Freudensprung.

Nie hätte er sich träumen lassen, daß er einen solchen Tag erleben würde! In den vergangenen eineinhalb Monaten waren Ostdeutschland und die Monate, die er dort verbracht hatte, in weite Ferne gerückt.

Es hat den Anschein, dachte er bei sich, während er seine Braut herankommen sah, *daß ich bereits drei oder vier Leben hinter mir habe ... und doch wartet das beste erst noch auf mich!*

*

In einem alten und fernen Land auf der anderen Seite des Mittelmeeres fand am selben Tag, zur selben Stunde eine zweite Trauung statt. Dies war kein Zufall.

Die Umgebung jedoch war ganz anders als die des friedlichen Alpendorfes.

Das Land, obwohl hügelig, war verglichen mit den Alpen sehr viel flacher. Die Erde war braun und dürr unter der gnadenlosen Sonne, und die Hitze war sehr groß, wenn sich auch der wolkenlose Himmel genauso blau über ihnen wölbte.

Eines jedoch war unmißverständlich dasselbe. Das war das Gefühl der Gegenwart Gottes in der Gemeinde, die gekommen war, um die Hochzeit dieses Mannes und dieser Frau mitzuerleben, die ganz sicher nicht mehr jung zu nennen waren.

Das Volk der Juden hatte schon immer einen Sinn für festliche Zeremonien besessen. Doch diese Feier, an der die Versammelten teilnehmen sollten, würde ihnen für immer im Gedächtnis bleiben.

Einem Außenstehenden mochte dies alles wie eine ganz traditionelle Mittwochnachmittags-Trauung in Jerusalem erscheinen. Obwohl die meisten Anwesenden von der Einzigartigkeit dieses Tages unterrichtet worden waren, gab es vermutlich immer noch einige, die der Meinung waren, diese Trauung würde genauso verlaufen wie viele andere, denen sie schon beigewohnt hatten. Sie würden jedoch bald ihre Meinung ändern müssen. Denn diese Trauung paßte weder in eine jüdische Synagoge noch in eine christliche Kirche, und darum war ein neutraler Ort gesucht worden für die Zeremonie, in der sowohl die Herkunft als auch der neue Glaube des Brautpaares berücksichtigt werden würden.

Der Hochzeitsbaldachin, der das Brautgemach versinnbildlichen sollte, war schon früh am Morgen aufgestellt worden. Die Braut war vermutlich älter als die meisten jüdischen Frauen an ihrem Hochzeitstag. Doch sie, die an diesem Tag im Mittelpunkt der allgemeinen Aufmerksamkeit stand, hatte dreiundzwanzig Jahre darauf gewartet, das Gelübde ihres Bräutigams entgegenzunehmen. Sie war eine wunderschöne Braut.

Der Bräutigam hatte weder Freunde, die ihn begleiten konnten, noch ein Elternhaus in der Stadt, von wo aus er der Tradition gemäß ausziehen konnte, um seine Braut einzufordern. Und auch er hatte lange gewartet, bis er nun endlich sein Gelöbnis erfüllen und seine Braut heimführen konnte.

Der liebliche Geruch von Hyazinthen war überall wahrzunehmen. Aus der ganzen Stadt waren Blumenkübel mit diesen Pflanzen gebracht worden, obwohl dies eigentlich nicht die richtige Jahreszeit für sie war.

*

Während Freunde, Bekannte und vor allem ihre Mutter und ihre Schwester Ursulas stille Schönheit bewunderten, wurde weit im Norden Ursulas beste Freundin mit ihrem Mann vermählt.

„Liebe Gemeinde“, begann der Pfarrer der Ülstenberger Kirche, „wir haben uns heute hier versammelt, um ...“

Während er sprach blickten sich Sabrina und Matthew tief in die Augen. Nachdem der Pfarrer seine kurze Ansprache beendet hatte, sprach der Baron den väterlichen Segen und legte symbolisch die Hand seiner Tochter in die des Mannes, den er schon lange wie einen Sohn liebte.

Der Pfarrer wendete sich nun Matthew zu.

„Willst du, Matthew, diese Frau ...“

Matthews Gedanken kehrten zurück zu dem Tag, an dem er die sechzehnjährige Sabrina von Dortmann zum ersten Mal gesehen hatte. Sie waren einander vorgestellt worden. Das hatte sein Leben für immer verändert ... der Blick in ihren Augen ... die Gespräche, die er mit ihr geführt hatte. Dann der Besuch im *Lebenshaus,* als sie das Haus erforscht hatten, der Ausritt, das gebrochene Bein, der Tanz mit ihr bei den Schmundts, das Gewitter, die gelben Rosen, das Kästchen in dem unterirdischen Raum.

In Sekundenschnelle zogen die Stunden an ihm vorbei, die er mit Sabrina verbracht hatte.

Es waren wirklich vier Lebensabschnitte gewesen. Die

ersten Jahre im *Lebenshaus,* als sie noch jung waren. Das freudige Wiedersehen im vergangenen Sommer. Die Monate in Ostdeutschland, und nun das!

Der Pfarrer hatte sich bereits Sabrina zugewandt.

„Willst du, Sabrina, diesen Mann …"

Auch Sabrinas Gedanken wanderten zurück in die Vergangenheit. Was für ein Romantiker war ihr Matthew gewesen – die im Wald versteckten Pferde, der geheimnisvolle Picknickkorb, das Gedicht, das darin lag!

Und immer hatte er neue Überraschungen für sie bereit gehabt – die Kutsche, der Ball, die Botschaft des kleinen Jungen und die rote Rose.

Das Gedicht hatte für sie jetzt noch eine viel tiefere Bedeutung als damals, und noch während der Pfarrer sprach, gingen ihr die Verse durch den Sinn:

Es heißt, Liebe soll gleich einer Rose sein,
die in meinem Herzen wächst, so süß und rein.
Doch wird sie auch ein Dorn geheißen,
der wütend mir will das Herz zerreißen.

Die schöne Zeit einst mit dir,
die mich so glücklich gemacht,
hat die Rose in mir zum Blühen gebracht.
Die Jahre der Trennung gebären den Schmerz,
gleich Dornen zerstach er mein blutendes Herz.

Warum wohl die Liebe, sobald sie verwirkt,
so vieles an Tränen und Schmerz in sich birgt?
Doch ich weiß, mit der Zahl ihrer Dornen, da steigt
jeder Rose Reiz und Lieblichkeit.

Immer wieder hatte sie ihm im vergangenen Sommer diese Worte gesagt. *Oh Matthew … du hast mich so glücklich gemacht!*

Es war wie im Märchen … vor allem dieser Tag!

Der Pfarrer nahm ihnen nun das Trauversprechen ab.

„Ich, Matthew, nehme dich, Sabrina, zu meiner mir anvertrauten Frau, um dich zu lieben und zu ehren, von diesem Tage an, in guten wie in bösen Tagen, in Freude und in Leid, in Krankheit und Gesundheit, bis daß der Tod uns scheidet."

Während sein Sohn der Frau, die er liebte, das Trauversprechen gab, dachte Thaddeus McCallum zurück an den Abend auf dem Ozean, als er und Matthew darüber nachgedacht hatten, wie sie auf das reagieren sollten, was Baron von Dortmann und Sabrina ihnen gesagt hatten und zu dem sie sich selbst noch keine Meinung gebildet hatten.

Dies war in gewisser Weise der Anfang ihrer Beziehung als Erwachsene und ihrer gemeinsamen Suche nach der Wahrheit gewesen. In den folgenden Jahren hatten er und Matthew eine Freundschaft erleben dürfen, wie sie nur wenigen Vätern mit ihren Söhnen vergönnt ist. Das hatte sein Leben unaussprechlich bereichert.

Wer hätte damals sagen können, wohin sie diese Suche letztlich bringen würde? Sie hatte sie hierher geführt, zu dieser Verbindung, nicht nur im Glauben, den sie nun mit dem Baron teilten, sondern auch zu einer Verbindung ihrer Familien.

„Ich, Sabrina, nehme dich, Matthew, zu meinem mir anvertrauten Ehemann, um dich zu lieben und zu ehren, von diesem Tage an, in guten wie in bösen Tagen, in Freude und in Leid, in Krankheit und Gesundheit, bis daß der Tod uns scheide."

Während seine Tochter ihrem Mann das Eheversprechen gab, mußte Heinrich von Dortmann an seine Frau Marion denken. Sicherlich war es verzeihlich, daß seine Gedanken zurückwanderten zu dem Tag, als er und Marion so nebeneinander gestanden und sich das Eheversprechen gegeben hatten.

Sabrina war Marion im vergangenen Jahr immer ähnlicher geworden, doch diese Veränderung machte ihn nicht traurig, sondern sehr froh.

Er vermißte Marion, doch er trauerte nicht mehr so sehr um sie. Sie hatten nicht so viele Jahre zusammen erlebt, wie er sich gewünscht hätte, doch sie waren erfüllt und reich gewesen ... und vollkommen. Heinrich von Dortmann war kein

Mann, der es zuließ, daß der Schmerz sich in seinem Herzen breitmachte. Sie hatten sich vor vielen Jahren auf der Straße vor Fürstenberg Lebewohl gesagt. Der Gedanke an den Schmerz in Marions Augen, als er ihr die Abschiedsworte ins Ohr geflüstert hatte, versetzte dem Baron immer wieder einen Stich. Doch er wußte, daß sie nun besser denn je verstand, was er damals hatte tun müssen, und dieser Gedanke tröstete ihn.

Er liebte Marion noch immer, doch vor allem liebte er ihre gemeinsame Tochter für sie beide. Und nun hatte er sogar noch einen Sohn dazubekommen!

Der Baron richtete sein Augenmerk wieder auf die Gegenwart.

Nachdem Braut und Bräutigam ihr Eheversprechen abgegeben hatten, reichte der Pfarrer ihnen nun das Abendmahlsbrot und den Kelch. Als Abweichung von der normalen Trauzeremonie nahm Matthew ihn und reichte ihn zuerst Thaddeus, der neben ihm stand, danach Baron von Dortmann, der in der ersten Reihe saß. Erst dann kehrte er zu Sabrina zurück, gab ihn ihr und nahm selbst zum Schluß.

Dieser Akt der Ehrerbietung den beiden Vätern gegenüber war der Aufmerksamkeit der Anwesenden nicht entgangen. Sie sahen die Liebe und den Respekt in Matthews Blick, als er vor den beiden älteren Männern zurücktrat.

*

In der Zwischenzeit sprach der Rabbi den traditionellen jüdischen Segen über dem Wein. Darauf folgte das Verlesen des *Ketubbah,* das Versprechen des Bräutigams, seine Frau zu respektieren und zu erhalten, sowie der Brautpreis, der mit Rabbi Wissen vereinbart worden war.

Nun trat der Pfarrer vor, der gemeinsam mit dem Rabbi diese Trauung durchführte.

„Willst du, Ursula, diesen Mann …"

Ursula erinnerte sich daran, wie einsam sie gewesen war, wie sie fast an dem Punkt angekommen war, den Verlobungsring abzunehmen. Oh, wie dankbar war sie, daß Gott über ihnen gewacht hatte! Die langen Jahre der Einsamkeit waren nun vorüber, und sie schienen ein kleiner Preis für ihr gegenwärtiges Glück zu sein.

„Willst du, Joseph, diese Frau ..."

Schon lange hatte Joseph den Gedanken, Ursula wiederzusehen, aufgegeben gehabt.

Unglaublich schien es ihm nun, da er alles mit neuen Augen des Glaubens sah, daß Gott die ganze Zeit mit ihm gewesen war, obwohl er – wie er nun dank der Brüder in Bialystok erkannt hatte – ihn selbst nie richtig gekannt hatte.

Was für ein treuer, liebevoller, geduldiger und großzügiger Vater war er doch!

Nachdem sie ihr Eheversprechen abgelegt hatten, steckte Joseph seiner Frau vorsichtig den Ehering an.

Nun trat der Rabbi vor und gab Joseph aus dem Kelch zu trinken, der ihn dann an Ursula weiterreichte. Schließlich gab er ihn dem Rabbi zurück, der nun einige Schritte zurücktrat.

Die Gemeinde wurde seltsam still, als das Ehepaar sich nun wieder dem Pfarrer zuwandte und ein kleines Stück Brot und einen Schluck Wein aus einem silbernen Becher nahm. Dieser Akt, ein Bild für die Erfüllung ihres jüdischen Glaubens durch die persönliche Annahme des Opfers ihres Messias, folgte aus gutem Grund nach dem traditionellen jüdischen Becher, und beide, Ursula und Joseph, hatten darum gebetet, daß die Bedeutung dieser Handlung allen ihren Gästen klar werden möge.

„Da nun Joseph und Ursula sich durch diese feierlichen Gelübde vor Gott einander anvertraut und sich gegenseitig ihre Zuneigung und ihr Vertrauen gezeigt haben, indem sie die Ringe ausgetauscht haben, erkläre ich sie nun zu Mann und Frau, im Namen des allmächtigen Gottes, des Schöpfers des Himmels und der Erde. Was nun Gott zusammengefügt hat, das soll der Mensch nicht scheiden."

Obwohl diese höchst ungewöhnliche jüdisch-christliche Trauzeremonie schon lange vorbereitet worden war, gab es doch viele unter den jüdischen Traditionalisten, einige von Rabbi Wissens engsten Freunden, die den Kopf schüttelten. Doch der Rabbi hatte, als er die Hochzeit seiner Tochter bekanntgab, gesagt, er sei bereit, den Schwiegersohn in seinem Hause mit offenen Armen aufzunehmen, und er hoffe, daß auch seine Freunde Offenheit zeigen würden. Die meisten von ihnen bemühten sich darum, seinem Wunsch zu entsprechen, wenn auch nur um seinetwillen, nicht weil sie mit ihm übereinstimmten. Die Jahre in Rußland, so sagten sie, hätten ihn vielleicht toleranter werden lassen, als gut war. In Wahrheit waren es nicht die Jahre in Rußland, die dies bei ihm bewirkt hatten, sondern ein Jahr in Deutschland während des Krieges bei dem Mann, der ebenfalls an diesem Tag seine Tochter verheiratete.

Hätte die Zeremonie einige Monate früher stattgefunden, hätten sich unter der versammelten Menge sicherlich zwei Männer befunden, die während der Trauung den Vater der Braut genau im Auge behalten hätten. Sie hatten jedoch die Nachricht erhalten, daß ihr Vorgesetzter bei einem seltsamen Zwischenfall in Berlin ums Leben gekommen sei. Da sie nie genau gewußt hatten, wonach sie eigentlich suchten, hatten sie ihre Sachen gepackt und waren mit leeren Händen nach Moskau zurückgekehrt.

Die Stille dauerte nur wenige Sekunden.

Das Ehepaar wendete sich nun wieder dem Rabbi zu. Sorgfältig stellte er den Abendmahlsbecher nach jüdischer Tradition auf die Erde. Mit aller Kraft zertraten Joseph und Ursula das Gefäß.

„Mazel tov!“ riefen die Versammelten, und kurz darauf begann die Musik und der Tanz.

*

In den Alpen sprach der Pfarrer eben die Worte: „So erkläre ich euch nun zu Mann und Frau!“

Matthew beugte sich vor und küßte Sabrina auf die Lippen.

„Meine Damen und Herren“, schloß der Pfarrer, „ich habe

die Freude und die Ehre, Ihnen Mr. und Mrs. McCallum vorzustellen!"

Braut und Bräutigam schritten nun strahlend durch die kleine Versammlung, während triumphierend das Harmonium erklang und die Kirchenglocken zu läuten begannen.

Matthew und Sabrina blickten sich an. Dieser Blick sagte alles.

Schon kamen die Väter, Freunde und Bekannte, um ihnen zu gratulieren.

107

Reges Treiben in der Küche

Wieder war es Winter geworden in dem bayrischen Dorf Oberammersfeld. Zwei Tage zuvor hatte es zu schneien begonnen, und obwohl die Sonne nun wieder am Himmel stand, würde es doch sicherlich eine weiße Weihnacht in Bayern geben.

Baron von Dortmann war hinunter ins Dorf gewandert, wie er das fast jeden Morgen tat. Gewöhnlich gingen er und Thaddeus zusammen hinunter, doch an diesem Tag war Thaddeus zu beschäftigt und hatte den Baron gebeten, die Einkäufe abzuholen, die für sie bereitgestellt worden waren.

Er betrat den Laden. Die kleine Ladenglocke läutete wie gewöhnlich.

„Guten Morgen, Frau Rendt!" sagte er fröhlich.

„Sie sind heute morgen ja alleine, Heinrich."

„Ach ja, Thaddeus und Matthew sind mit ihren Vorbereitungen für den Heiligabend beschäftigt. Sie haben mir und Sabrina strikte Anweisungen gegeben, uns der Küche fernzuhalten."

„Dann nur ein Törtchen für Sie?" fragte die stämmige

Bäckersfrau und öffnete den Kasten, in dem sich die frischgebackenen Köstlichkeiten befanden.

„Oh nein! Sie glauben doch nicht, daß Thaddeus auch nur einen Tag Ihre Spezialität verpassen würde, nur weil er mich nicht begleiten kann? Nein, nein, Frau Rendt, er gab mir strikte Anweisung, sein Törtchen mitzubringen!"

Die Frau strahlte vor Freude. Eigentlich hatten sie schon genügend selbstgemachte Kuchen und Torten zu Hause, doch Thaddeus und er brachten es einfach nicht übers Herz, die gute Frau ausgerechnet am Tag vor Weihnachten zu enttäuschen. Sie konnte fast die Uhr nach den täglichen Besuchen der beiden Männer stellen, und es machte ihr Freude, immer wieder ihr Lob entgegenzunehmen.

Der Baron wünschte ihr fröhliche Weihnachten und verließ den Laden. Im Postamt holte er noch ihre Post ab, bevor er den Hügel hinauf zum Chalet zurückkehrte.

Die meisten Dorfbewohner hatten bereits erfahren, daß er tatsächlich ein Baron war und siebzehn Jahre wegen seines Glaubens im Gefängnis gesessen hatte. Keiner nannte ihn jedoch Baron. Schon während der ersten Tage seiner Anwesenheit im Dorf machte er allen klar, daß er nur mit seinem Vornamen angesprochen werden wollte.

Er konnte gut mit den einfachen Dorfbewohnern umgehen, auch mit den Leuten unten im Tal und oben auf den Almen, und er verbrachte die Hälfte des Tages damit, mit dem einen oder anderen zu plaudern. Er liebte es, den Kopf in die Werkstatt des Zimmermanns zu stecken oder mit einigen Bauern hinauf auf die Alm zu steigen, um mit ihnen nach einer Kuh zu suchen, die sich verirrt hatte.

Mit der Post und der Bäckertüte in der einen Hand und seinem Lieblingstörtchen in der anderen, kam der Baron nun zum Chalet. Er mußte grinsen bei dem Gedanken an das Gesicht der Bäckersfrau, als er ihr gesagt hatte, Thaddeus hätte darauf bestanden, daß er ihm sein Törtchen mitbringe. Es war so leicht, andere glücklich zu machen. Seltsam, daß die Leute sich in dieser Beziehung nicht mehr Mühe gaben.

Er betrat das Haus, rief nach Thaddeus und ging dann

ins Wohnzimmer, wo Sabrina gerade den Baum fertig schmückte.

„Bist du immer noch aus der Küche verbannt, Tochter?" fragte er.

„Nur noch eine Stunde, meinte Matthew."

„Es muß dir schwerfallen, an einem so festlichen Tag wie diesem."

„Keine Angst, Papa", lachte Sabrina. „Ich habe die Absicht, mich heute nachmittag und morgen darin breitzumachen."

In diesem Augenblick erschien Matthew mit vorgebundener Schürze und mehlverschmiertem Gesicht.

„Was macht ihr zwei bloß!" rief der Baron.

„Wir erfüllen uns einen Traum", erwiderte Matthew und ging an ihnen vorbei den Flur entlang. Zwei Minuten später kam er mit einem Kochbuch zurück und verschwand in der Küche.

Nach etwa einer Stunde öffnete sich tatsächlich die Küchentür, und die beiden Männer kamen heraus. Herrliche Düfte durchströmten das Haus.

„Wir sind fertig", verkündeten sie.

„Die Küche gehört dir, Sabrina", fügte Matthew hinzu, „doch wenn du gegen meine Gesellschaft nichts einzuwenden hast, werde ich das Chaos beseitigen, das wir angerichtet haben."

Die beiden verschwanden in der Küche, während Thaddeus und der Baron sich im Wohnzimmer niederließen.

„Puh!"

„Ich habe etwas für dich von Frau Rendt mitgebracht, Thaddeus", sagte der Baron.

„Das hatte ich gehofft! Auch eines für dich?"

Der Baron lachte leise.

„Es war ein ziemlich kurzlebiges Päckchen. Unglücklicherweise hat es den anstrengenden Weg hierher nicht überstanden ... ich brauchte Kraft für den anstrengenden Aufstieg, weißt du!"

„Ich verstehe", gab Thaddeus zurück und öffnete die Tüte, die der Baron ihm gereicht hatte.

„Meine Nase sagt mir, daß unser guter Rendt wieder einmal in Bestform war“, sagte er und holte das Törtchen heraus.

„Da hast du recht!“

Die beiden Männer lachten wie die Kinder, während Thaddeus genüßlich in die Köstlichkeit biß.

„Komm mit ins Büro“, sagte der Baron. „Ich möchte dir etwas zeigen, das ich heute morgen geschrieben habe.“

„Heute morgen – wann denn?“ fragte Thaddeus, der ihm in den Flur hinaus folgte.

„Ich bin schon früh aufgestanden – so gegen fünf Uhr.“

„Nicht einmal am Heiligen Abend willst du ausschlafen?“ fragte Thaddeus lächelnd.

„Ich konnte nicht schlafen.“

„Findest du denn nie zur Ruhe?“

„Nein. Aber bei dir ist das ja nicht anders, ich habe *dich* schon häufig nachts in deinem Zimmer rumoren gehört, nachdem ich schon lange im Bett lag. Du weißt genauso gut wie ich, daß dein Verstand ebenso rege ist wie meiner.“

Wieder lachten die beiden Männer, dann ließen sie sich nieder. Der Baron reichte Thaddeus die Seite, die er geschrieben hatte.

108

Weihnachten im Chalet

Im Laufe des Tages tauchte eine ansehnliche Menge Essen aus der Küche auf.

Zuerst einige Bleche Weihnachtsplätzchen neben denen, die Sabrina bereits Anfang der Woche gebacken hatte. Der Apfelstrudel war ein Produkt der morgendlichen Bemühungen der beiden McCallum-Männer. Er stand neben ihrem Schokoladenkuchen, der an den Rändern Fingerspuren zeigte. Immer mehr Plätzchen wurden gebacken, bis sie einen Vorrat für gut drei Wochen beisammen hatten.

Am Spätnachmittag wurden die Ergebnisse von Sabrinas Bemühungen sichtbar, und als der Abend kam, wurden die letzten Geschenke eingepackt, und geheimnisvolle Vorgänge trugen zu der Aufregung des Tages bei.

Zu irgendeinem Zeitpunkt im Laufe des Nachmittags tauchten auf einmal zwei lange, schmale Päckchen unter dem Baum auf; niemand wußte, woher sie kamen.

Matthew und Thaddeus hatten darum gebeten, das Essen vorbereiten zu dürfen, und nun, um kurz nach 18 Uhr, saßen alle vier am festlich gedeckten Tisch, bei Kerzenschein und Musik, um das traditionelle Heiligabendessen der McCallums, Eierpfannkuchen, einzunehmen.

Alle vier strahlten sich an.

„Letztes Jahr", sagte Matthew, „haben Dad und ich auch fast den ganzen Tag in der Küche verbracht. Wir haben viele der Dinge zubereitet, die wir auch heute gemacht haben. Natürlich konnten wir nicht alles aufessen, doch so haben wir uns von unserem Kummer darüber abgelenkt, daß unsere Frauen dieses Fest nicht mit uns zusammen verbringen konnten. In der Küche konnten wir lachen und uns erzählen, wie meine Mutter dieses und jenes vermutlich gemacht hätte, was sie von dem Chaos gehalten hätte, das wir anrichteten, oder wie du, Sabrina, und deine Mutter wohl den Strudel zubereitet hättet, an dem wir uns nach einem alten deutschen Kochbuch versuchten."

„Wir haben den ganzen Tag damit zugebracht, das Essen vorzubereiten", fügte Thaddeus hinzu, „und dann haben wir uns sogar an eine Truthahnfüllung gewagt, die meine Frau an unserem ersten gemeinsamen Weihnachtsfest gemacht hatte. Irgendwann sagte Matthew dann, wie schön es wäre, wenn ihr zwei dabei sein könntet, um das mit uns gemeinsam zu erleben."

Einen Augenblick herrschte Schweigen. Allen war die tiefe Bedeutung dieser Bemerkung klar, und wie wundervoll es war, daß sie tatsächlich wieder zusammen waren.

„Vor etwa einem Monat haben wir beschlossen", fuhr Matthew fort, „daß wir noch einmal dasselbe machen wie letztes Jahr, damit wir es dieses Jahr wirklich mit euch zusammen genießen können. Darum haben wir heute den ganzen Vormittag in der Küche gearbeitet."

„So weit das möglich war", sagte Thaddeus, „ist dies ein McCallum-Weihnachtsfest, so wie Rebecca und ich es früher immer gefeiert haben, als Matthew noch klein war, mit Pfannkuchen, Truthahn mit Füllung, demselben Kuchen und den Plätzchen –"

Er brach ab und kämpfte gegen die Traurigkeit an, die ihn bei der Erinnerung an seine Frau überfiel.

„Natürlich vermisse ich sie dann immer ganz besonders", fuhr er fort. „Doch in der Erinnerung liegt auch Heilung, die ich vielleicht auch nötig habe. Dies ist meine Art, wie ich euch, meiner neuen Familie, einen Platz in meinem Herzen einräume, eine Art zu sagen: Ja, wir erinnern uns an die Vergangenheit, doch wir können uns auch an der Gegenwart freuen und frohen Herzens in die Zukunft blicken."

„Amen!" warf der Baron leise ein.

„Nachdem das gesagt ist", schloß Thaddeus, „können wir nun unseren Weihnachtstoast ausbringen, nicht wahr, Matt?"

Matthew nickte.

Die beiden Männer hoben ihre Gläser. Der Baron und Sabrina nahmen ihres ebenfalls auf und stießen miteinander an.

„Auf unsere neue Familie, auf die Gegenwart ... und die Zukunft!" sagte Thaddeus und blickte zuerst seine Schwiegertochter, dann den Baron lächelnd an. „Ich finde keine Worte auszudrücken, wie sehr Matthew und ich euch lieben und wie dankbar wir Gott sind, daß er euch vor so vielen Jahren in unser Leben hat treten lassen und uns diese Freundschaft erhalten hat."

Er nahm einen großen Schluck aus seinem Glas.

„Neben den vielen Dingen, die es bei uns immer gab, haben wir einen deutschen Strudel gebacken, zur Erinnerung an das *Lebenshaus*. Sicher wird er nicht so gut sein wie Marions, doch auch letztes Jahr hatten wir einen gebacken und dabei an euch gedacht, darum wollten wir es auch in diesem Jahr tun, weil ihr jetzt bei uns seid", erklärte Thaddeus.

„Wir fühlen uns geehrt, Thaddeus", sagte der Baron.

„Nächstes Jahr, so hoffe ich, werdet ihr uns erlauben, euch ein Weihnachtsfest zu bereiten, wie es im *Lebenshaus* üblich war", sagte Sabrina.

„Genau das wollte ich gerade vorschlagen", entgegnete Thaddeus. „Doch wenn meine Nase mich nicht getäuscht hat, als du in der Küche warst, brauchen wir gar nicht bis nächstes Jahr zu warten."

Sabrina lachte. „Nun, das stimmt!"

„Darf ich auch einen Toast ausbringen?" fragte der Baron.

„Aber natürlich."

„Dann möchte auch ich sagen, wir sehr wir euch schätzen." Er machte eine kurze Pause, und ein trauriger Ausdruck legte sich auf sein Gesicht. „Ich denke, wir alle empfinden Trauer", fuhr er fort, „die Gott dazu benutzt, uns reifen zu lassen. Weihnachten war immer ein ganz besonderes Fest im *Lebenshaus,* nicht wahr, Sabrina?"

Der Baron blickte seine Tochter an.

„Auch ich mußte heute besonders an meine liebe Marion denken. Festtage sind immer Tage, an denen man zurückblickt. Doch, wie du schon sagtest, an diesem besonderen Tag heute sollten wir auch frohen Herzens in die Zukunft blikken."

Er atmete tief aus, als wolle er bewußt jede Melancholie damit verscheuchen.

„Seit unserer ersten Begegnung mit euch beiden", fuhr der Baron fort, „hatte ich das Gefühl, daß unser Vater im Himmel etwas Besonderes mit uns vorhat, und obwohl es viele Jahre gedauert hat, ist das auch tatsächlich so eingetreten. Ganz offensichtlich ist das Strahlen auf dem Gesicht meiner Tochter, die nun McCallum heißt, Beweis für ihr Glück. Und ich muß sagen, daß ich mir keine schönere und friedlichere Umgebung für diese letzten Jahre meines Lebens wünschen könnte als diese. Ganz ehrlich kann ich sagen, daß ich das *Lebenshaus* nur noch gelegentlich vermisse, und dann auch nur in flüchtigen Augenblicken. Auch gibt es niemanden, außer natürlich meiner Marion, mit der ich diese letzten Jahre lieber verbringen würde als mit euch dreien – mit Tochter, Sohn und liebem Freund."

„Vielen Dank, Heinrich!" erwiderte Thaddeus. Alle vier erhoben ihre Gläser erneut.

„Und nun", sagte Thaddeus strahlend, als er sich vom Tisch erhob, um seine Gäste zu bedienen, „laden wir euch ein zu Pfannkuchen à la McCallum."

*

Nach dem Abendessen zogen sich alle ins Wohnzimmer zurück, um sich an dem Feuer, dem Baum und vor allem ihrer Gesellschaft zu erfreuen.

„Durch zwei interessante Päckchen unter dem Baum fühle ich mich irgendwie an das letzte Weihnachtsfest erinnert", bemerkte Thaddeus, als er sich setzte. „Es scheint, als wäre dies auf verschiedene Weise eine Wiederholung des letzten Weihnachtsfestes."

Sabrina gab vor, seine Bemerkung überhört zu haben und wendete sich an Matthew.

„Wann hast du eigentlich damals die Rose bekommen?" fragte sie.

„Wann war das noch, Dad – zwei oder drei Tage vor Weihnachten?"

„So ungefähr."

„Warum hast du das Päckchen nicht geöffnet?"

„Es war wie ein Weihnachtsgeschenk eingepackt. Darum habe ich es unter den Baum gelegt."

„Und da lag das geheimnisvolle Päckchen", fügte Thaddeus hinzu, „bis sein Duft uns immer neugieriger machte."

„Am Heiligabend habe ich es dann schließlich geöffnet", erzählte Matthew.

„Und du wußtest, daß es von mir war?"

„Natürlich. Wer sonst weiß davon ... wer sonst hätte von dem Versprechen der rosa Rose wissen können?"

Sabrina lächelte.

„Ich hätte wirklich nicht gedacht, daß du tun würdest, was du getan hast."

„Aber du bereust es nicht?"

„Natürlich nicht! Wie viele Frauen werden schon von einem so wundervollen Mann auf so wagemutige Weise gerettet und dann geheiratet! Ich bin wirklich die glücklichste Frau auf der Welt!"

Alle lachten und blickten dann schweigend ins Feuer. Thaddeus hatte gerade frisches Holz nachgelegt, und das Feuer im Kamin brannte hell und lustig. Im Zimmer war es warm und gemütlich.

Matthew erhob sich als erster.

„Ich möchte nun das erste Weihnachtsgeschenk des Abends überreichen."

Er ging zum Baum und nahm eines der langen, schmalen Päckchen zur Hand. Er brachte es Sabrina und kniete sich neben sie.

Sie blickte ihn an. Sie lächelten sich an. Beide wußten, was darin enthalten war – das einzig Spannende war die Farbe.

Matthew deutete auf ein Ende, damit sie wußte, wo sie es aufpacken sollte.

Langsam wickelte Sabrina das Papier ab und holte die Rose heraus. Eine weiße Knospe kam zum Vorschein.

„Matthew ... sie ist wundervoll."

„Jede Rose, die wir uns schenken, hat eine Geschichte, müßt ihr wissen", sagte er.

„Natürlich. Sie erzählen alle ein Geheimnis, doch auf verschiedene Weise. Welches ist die Geschichte dieser Rose?"

„Dieselbe wie die jeder anderen Rose auch – daß ich dich liebe und immer lieben werde."

„Warum weiß?"

„Weil Paulus die Liebe zwischen Mann und Frau mit der Liebe vergleicht, die Christus zur Gemeinde hat. Diese Liebe ist immer rein – Christus reinigt die Gemeinde und liebt sie so sehr, daß er sie ohne Fehl und Flecken seinem Vater darstellen kann. Paulus nennt das ein Geheimnis ... ein großes Geheimnis, und ich kann mir kein besseres Symbol dafür vorstellen als eine weiße Rose, voller Geheimnisse der Liebe.

Er beugte sich vor und küßte Sabrina sanft.

„Das ist das Geheimnis der weißen Rose – daß ich dich mein ganzes Leben lang lieben und versuchen werde, dich so zu lieben, wie Jesus mich liebt."

„Oh Matthew, du bringst mich noch zum Weinen!" lachte Sabrina. „Doch das ist fast immer so, wenn du mir eine Rose schenkst. Du bist ein solcher Romantiker!"

Es war einen Moment still im Raum, nur das Feuer knisterte.

„Ich denke, jetzt bin ich an der Reihe", sagte Sabrina und ging zum Baum. Sie nahm das schmale Päckchen, daß sie dorthin gelegt hatte, gab es Matthew und kniete sich auch neben ihn. Er hatte ihr eine solche Rose schon einmal geschenkt, doch sie hatte noch nicht die richtige Gelegenheit gefunden, ihm durch diese Rose zu zeigen, was sie für ihn empfand.

Er öffnete das Päckchen und holte eine Rose heraus von einem so tiefen Rot, wie er es selten gesehen hatte.

Er blickte Sabrina lächelnd an. Ihre Blicke trafen sich. Eine Erklärung war nicht nötig. Beide kannten das Geheimnis *dieser Rose* … und teilten es.

109

Verwobene Stränge

Der Weihnachtstag verlief genauso friedlich und fröhlich wie der Heiligabend.

Am folgenden Tag fiel Schnee. Es war noch nicht genug, um Ski zu fahren, doch die Urlaubsstimmung war geblieben, und niemand verspürte den Wunsch, nach draußen zu gehen.

Am Tag darauf jedoch hielt es den Baron nicht mehr im

Haus. Er wollte ins Dorf hinuntergehen, bei Frau Rendt und ihrem Mann vorbeischauen und sich erkundigen, wie sie das Weihnachtsfest verlebt hatten. Thaddeus hatte den ganzen Morgen über im Büro gearbeitet und bat den Baron, doch allein zu gehen, ihm aber das Übliche mitzubringen.

Auf halbem Weg ins Dorf hinunter blickte der Baron sich um. Thaddeus hatte das Chalet, das nun Baron von Dortmanns Heim war, von Frau Braun in München kaufen können. Der Baron fühlte sich wohl hier, und er hatte keineswegs das Gefühl, daß es im Vergleich zu dem riesigen *Lebenshaus,* dessen Herr er einmal gewesen war, minderwertig war.

Tatsächlich hatte er so viele Jahre seines Lebens in einer winzigen Gefängniszelle verbracht, daß ihm dieses Haus nun groß und luxuriös vorkam. Sie hatten sogar einen Garten und ein Feld, auf dem er Gemüse anbauen konnte.

Die anderen drei konnten den Frühling kaum erwarten und fragten sich, was der Baron dann wohl mit dem Stück Land anfangen würde.

Es war tatsächlich keine Frage gewesen, daß sie alle zusammen das Chalet bewohnen würden.

Sie waren schon zu lange getrennt gewesen, als daß Sabrina und Matthew ihre Väter nur gelegentlich hätten besuchen wollen. Auch wenn die beiden älteren Männer sich Gedanken um die Privatsphäre der beiden Neuvermählten machten, so hatte doch keiner den Wunsch, irgendwo anders zu sein als bei Sohn und Tochter.

Trotz der Tatsache, daß Sabrina mit drei Männern im Haus lebte, war sie doch die unumstrittene Herrin des Hauses. Keinem der drei Männer wäre es in den Sinn gekommen, irgend etwas zu tun, das Sabrina nicht gefiel, und alle beteten sie buchstäblich an.

Sabrina und Matthew hatten ihre Zimmer im unteren Teil des geräumigen Hauses, wo sie sich neben ihrem Schlafzimmer auch ein eigenes Wohnzimmer einrichteten.

Thaddeus und Baron von Dortmann hatten im oberen Stockwerk jeweils ein Schlafzimmer für sich und ein gemeinsames Büro.

Nach der Hochzeit war Matthew mit seiner Frau zu einer ausgedehnten Hochzeitsreise in die Vereinigten Staaten gereist, wo ihm von vielen alten Bekannten, Kollegen und Freunden angeraten wurde, in den diplomatischen Dienst in Deutschland zurückzukehren.

Matthew hatte unter der Bedingung zugestimmt, daß er seine Aufgaben von Bayern aus wahrnehmen könnte und nur dann und wann einmal nach Bonn oder Berlin würde reisen müssen. Er hätte Jahre aufzuholen, sagte er, und keine Arbeit sei es wert, dies dafür zu opfern.

Das würde kein Problem sein, hieß es. Matthew könnte die Einzelheiten mit dem State Department aushandeln. Ob sein Vater auch seine Pflichten weiterhin wahrnehmen wolle?

Matthew würde das noch mit ihm besprechen, sagte er.

In der zweiten Novemberwoche kehrten sie nach Deutschland zurück, und seither hatten die vier wunderschöne Wochen miteinander verlebt.

Am 15. Januar 1963 sollte Matthew seine Arbeit für das State Department als Verbindungsmann zur Bundesregierung in Bonn aufnehmen.

Nach gründlicher Überlegung beschloß Thaddeus, von seinen Verpflichtungen Washington gegenüber zurückzutreten. Es sei an der Zeit, so sagte er, über andere Dinge nachzudenken. Sowohl er als auch Baron von Dortmann hätten viel zu schreiben, und schließlich würden sie nicht jünger. Während Thaddeus seine Memoiren schreiben wollte, plante der Baron, seine Tagebücher zu vervollständigen und einer breiteren Öffentlichkeit zugänglich zu machen. Thaddeus würde also wahrlich nicht arbeitslos sein, und er könnte es sich nicht leisten, auch noch einen einzigen Tag für den diplomatischen Dienst zu vergeuden.

Thaddeus beendete schließlich seine Memoiren, obwohl sie ganz anders ausfielen als ursprünglich konzipiert. Die Politik des zwanzigsten Jahrhunderts bildete den Rahmen, doch im Endeffekt enthielten sie viel mehr geistliche als diplomatische oder politische Gedanken. Das Buch wurde kein Bestseller, obwohl es in bestimmten Kreisen viel Anerkennung erhielt.

tische oder politische Gedanken. Das Buch wurde kein Bestseller, obwohl es in bestimmten Kreisen viel Anerkennung erhielt.

Baron von Dortmann tat mit seinen Tagebüchern nicht das, was er immer vorgehabt hatte. Nachdem er seine Freiheit wieder hatte, verlor er das Interesse an der Vergangenheit. Mehr und mehr widmete er sich dem Schreiben über das Wesen und den Charakter Gottes.

Die Jahre im Gefängnis hatten seiner robusten Konstitution nichts anhaben können. Er lebte noch viele Jahre, konnte seine Enkel auf dem Schoß halten und ihnen erzählen, wie es vor dem Krieg in Deutschland ausgesehen hatte. Sie waren schon fast erwachsen, als er starb.

Matthew und Sabrina bekamen einen Sohn und eine Tochter.

Der Sohn wurde Thaddeus Heinrich nach den Großvätern genannt, die Tochter Marion Rebecca nach den Großmüttern.

Matthew und Sabrina führten eine gute Ehe und vergaßen nie, wie sehr sie einander liebten und wie dankbar sie Gott waren, daß er ihnen diese Liebe während der langen Jahre ihrer Trennung erhalten hatte.

Kaum ein Tag verging, an dem sie sich nicht gegenseitig an das Geheimnis der Rose erinnerten.

Bemerkung des Autors

Alle Fluchtversuche, die in diesem Buch beschrieben sind, basieren auf wahren Begebenheiten. Tatsächlich gruben zwei Ehemänner, die durch den Bau der Mauer von ihren Ehefrauen getrennt worden waren, einen Tunnel unter der Mauer hindurch zu dem Friedhof in der Fischerstraße. Nachdem ihre Frauen sicher in die Freiheit gelangt waren, kamen noch mehr als einhundert Flüchtlinge durch diesen Tunnel in den Westen. Doch schließlich wurde der Tunnel von den Vopos entdeckt und zugeschüttet.

Die ersten beiden Bände der Chronik der Familie von Dortmann:

Das Geheimnis der Rose
Wir schreiben das Jahr 1937. Die Familie von Dortmann lebt auf einem großen Landgut in der Nähe von Stettin. Während sich zwischen Matthew, dem Sohn eines amerikanischen Diplomaten, und der jungen Sabrina von Dortmann eine zarte Romanze anbahnt, werfen die schrecklichen Ereignisse des Dritten Reiches ihre Schatten voraus.
Als der Nationalsozialismus mit seinem staatlich initiierten Terror immer offener seine grausamen Absichten enthüllt, werden die von Dortmanns ein wichtiges Bindeglied in der Untergrund-Fluchthilfeorganisation der Widerstandsbewegung. Doch die Nazischergen sind ihnen auf der Spur, allen voran der junge Gustav von Schmundt, ein abgewiesener Verehrer Sabrinas, der nun mit fanatischer Besessenheit eine Gelegenheit zur Rache sucht ... und auch findet!
Paperback, 470 Seiten, Bestell-Nr. 815 282

Zeit der Schatten
Berlin 1961: Das geteilte Deutschland steht zwischen den Fronten des Kalten Krieges. Viele Jahre sind seit der schicksalhaften Nacht vergangen, als Sabrina von Dortmann ihre Heimat bei Nacht und Nebel verlassen mußte. Sabrina lebt inzwischen unter falschem Namen in Ostberlin und arbeitet für das „Netzwerk", eine Organisation, die Juden aus Rußland herausschmuggelt. Als Sabrina bei einem ihrer gefährlichen Einsätze ihre Jugendliebe Matthew McCallum wiedertrifft, scheint sich das Blatt endlich zu ihren Gunsten zu wenden. Matthew und Sabrina schmieden einen scheinbar perfekten Plan, um Baron von Dortmann, der sich noch immer in Gefangenschaft befindet, zu befreien.
Doch Gustav von Schmundt, der inzwischen eine einflußreiche Position bei der Stasi einnimmt, verfolgt weiterhin Sabrinas Spur – und diesmal ist er ihr dichter auf den Fersen, als er selbst weiß ...
Paperback, 410 Seiten, Bestell-Nr. 815 341